Journalism & Communication

Research on the Audience's Information Behavior of News in the Environment of Integrated Media

全媒体环境下的
受众新闻信息行为研究

葛丽莎 著

上海交通大学出版社
SHANGHAI JIAO TONG UNIVERSITY PRESS

内容提要

本书探讨的核心内容是媒介融合环境下的新闻"信息行为"模式,主要涉及三个方面:第一,全媒体环境下受众类型和新闻信息行为特征。本书通过深入调查,对新闻受众类型进行划分,并且进一步比较了不同类型用户信息行为的异同;第二,媒介融合情境下,影响受众采纳不同新闻媒介获取信息的主要因素。本书通过深度访谈和问卷调查,总结建立传播学新闻信息行为模型;第三,影响手机新闻采纳行为的关键因素。各因素之间影响关系如何? 本书运用结构方程技术,以定量研究方法,构建手机新闻采纳行为模型。

本书适合传播学、信息情报学、受众研究、设计学等多领域的受众信息行为理论研究者,以及对用户信息行为有兴趣的媒介工作者阅读。

图书在版编目(CIP)数据

全媒体环境下的受众新闻信息行为研究/ 葛丽莎著
. —上海: 上海交通大学出版社,2019.12
 ISBN 978 - 7 - 313 - 22568 - 9

Ⅰ.①全… Ⅱ.①葛… Ⅲ.①新闻-信息-受众-研究 Ⅳ.①G210

中国版本图书馆 CIP 数据核字(2019)第 293768 号

全媒体环境下的受众新闻信息行为研究
QUANMEITI HUANJINGXIA DE SHOUZHONG XINWEN XINXI XINGWEI YANJIU

著　　者:葛丽莎
出版发行:上海交通大学出版社　　　　　　地　　址:上海市番禺路 951 号
邮政编码:200030　　　　　　　　　　　　电　　话:021 - 64071208
印　　制:常熟市文化印刷有限公司　　　　经　　销:全国新华书店
开　　本:710 mm×1000 mm　1/16　　　印　　张:18.5
字　　数:281 千字
版　　次:2019 年 12 月第 1 版　　　　　　印　　次:2019 年 12 月第 1 次印刷
书　　号:ISBN 978 - 7 - 313 - 22568 - 9
定　　价:68.00 元

前　言
Preface

在全媒体快速发展时期，媒介融合进入受众为主导的市场融合阶段，对受众信息行为规律的探索成为传播学研究与传媒实践的重中之重。本书以全媒体环境下的新闻信息行为作为研究切入点，以威尔逊（T. D. Wilson）信息行为理论为基础，综合使用与满足理论、日本信息行为理论、媒介依赖理论、创新扩散论、消费行为理论等，创建传播学信息行为模式，通过跨学科的理论链接，为传播学受众研究理论创新做出有益探索。

本书采用质化调查和量化研究相结合的方式，在大量文献研究基础上，以深度访谈和问卷调查作为主要研究方法。通过 SPSS12.0 统计软件进行数据分析，总结全媒体环境下受众新闻信息行为特征，比较不同新闻受众类型的典型用户信息行为异同；提炼总结焦点访谈信息，归纳影响受众新闻信息行为的主要影响因素，建立传播学新闻信息行为模型；运用结构方程技术，通过 AMOS12.0 软件分析，探索影响手机新闻采纳行为各变量之间的关系，构建手机新闻采纳行为模型。

信息行为的研究是持续的、阶段性的课题，本书研究调查基于 2013 年 5 月的受众调查，反映了这个时期受众新闻信息行为的因素及背后机制。

主要研究结论如下：

一、全媒体环境下新闻信息行为特点

（1）从新闻获取的入口看，全媒体环境中受众获取新闻的入口丰富多元，已经形成个性化的新闻媒介菜单。综合门户网站、搜索引擎作为传统的新闻入口仍然领先。手机新闻已经成为受众获取新闻的主要方式。在同一媒体不同媒介终端的新闻信息服务比较中，手机端的选择概率往往高于电脑端。新闻信息行为与社交信息行为融合度很高，手机社交应用和社会化网站成为新闻获取的重要入口。

（2）从新闻媒介选择与受众人口特征关系来看，全媒体环境下的受众新闻媒介选择与人口特征五要素中的年龄、职业和教育程度密切相关，而与性别不再相关。收入会影响受众在传统媒体与新媒体之间的偏好选择，但在新媒体型用户内部，收入的影响已经消弭。

（3）从信息需求方面看，"信息获取，以利生活"为受众最首要的新闻需求。中轻度新闻需求占主导。

（4）从新闻获取时间方面看，新闻信息获取时间并非完全碎片化，新闻获取的高峰时间段仍普遍存在，传统的阅读习惯和生活方式的力量仍显著影响新闻阅读方式。新闻信息获取碎片化趋势最明显的是混合新媒体型用户。

（5）从新闻呈现方式上看，媒介使用习惯不同，受众的新闻形式偏好不同，但传统的电视新闻仍占一席之地，图像类新闻普遍受到青睐。不同媒介端的新闻编辑需探索纯文字、文字链接、图片、视频等各种形式的最优化组合；未来电视新闻需走精品化路线；注重数字化技术在图像类新闻中的应用。

（6）从新闻获取方式上看，融合性新闻信息行为成为新的趋势。新闻阅读的多元情境正是新闻信息行为与其他信息行为有机融合的重要体现。

二、受众新闻信息获取的类型划分

不同新闻受众类型在新闻获取的需求、内容、时段、频率、形式方面既有共性又有差异。

用户类型分别为：传统媒体型用户、新媒体型用户、过渡媒体型用户、移动媒体型用户、非移动媒体型用户和混合新媒体型用户。

三、影响受众全媒体新闻信息行为的关键因素

影响受众全媒体新闻信息行为的关键因素有八个，分别是：新闻可获得性、内容质量、界面互动、人际影响、使用情境、消费、心理因素以及人口特征。

四、直接影响手机新闻采纳行为的因素

直接影响手机新闻采纳行为的因素为：感知有用性、感知情境、感知价格、新闻依赖性和科技创新性，而人口特征五要素、手机依赖性和主观规范则不影响手机新闻采纳；感知互动融合性直接影响感知娱乐性和感知易用性；感知娱乐性、感知易用性、感知新闻质量四个因素通过影响感知有用性间接影响手机新闻采纳。

目 录
Contents

第一章

绪　论

本章主要叙述全媒体新闻信息行为研究的背景、媒介产业发展的趋势以及研究的目的与意义；并据此提出了研究的主题问题、研究内容与方法；同时，总结研究的逻辑构架与技术路线，提出了研究的创新点。

第一节　研究背景

一、全媒体发展的关键阶段

全媒体是一个动态发展的媒介生态系统。数字化技术是全媒体发展的技术基础。无限细分演化的人类信息需求与不断升级进步的信息技术，是全媒体发展的根本动力。

综观媒介发展趋势，作为信息传播载体的媒介，从单一走向多元，从机械化走向数字化，从一维走向多维，从分裂走向融合，从单感官走向全感官。当下媒介环境正处于全媒体快速发展期。这个时期媒介环境的最明显特点是新旧媒介并存的"多元性"和不同媒介快速渗透的"融合性"：一方面由于受众需求的多元化、受众媒介使用习惯的延续性，各种新旧媒介多元并存；另一方面，媒介之间正通过内容、渠道和功能实现全方位的融合。

媒介融合的进程是全媒体发展的重要标志。刘强（2011）在《融合媒体的受众采纳行为研究》一文中对媒介融合的进程进行了总结，归纳出媒介融合的四个阶段：技术融合、业务融合、市场融合阶段以及产业管制融合阶段。目前我国的三网融合建设已基本完成一二线城市的铺设，第一阶段的技术融合已经完成，媒介融合的进程正处于业务与管理融合阶段向市场融合阶段转变的重要阶段。市场融合阶段的受众主导性比以往任何时候都要强烈，受众市场在推动媒介技术革新方面充当着主力军，媒介发展已经进入"以受众为中心"的全媒体发展关键时期。

由此，对多元、融合的媒介环境下受众信息行为规律的探索无疑是当下传播研究之重。

二、媒介研究的新层级

多米尼克（Joseph R · Dominick，2003）将新媒体的研究分为四个层次。第一个层次研究聚焦在媒介自身的定义、特性、规制、经济和技术性等议题。第二个层次则涉及媒介的使用，关注受众特征、受众感知、受众态度及使用模式等。第三层次涉及媒介效果，是指媒介使用对人们生活、经济、政治等各方面的影响。第四层次涉及媒介的改进，包括未来趋势、技术升级、新理论和模型的建立等。显然，目前国内传播学界对于全媒体的研究多集中于第一层次，即研究的视角多为对于全媒体经济、规制、业务模式等的探讨。涉及受众感知、行为、使用模式、趋势探索、理论模型等更深的媒介研究层级的研究少，而这正是未来媒介研究的主要方向。

目前全媒体研究的主要对象是传播机构，甚至，众多的以"全媒体"为关键词的研究主要来自业界，如果以"跨媒介""复合化媒介""融合媒介"为主题词搜索，绝大部分文献也是从传播者或者产业视角切入。

而现实的传媒业界已逐渐转向以"用户为中心"的核心理念。着眼当前的媒介市场，新概念、新技术、新产品不断涌现，受众对新技术的接受程度普遍提高，受众的信息需求不断更新、分化，媒介选择也日益多元杂糅，使用方式和评价机制也随之发生变化。受众在当下多元复合的媒介市场中的选择是什么样的？受众形成了什么新的媒介使用方式？为什么会做出这些选择？影响受众行为的因素是什么？其背后的行为机制如何？对这些问题的探讨对传媒业界的创新、传媒产业未来发展方向的把握都是至关重要的。

因此，现实媒介市场的发展也在急迫呼唤研究者将全媒体的受众研究推进入新的层级。

三、新闻媒体产业的新趋势

截至 2021 年 6 月中国互联网络信息中心（CNNIC）发布《第 48 次中国互联网络发展状况统计报告》，报告显示中国网民总数已达到 10.11 亿，中国网民普及率达到 71.6%。中国手机网民规模达到 10.07 亿，手机上网使用率为 99.6%。中国社会已然进入互联网时代，而且进入的是一个宽带互联网、移动应用与社会化媒体叠加的时代。（詹新惠，2012）

在这样的社会发展趋势下，新闻传播方式从单向走向互动，传播路径从固定走向多元，信息移动化成新趋势，传播内容越来越丰富及个性化。新闻媒体产业变革的关键在于：互联网技术迅猛发展，使得受众获取信息的方式和角色都发生改变，受众从被动走向主动，由从属走向主导。

1. 传统新闻媒体行业亟待转型

传统媒体机构的权力正在瓦解，网络技术的发展，使得新闻信息生产者和需求者之间的交易成本越来越低。传统媒体机构作为信息垄断者和信息中介，其生存空间会越来越萎缩。转型是必然趋势。

目前传统新闻媒体行业的转型主要有三种类型：

第一种类型是做内容移植，如各类媒体法人微博。

第二种类型是做原创和定制，同时实现集成与互动，如澎湃新闻。

第三种类型是做创新性的媒体平台，由做"内容"转向做"服务"，成为应用、商务、社交充分结合的新闻信息服务平台。

传统新闻业界的转型主要集中在第一种与第二种，而这些模式都已

经面临瓶颈，只有第三种模式才是未来转型的出路所在。（谭天，王俊，2014）

而只有当这些新闻信息服务平台的创新动力与依据来自服务对象——新闻受众，以受众为中心的法则带来的模式创新才能够找到受众、吸引受众，才可以实现精准的受众定位、智能化的新闻信息推介、方便的新闻信息使用。

2. 新媒体与传统媒体短期共存

短期而言，新媒体与传统媒体仍然会在一定时间段内互补与竞争。尽管传统媒体在互联网技术引导的社会变革中岌岌可危，但其内容优势、专业优势、人力资源优势依然发挥作用。从受众角度而言，经过调查研究，目前仍然存在这样的受众人群——他们的信息获取方式偏向传统，对于新闻传媒的消费惯性会驱使他们继续使用传统媒体。从传统媒介机构而言，传统媒介组织面对新情况，仍在摸索适合自己的道路，其更新换代是在与市场的互动中逐渐调整形成的，需要时间的积累。

3. 未来新闻传媒格局取决于受众选择

长期而言，传统媒体与新媒体的边界逐渐消融，新的媒介环境将会逐步建立。犹如生态系统，"新闻信息"也是人类社会生活中必不可少的信息资源，"新闻需求"是人类生存和发展的基本需求之一。不管环境如何变化，我们仍然需要"新闻"，只是我们不再以旧方式去获取和生产新闻，"新闻"也不再局限于过去专业化新闻的内容形式。

至于什么样的新闻媒体产业格局，最终取决于人的需求与取向。自由、平等、开放、共享一定是未来人类传播的新趋势，那么，刻板、垄断、专制、单向的"传统"格局就一定会被打破。这就是传统媒体日益衰亡，而新媒体蓬勃发展的最根本原因。由此，组织意义上的"传统媒体"一定会积极变革，趋向于此。新媒介生态将会在人与技术的互动中不断展现新的面貌。

综上所述，当下媒介环境处于各种媒介多元共存、相互融合竞争的媒介生态格局中，在市场重新洗牌的关键阶段，受众选择才是决定因素。受众信息行为与媒介环境相互影响、塑造，对受众信息行为的研究是传播学媒介研究与受众研究之重。

第二节 本书写作的目标与意义

本书研究的总体目标是总结当下多元、融合媒介环境下受众新闻信息行为规律。以"受众新闻信息行为特点是什么?""为什么是这样?""以及未来会怎样?"为思考要点，丰富更新传播学理论，指导传媒实践。其意义有以下四个层面。

1. 理论研究层面

20 世纪 40 年代，香农信息论提供了信息传播的基本模式，为传播学的创立与发展提供了理论支撑；20 世纪 70 年代，日本的信息行为论为传播学与信息科学研究在受众研究领域架起了跨学科研究的桥梁；21 世纪初，崔保国教授在《信息行为论——受众研究的新思维》一文中介绍了该理论，但遗憾的是至今中国传播界从信息行为角度出发的研究还很少。本书的信息行为研究重新建立传播学与信息科学的链接，丰富传播学受众研究理论，也为跨学科研究提供传播学视角。

2. 技术设计层面

以用户为中心的设计思想已经成为技术研发以及产品设计的主流理念。对受众信息行为的研究实质上就是对这一理念的传播学演绎。成功的传媒软硬件技术开发、传媒产品内容策划离不开对受众信息需求和受众信息行为的准确把握。本书不仅着力于反映当前受众的信息行为是什么，并力图从不同视角解释为什么，相关的研究结果和数据将为传媒技术产品研发提供现实依据。

3. 传播产业层面

对受众信息行为的研究将成为推动当前全媒体实践的重要助力。随着手机、互联网等新兴媒体的快速发展，传统传媒产业无疑面临着数字化浪潮的冲击。在这个传统媒体与新兴媒体并存的复合型媒介环境生态中，对受众信息行为及其影响因素的研究有利于传媒业界把握当前信息环境、受众群体特征、心理行为特点等情况，为捕捉信息消费趋势、制定有效可行的产业发展策略提供参考。

4. 社会文化层面

社会学研究指出，媒体技术的自然属性、使用群体的社会属性与特定的社会结构之间是相互作用的。人们使用媒介技术，形成相应的信息行为，它们在一定时间内构成人们生活方式的一部分，也无疑是社会文化的重要组成。不同的国家和地区由于社会历史、文化背景的不同也形成各具特色的信息行为。本书研究以受众新闻信息行为为切入点，呈现当下中国受众的媒介文化。

第三节　本书研究的主要问题

一、研究思路

1. 受众研究——一个高潜能研究领域

首先，受众研究日益重要，无论是业界还是学界，以受众为中心已经成为媒体应用开发和策略制定的核心思想，而受众的信息行为规律探索是重中之重；

其次，在这样的状况下，我们实际的媒介环境又是非常多元融合的，但目前针对复合媒介的受众研究却很少，能解释受众行为机制的研究更加少；

最后，在传播学界，我们迫切需要建立新的理论。我们会发现人类的信息传播方式和媒介使用方式正在形成新的规律，已有的理论不足以解释当下快速变化的媒介发展实践。随着大数据时代的到来，我们可以很轻易地通过数据挖掘得到受众行为的结果，却很难发现这些数据背后的规律，在行为动机与行为结果之间，在这个行为与那个行为之间，存在着某些隐藏的关联性，这些关联性是破解理论黑匣子的关键。

2. 以"面-层-点"方式找到关键研究问题

先确定研究面，从研究基本面中确定核心问题层，再从核心研究层寻找关键问题点。该方式通过逐级链接，以点面结合的方式来做好研究（见图1-1）。

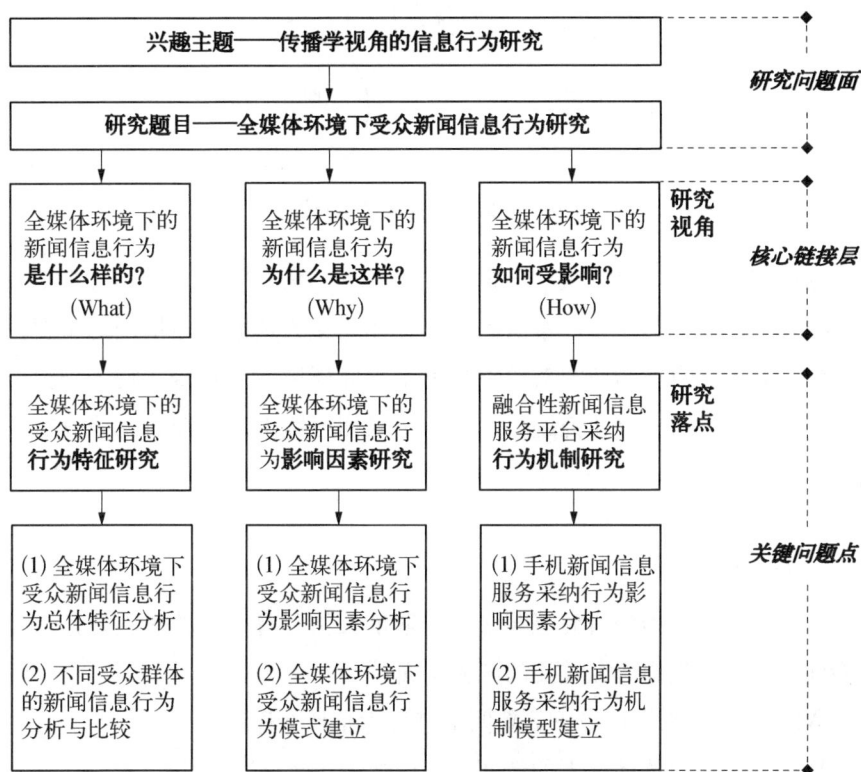

图1-1　本书研究思路示意

二、研究问题

1. 研究题目的选取——"全媒体环境下新闻信息行为研究"

"全媒体环境下信息行为研究"是宏观性研究主题。信息行为涵盖了实用信息、休闲娱乐、社交沟通和商务交易等多种类型，显而易见，不同类型的信息行为机制也一定是不同的，因此，本书将研究的切入点放在"新闻信息"领域（见图 1-2）。

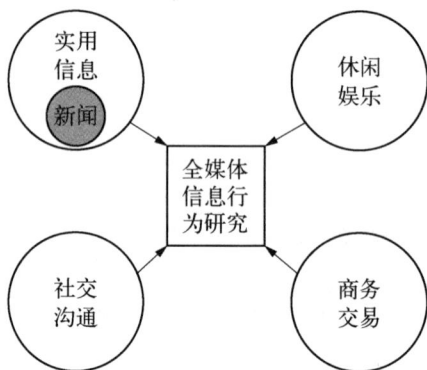

图 1-2　信息行为类型示意图

　　新闻需求是人们日常生活中最重要、基本的信息需求之一，且当下新闻传媒行业的变革与竞争异常激烈，全媒体化成为新闻传播机构的重要发展战略，新闻信息行为研究对探索当下全媒体环境下受众传播行为颇具意义。因此，将本书研究题目定为《全媒体环境下的受众新闻信息行为研究》。

　　2. 核心链接层

　　在新闻信息行为的研究范畴中，选取最关注和有兴趣的研究视角，针对新闻信息行为提出研究关注的三大层面：

　　What——全媒体环境下的新闻信息行为是什么样的？

　　Why——全媒体环境下的新闻信息行为为什么是这样？

　　How——全媒体环境下的新闻信息行为如何受影响？

　　3. 关键问题点

　　对应以上"是什么""为什么"和"怎样影响"三个核心研究衔接层，提出关键问题点，也是本书研究的落脚点：

　　（1）"是什么"——描述行为特点，即全媒体环境下受众新闻信息行为特征研究。

当下全媒体环境下受众新闻信息行为的特点是什么？

通过对受众新闻信息行为的问卷调查，得到受众新闻信息行为的总体特点和不同媒介使用习惯群体之间的信息行为差异与共性。

（2）"为什么"——寻找影响因素，即全媒体环境下受众新闻信息行为影响因素研究。

受众为什么会形成各种不同类型的新闻媒介使用？

通过对不同年龄段受众的深度访谈，结合信息行为理论，归纳出影响受众新闻媒介选择的原因，即新闻信息行为影响因素。

（3）"怎样影响"——探索影响机制，即融合性新闻信息服务平台采纳行为机制研究——以手机为例。

关键因素如何影响未来融合化新闻信息平台的采纳？

当我们了解影响新闻信息行为的关键因素和影响机制，便能够对未来的新闻信息行为做出一定程度的预测。智能化融合性的新闻信息服务平台是未来新闻媒介发展的必然趋势。因此，本书试图以最典型的智能终端——手机为代表，分析影响新型新闻服务平台采纳的影响因素，探索融合性新闻信息服务平台受众采纳行为机制。

第四节 研究内容与方法

一、研究内容

1. 描述全媒体环境中受众信息行为特征，比较不同受众群体的信息行为特点

本书希望能够以当下现实的媒介生态作为观察切入点，描述复合化、融合化媒介环境下受众的信息行为。一方面考察整体受众新闻信息行为规律；另一方面考察受众群体的媒介使用是否形成特定的组合习惯，并进一步比较这些不同媒介类型群体之间信息行为的异同。

2. 探索全媒体新闻信息行为影响因素，总结全媒体新闻信息行为模型

以传播学信息行为模式为理论依据，以深度访谈为现实依据，将理论与实际相结合，概括出影响受众新闻信息行为的主要因素，整合出新闻信息行为模式，为后续更多类型的信息行为研究提供借鉴。

3. 分析手机新闻采纳行为影响因素，构建手机新闻采纳行为模型

以深度访谈和手机新闻信息服务采纳行为问卷调查以基础，参考第四章"全媒体新闻信息行为影响因素"，查阅大量以手机信息服务采纳为主题的国内外文献，确立并分析手机新闻采纳行为影响因素。

以科技接受理论、媒介依赖理论、消费者行为理论、创新扩散论等为主要理论依据，采用结构化问卷，提出研究假设，以数学模型验证的方式，建立手机新闻采纳行为影响因素模型。

二、研究方法

1. 文献调查

阅读大量国内外相关主题文献，了解该问题框架下国内外学者的研究状况，梳理信息行为相关理论与研究，确立本研究立论依据，为整合全媒体新闻信息行为模型建立基础，为创建手机新闻服务采纳行为模型框架提供参考。国内文献检索主要来自万方数据库、中国知网，国外文献来自Web of Science、EBSCO、ProQUEST以及Google学术检索。

2. 深度访谈

为深入了解受众在复杂的媒介环境下使用和采纳新闻媒介的选择动机和真实感受，寻找影响受众新闻信息行为的关键因素，探索影响手机新闻采纳的影响变量，本研究于2012年12月，在上海地区展开全媒体环境下受众新闻信息行为深度访谈。

访谈对象的选择涉及不同年龄层群体，共分为18岁以内、18～24岁、25～34岁、35～44岁、45～55岁、55岁以上六个年龄层，每个年龄层采访5～12位新闻受众，尽量在其他人口变量上做到多元均衡，最

后共计有 49 位被访对象参与。访谈内容为新闻信息服务使用情况及选择理由，并请其详述使用手机新闻或不使用手机新闻的原因。该访谈资料均以录音（近 420 分钟，整理文字稿约 4500 余字）及现场笔录（近 3 万字）记录，这些一手信息为本研究提供现实依据。同时，与受众的深度交流也为本次调查的问卷编写提供了前期参考，保证了问卷的有效性和可操作性。

3. 问卷调查

本次调查由两个问卷组成，分别是《新闻信息行为调查问卷》（简称《问卷一》，见附件 1）和《手机新闻服务采纳调查问卷》（简称《问卷二》，见附件 2）。采用自填式问卷的调查形式。根据受众需求，以网络电子版问卷与纸质问卷相结合的方式发放，网络版问卷通过专业问卷调查网站问卷星发布。

正式抽样调查采用滚雪球的方法，以上海受众为目标，设立种子调查员 24 名，每名种子调查员分别访问 20～30 名上海受众，为其设定滚雪球任务表，要求滚雪球样本在各年龄段均有分布、性别均衡、学历及社会经济地位多样化，以保证研究代表性。

问卷收集以网络填答与现场填答相结合的方式进行，先邀请 20 名受众在网络上进行试填，根据回馈意见，修改完善问卷内容与措辞，修订后于 2013 年 5 月正式发放问卷。《问卷一》共计回收问卷 657 份，筛除无效问卷，最终获得有效问卷 577 份，有效问卷填答率为 87.8%。《问卷二》合计回收问卷共计 467 份，其中有效问卷 359 份。问卷的有效填答率为76.7%。

4. 统计分析

《问卷一》数据以 SPSS 软件进行统计分析，为新闻信息行为特点总结提供了量化数据支持；结构化《问卷二》为手机新闻服务采纳行为模型建立提供了有效数据，该部分实证研究运用结构方程模型技术，通过AMOS12.0 软件进行分析，研究各个变量之间的关系及其对采纳意愿的影响。

第五节　研究框架与技术路线

一、研究框架

本书的研究以传播学及信息学科的主要理论为支撑，重点研究了受众新闻信息行为的特征、影响因素，并以手机为研究载体，对未来融合性新闻信息服务采纳行为机制进行深入研究。透过以上三项主题研究，描绘新闻受众的行为特点，提出了全媒体环境下受众新闻信息模式，并对未来新闻信息服务创新提出实务建议（见图1-3）。

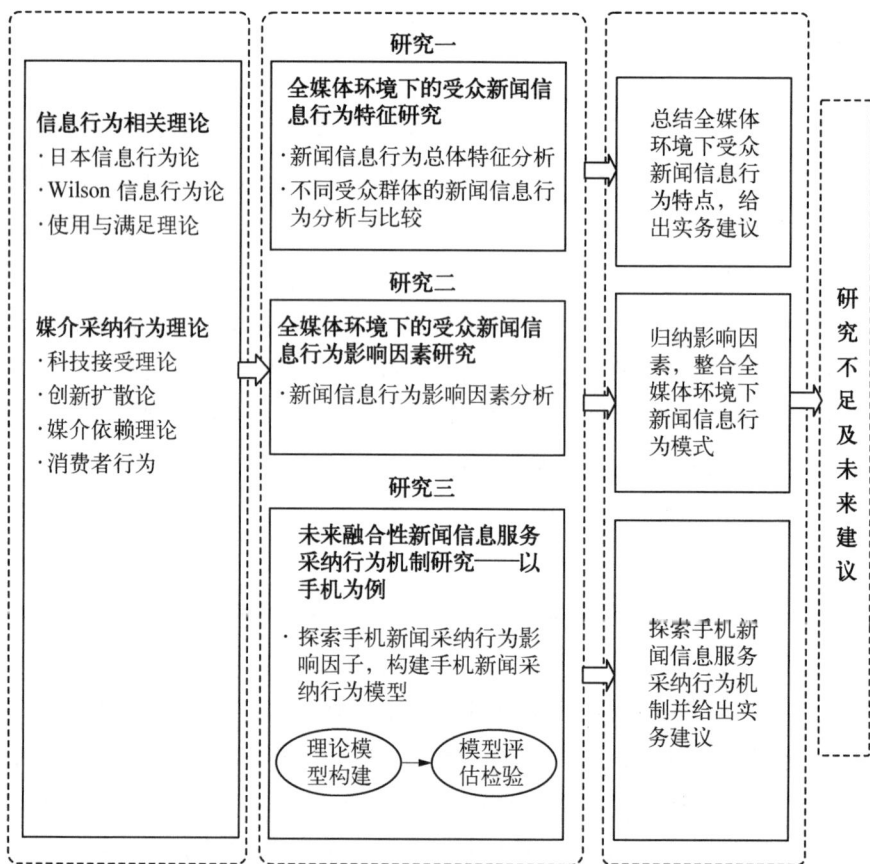

图1-3　研究内容的逻辑示意

二、研究技术路线

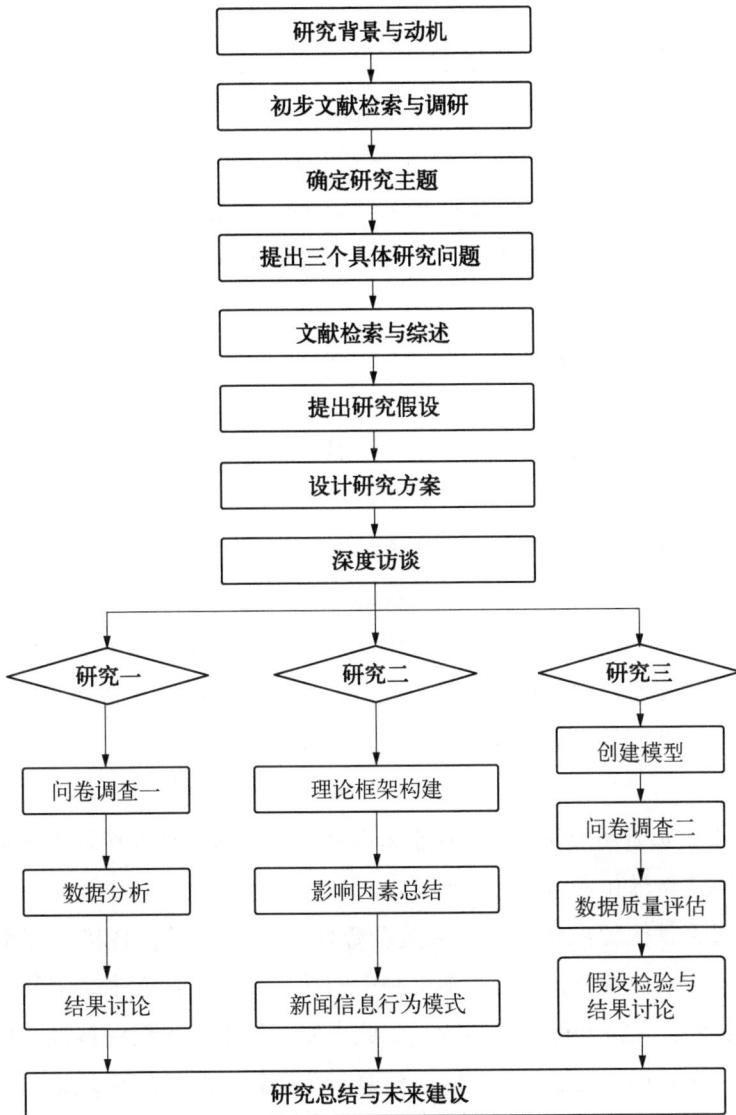

图 1 - 4 研究技术总路线图

第六节　本书的创新点

一、研究理论创新

1. 重新建立信息科学与传播学的跨学科理论链接，创建传播学新闻信息行为理论模型

在文献综述中我们发现，绝大多数传播学受众研究在呈现受众行为"是什么"的问题，但很少有研究探讨受众行为背后的行为机制，因为传统的受众研究理论并不能给予"为什么"的研究一个合理的解释框架和理论支持。

本书研究创造性地嫁接了信息科学中对于信息行为研究的理论成果，在比较大量信息行为模型基础上，选择了具有开放性构架的威尔逊信息行为理论构架，综合吸收使用满足理论、日本信息行为理论等，提出了传播学信息行为研究的总模式。在此基础上，通过总结访谈调查的一手数据，归纳出影响新闻信息行为的主要因素，创建了新闻信息行为模型。

事实上，全媒体是一个不断发展的生态环境，那么影响受众信息行为的影响因素也不会是一成不变的，因此，本书的研究是基于当下现实媒介环境的一种探索，它为未来全媒体环境下受众信息行为机制的进一步研究提供了一个开放的、综合的、全面的理论框架。

2. 以手机新闻为切入点，探索未来融合性新闻平台采纳行为机制，丰富和拓展了新媒体采纳行为理论

通过文献梳理，研究发现大量新媒体采纳理论以科技接受理论为核心，技术因素被视为新媒体采纳机制中的核心要素。但本书采纳行为机制探索的视角是可感知的用户体验，由此出发，技术因素仅仅被视为可感知的因素之一，而研究通过综合吸收信息行为理论、科技接受理论、媒介依赖理论、创新扩散理论和消费者行为理论，以深入的受众访谈为基础，提出可感知的技术因素、内容质量因素、情境因素、社会影响因素、消费因素、心理因素。与已有的新媒体采纳行为机制研究相比较，本研究的考量

维度更加全面。这不仅为未来智能化融合性新闻信息平台采纳机制的理论提供了参考，也为在实用、娱乐、社交、商务等各领域新媒体技术采纳行为机制探索拓宽了思路。

二、研究视角创新

1. 从传播者视角的"全媒体传播"到受众视角的"全媒体使用"

传统的传播学受众研究通常都以单一的媒介使用作为研究对象，而事实上，受众已经形成多元化媒介组合使用习惯，非常需要全媒体视角的受众研究。但综观目前的全媒体研究，主题多囿于全媒体概念、特征以及从传播者视角进行全媒体业务的探索。本书以全媒体发展现阶段最突出的"多元性"和"融合性"作为研究重点，研究受众多元化媒介组合使用的行为特征，比较不同媒介组合受众使用行为的异同。

2. 从"信息行为是什么样的"到"信息行为为什么是这样的"

传统的传播学受众研究或者媒介研究多数停滞于回答"受众信息行为是什么"的层面，本研究则试图将受众媒介接触研究从描述性层面推进到解释性研究层面，即通过质量并举的研究方式，对全媒体环境下的受众信息行为影响因素进行探索。

3. 从"哪些因素影响了信息行为"到"这些因素是怎样影响了信息行为"

如果说前面两个研究是为了更好地对当下全媒体环境下受众信息行为基本事实进行呈现与解释，研究的第三部分以手机新闻为例，通过数学量化建模方式探索未来融合性新闻平台受众采纳行为机制，进一步对未来的新闻信息行为做出预测。

首先，通过对访谈调查信息的提炼和大量手机信息服务采纳文献的阅读参考，从技术感知、内容质量、感知情境、社会影响、消费因素、受众心理、人口特征这7个影响维度中，提炼出18个关键影响变量，创建手机新闻采纳行为模型。其次，该通过信效度检验和因素分析，重新合并和删减指标问题，最终得到除人口特征 5 要素以外的 11 个研究自变量。它们分别是感知有用性、感知易用性、感知娱乐性、感知互动融合性、感知新闻质量、主观规范、感知价格、手机依赖性、新闻依赖性、感知情境、科技创新性。在此基础上，重新调整理论假设。最后，通过 AMOS17.0 软件对研究变量进行结构方程建模，并通过量化数据和图标直观验证变量之间的相互影响关系，对假设进行验证，重新修正理论模型，得到手机新闻采纳的影响机制路径图。

三、研究方式创新

本书根据受众新闻媒介使用习惯，将受众分为不同类型，研究分析不同受众类型的新闻信息行为差异。

传统的传播学受众研究通常以年龄、性别、职业、经济收入和教育程度作为人群划分的依据。在媒介发展的初期，人口学要素和社会经济层级的差别会影响受众媒介的选择和使用，过去许多研究也证明了收入越高、越年轻、教育程度越高的群体越容易先使用新技术。但是随着基础网络的普及，手机、电脑等新媒介拥有率的提高，受众使用经验的提升，受众的媒介使用越来越不受初始的分类体系的限制。受众正在根据新的规律形成新的群集，生活态度、兴趣爱好、工作方式等都可以是新群集产生背后的原因。

为了能够反映全媒体环境下多元化媒介新闻获取行为，本研究根据受众使用媒介的主要组合偏好进行了受众分类，将受众分为传统媒体型用户、新媒体型用户和过渡媒体型用户三类，再对新媒体型用户进行细分，分为移动型新媒体型用户、非移动型新媒体型用户和混合型新媒体型用户。通过不同受众类型的划分，受众群体不再成为一个模糊的总体，而是有共同特点的多个群体，通过比较受众群体新闻获取信息行为的共性与差异，更真实具体地反映全媒体环境下受众信息行为规律。

第二章

关于信息行为理论
模型的研究成果

本章对多个学科中关于信息行为的理论模型与研究进展进行了仔细的梳理和总结，主要涉及信息行为理论与研究综述、传播学受众信息行为研究综述、全媒体新闻信息行为研究综述、全媒体信息行为影响因素研究、手机新闻采纳行为相关研究综述，这些相关研究为本书提出新的理论模型奠定基础。

第一节 信息行为理论与研究综述

一、信息行为的本质

对"信息行为"的定义离不开对"信息"概念的理解。从哲学上探讨的"信息"，存在两个基本的层次：一为本体论信息，二为认识论信息。本体论中的"信息"是指所有事物的存在方式和运动状态的自我表述；认识论中的"信息"是指主体对于该事物的存在方式和运动状态的具体描述，其内涵比本体论信息更丰富、更有意义。综观之，信息既是主观的，也是客观的，信息是人类对世界的认知，又与事物一起构成人类世界。

由"信息"的本质推演到"信息行为"的本质，即人类认识世界、立足世界与改造世界的基本行为之一。张国良（2002）就从广义视角提出："信息行为在传播学领域即为信息传播行为，它是人类赖以生存与发展的基本行为。"

二、信息行为的定义

根据文献调查，"信息行为"作为学术研究概念目前主要存在于两个大的学科领域：一是信息科学（information Science）及其分支学科（如图书馆与信息科学、图书馆学、情报学等），二是传播学（communication）。

信息行为研究的来源学科非常多样化，信息科学与传播学研究相互独立又彼此联系。对于信息行为的研究，信息学科要早于传播学，随后由于不同学科发展方向不同，对信息行为研究的主题、内容、对象等都产生了差异，这也造成了对信息行为定义的不同，具体定义陈述如下：

1. 信息科学中的信息行为定义

在信息科学研究中，"信息行为"（information behaviour）概念的前身是"信息探求行为"，源于信息科学研究与行为科学研究的跨界结合。20世纪60年代中期，特鲁斯韦尔（R. S. Trueswell）及其同事在研究X射线的晶体图时首次明确提到"信息探求行为"（information-seeking behavior）这一概念。特鲁斯韦尔可以被认为是最早提倡在信息探求研究中采用"信息行为"研究方法的人之一。"信息探求行为"概念在20世纪80年代起成为信息探求研究领域的核心概念。其基本含义是指"人们在不同的语境中怎样需求、探询、管理、给出和运用信息"。随着科学技术的发展、信息化时代的来临，到20世纪90年代后期，"信息行为"概念逐渐取代"信息探求行为"的表述，成为国外图书馆与信息学科研究的核心概念。（彭文梅，2008）

"信息行为"概念的倡导者威尔逊，从以用户为中心的角度给出定义，认为信息行为是指用户确定信息需求、搜集信息、使用信息以及传递信息所从事的一切活动。

2. 传播学中的信息行为定义

"信息行为"作为一个学术概念在传播学领域中被提出，始于 20 世纪 70 年代末的日本社会信息学与传播学的交叉研究。日本的信息行为研究最初归属于社会信息学，信息行为主要指"信息处理行为"，由信息传输、信息贮藏与信息转换三大要素构成。80 年代，日本学者以强烈的"信息时代"意识，开始对大众传播的"受众"概念进行重新审视，对"受众"的理解从"被动的接受者"转向"能动的利用者"。因此，开始使用一个新概念来描述大众传播的利用和接受行为，即"信息行为"的概念。（崔保国，2000）

日本学者偏向于从"生活信息化"的角度对信息行为进行定义。在日本学者的视野中，信息行为等同于人类生活行为，他们将伴随着媒介多样化发展而产生的各种行为设定为信息行为。冈部庆三（1987）认为，利用各种越来越多样化的媒介，传送或接收各种各样信息的行为，还有信息的处理、加工和存储的行为，都属于信息行为。三上俊治（1991）认为，信息行为是个人在社会系统中，利用媒介或直接地收集、传送、存储信息以及处理信息的行为。

3. 信息行为的概念界定

本书的"信息行为"是指在不同情境中，受众基于信息需求，选择和利用各种媒介，生产、接受、获取、使用和处理信息的行为。

随着社会信息化程度的加剧，信息行为研究在传播学、认知科学、行为科学、社会学及图书馆情报学等诸学科中联系日益紧密，跨学科研究将成为信息行为研究的未来主流趋势。（邓胜利，李倩，2014）从传播学研究视角来看，传统的受众行为理论对全媒体环境下受众行为机制的解释力日显局促，传播理论发展滞后于传播发展实际，传播学理论研究迫切需要从各个领域汲取新鲜养料。尽管广义上，信息行为与传播行为的内涵是一致的，但本书使用"信息行为"概念而非"传播行为"或"受众行为"的原因，就是希望在信息科学与传播学两个学科间建立链接关键词，有利于跨学科的互动交流。

本书立足于传播学视角，嫁接信息科学、日本社会信息学，创建了全媒体环境下受众信息行为的新定义，具体思考如下：

（1）立足于"人与媒介"的互动关系，弥补信息科学信息行为定义中对于媒介多样性的忽视。

信息科学的信息行为定义着眼于"人与信息"互动的过程，信息学科中媒介被笼统的"信息系统"的概念替代，主要原因是信息科学探讨的信息行为多指对专业的知识/数据信息系统的使用，比如图书馆数据系统、医疗数据系统等，在硬件层面，当前主要指向计算机信息系统。信息科学中的"信息系统"是确定而且单一的，而在传播学视野中，这些"信息系统"指大众化传播媒介，它们是变化的、复合的、融合的。而且在当前媒介环境剧烈变化发展时期，"人与媒介的互动行为"对信息行为整体流程的影响日益凸显，因此，传播学信息行为的新定义着眼于人与媒介的关系。

（2）强调行为发生的"情境"，突出受众"媒介选择"环节，增加"信息生产"功能。

日本的信息行为论是传播学领域最早将信息科学与传播结合研究信息行为的理论，它提供的定义体现了两个学科信息行为研究要义的结合，本书借鉴该理论为定义基础。但日本的信息行为论创立于20世纪80年代初，距离现今已经有30多年的历史，现今的媒介发展实际与当年不可同日而语，定义也需要更新。

首先，本书将信息行为发生的背景环境用更加具体的"情境"一词代替。日本的信息行为论强调人在社会系统中的媒介渠道利用与信息传播的关系，但该理论中"社会系统"的定义过于宏观，因为随着受众的信息需求越来越细分，新的媒介形态某种程度上取决于受众不同情境下的信息需要。而且通过国内外信息行为最新研究进展表明："情境"研究正在成为各学科信息行为研究的热点趋势。

其次，本书将"媒介选择"作为"媒介利用"以外的单独环节进行重点研究。由于过去可选择的媒介形态少而固定，该定义中只提及"媒介利用"环节，但目前媒介市场的空前繁荣使得"使用行为"之前的"选择行为"显得格外重要，这也是本书研究的重点环节。

最后，网络技术的更迭换代不断增加受众的主动性，他们不仅拥有比以往更大的媒介选择权利，还主动地创造和共享信息，这些新的信息行为正在改变和塑造新的媒介生态，因此，新定义中当补充对信息生产环节的描述。

三、信息行为研究的背景

信息行为研究产生的背景：一是 20 世纪 40 年代科学家和工程师在信息技术方面取得巨大突破；二是信息理论逐渐发展形成；三是"信息大爆炸"促使研究者将目光转向用户管理和信息使用行为研究。

1. 信息技术背景

1956 年，贝尔实验室用晶体管取代了电子管，制成了世界上第一台金晶体管计算机，它具有体积小、重量轻、速度快等优势，应用领域迅速扩展到数据处理及其他领域。跨学科研究的繁荣，对计算机技术所引领的信息技术浪潮产生了深远影响。

2. 信息理论背景

克劳德·E. 香农（Claude Elwood Shannon）的"信息论"逐渐发展形成。1948 年香农首次提出了"信息"的概念。这一概念建立在 19 世纪奥地利物理学家玻尔兹曼（Ludwig Edward Boltzmann）提出的"熵"的等式基础上，后者是热力学第二定律的组成部分。熵是指一个系统不确定性或者无序性的程度，而信息意味着不确定性的减少。香农还提出了信息测量的单位——比特，使其能够为范围极其广泛的"物质-能量"所使用。由于香农所服务的贝尔实验室是著名的美国电话系统研制中心，它关注传播系统，因此香农也阐述了传播所涉及的主要因素：信源、信息、发射器、信号、噪音、接收到的信号、接收器和信宿。香农的理论贡献被普遍称为"信息论"，该理论对信息科学及传播学的理论发展都产生了重要影响。

3. 信息大爆炸背景

基于"二战"需要，产生了大量涉及武器研发的科技研究报告，许多科研项目在"二战"后又转向和平应用，从而诞生了更多的科研信息，这就是信息大爆炸产生的背景。这些庞杂的信息资源本身需要加以管理，公共图书馆对信息需求与服务研究逐步重视，信息相关的行为研究逐步开始进入研究者的视野。（T. D. Wilson，2009）

四、信息行为研究的阶段

1. 国外信息行为研究的历程

对信息行为的研究始于美国的信息情报学，最早起源于"二战"后科技文献的管理，与图书馆的信息需求与服务研究有密切关联。随着信息化在各个领域的普及与深入，信息行为的研究逐渐跨越学科界限。威尔逊在 2009 年发表的《五十年的信息行为研究》一文中，阐述了国外信息行为研究在信息科学相关领域经历的三大阶段。

（1）信息行为研究的起源。

1959 年以前，信息行为研究有两大背景：一为社会团体对公共图书馆的资金扶持与日俱增。研究主要集中在图书馆的信息需求与服务，甚至包括对这些团体本身的研究；二为由"二战"所引发的信息大爆炸。为助力战争需要，产生了大量涉及武器研发的科技研究报告，许多科研项目在"二战"后又转向和平应用，从而诞生了更多的科研信息。这些庞杂的信息资源本身需要加以管理，因此，这个阶段的信息研究主要关注管理科技文献的方法与服务。

（2）信息行为研究的转向。

1959 年到 1979 年，信息行为研究的主题逐渐由信息管理转向信息使用。随着知识与信息资源的累积，科学家对于参考文献有了更多需求。如何搜索和使用信息成为科学家的主要信息行为。

在 1959 年的科技信息国际会议（The International Conference on Scientific Information）中，有 13 篇文献专门讨论了科学家如何利用参考文献展开研究，这批文献构成了现在我们称之为"用户研究"的第一批研究成果。这个阶段的信息行为研究对象仍然局限于科学家和技术人员，研究的地区主要集中在英美等国。研究方法几乎都是定量的——通过问卷、访谈、日志、卡片等途径获得数据。信息行为的研究从科学技术领域转向了社会科学领域。研究方法上从单一的定量研究拓展为定量与定性相结合的方法。20 世纪 70 年代有两个具有代表性的调查：《社会科学领域的信息需求》和《社会服务部门的信息需求与使用》。

（3）信息行为理论的创立。

1980 年到现在，相比于之前的研究，最大的突破在于理论及概念框架的建立。这个阶段的研究主要呈现出三个特点：一是理论越来越多样化，包括认知论的方法、现象学理论、社会结构理论和行为理论，但理论的转化还没有成型，缺乏一致性；二是调查样本多为小众人群，大多是学生，缺少大规模的定量研究；三是新技术发展迅猛，网络研究倍增。

2. 国内信息行为研究发展进程

信息行为研究诞生于 20 世纪 40 年代的美国，最早与图书馆科技文献查找、使用与管理有密切关联。而中国的信息行为研究从 20 世纪 90 年代才开始，起步比国外落后了将近 50 年。

通过文献检索，我们来看一下信息行为研究在中国走过的 20 多年的发展历程：我国的信息行为研究在 2001 年之前处于接触探索期，只有极少数学者涉及此项研究。2002 年后，研究人员逐年增多，一些核心研究机构如北京大学信息管理系、武汉大学信息管理学院等步入研究行列，研究成果不断问世，推进了此项研究的迅速发展。（张照云，2009）2000~2005 年处于研究徘徊期，从数字上看有升有降，且在整体上没有一年的论文数超过 10 篇。2006~2010 年处于研究上升期，论文数呈逐年上升的趋势。（邵云华，2010）2011~2014 年，信息行为的研究已成为该领域的关注热点。笔者对 1996 年至 2014 年以"信息行为"为题的文献进行检索，结果发现：高相关度研究中，2000 年 1 月至 2010 年 12 月近十年的文献总量仅为 149 篇，而从 2011 年 1 月开始到 2014 年 12 月为止，这三年的文献数量为 263 篇，是前十年的 1.8 倍。信息行为研究进入高速增长期。

邵云华（2010）统计了 2000~2010 年 11 年间，核心期刊上 45 篇与信

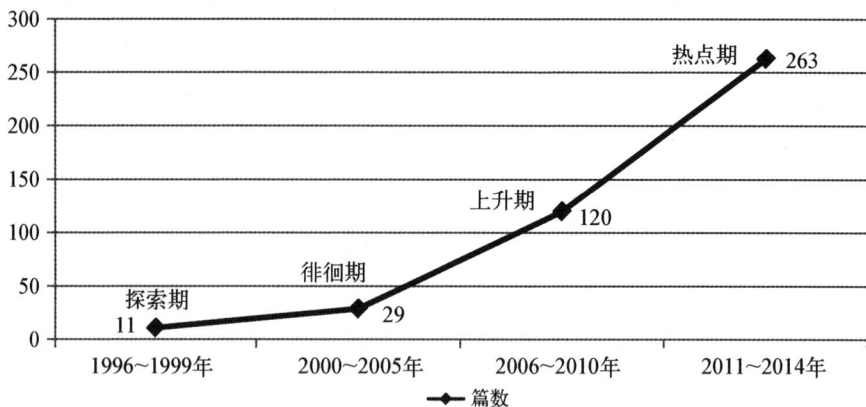

图 2-1 1996～2014 年 CNKI 信息行为题名检索文献统计图

息行为研究直接相关的论文。分析显示，基础理论研究（包括概念、特征、主体、类型等）仍然是信息行为研究重点，有 18 篇论文，在研究内容之中占有高达 40％的比例；其次是方法论的研究，共有 7 篇，占 15.6％；接着是影响因素、行为规律、综述和其他，所占的比例分别是 13.3％、13.3％、11.1％、6.7％。

五、信息行为研究的趋势

近年来，许多中国信息行为研究者通过对中外信息行为研究文献信息的分析与总结，提出相对具体的信息行为研究趋势：邓胜利，李倩（2014）通过量化分析 ISIC2012 会议研究论文，总结出信息行为的研究趋势（该会议作为唯一一个致力于研究信息搜寻与信息使用行为的国际会议，其会议研究论文能够反映最新国际信息行为研究动向）；韩秋明（2013）对截至 2012 年 5 月以前的国内外信息行为主题领域进行比较研究；叶平浩、张李义在对 2002～2011 年国内外信息行为研究进行对比分析的基础上，总结出未来信息行为研究的重点。还有多篇文献对现有的信息行为研究进行梳理总结，提出研究趋势（刘畅等，2009；张照云，2009；曹梅，2010；姚海燕，邓小昭，2010；肖仙桃，王丹丹，2010；汪传雷，胡雅萍，2011）。本书将以上文献中的要点进行总结。

1. 信息行为研究的理论发展

通过量化分析发现，跨学科的研究成果正在大量增加，信息行为与认知科学、行为科学、社会学、图书馆情报学及传播学等学科之间的交叉研究越来越频繁，而信息行为的跨学科研究的关键在于理论的交叉与创新。

2. 信息行为研究的主题更新

（1）日常信息行为研究。

随着信息技术在大众生活中的普及，信息行为研究领域的研究正在从过去专注于图书馆与情报科学领域科研人员专业信息行为研究转向更广阔的生活信息行为研究，日常信息行为正逐步成为该领域研究的重点之一。

（2）信息行为影响因素的研究。

过去研究的焦点更多地放在信息行为的特征、流程、要素、类型等方面，现在研究者希望将研究进一步推进到"是什么影响了这些信息行为？"的问题上。随着信息技术的迅猛发展，信息行为的制约因素也越来越复杂，已有的信息行为影响因素研究也将由注重单一因素研究转向多维度、多因素的因素探索中去。

（3）信息行为模型研究。

受众体验日益重要，这使得研究者更加关注受众需求、受众特征、感知方式、行为特点，通过建立模型进行受众体验的实证研究正在增加。关于这方面已有很多较为成熟的理论模型，如 TAM/TIF/TPB 等，这些理论模型在国外信息行为研究中被经常采用，以后也将继续受到各领域信息行为研究者的关注。

（4）个性化信息行为研究。

由于受众正在形成个性化的信息行为方式和使用习惯，个性化信息行为的研究正在增加。首先，基于关于用户认知角度、用户满意度、用户体验方面的研究会逐渐趋热；其次，对特定人群的信息行为的研究将成为未来的研究重点，受众不再是一个整体的概念，而是形成多样化的群体类型，针对不同分类方式下的受众信息行为研究颇具意义。最后，基于特定情境的信息行为研究在日益增多。随着信息设备、信息网络、信息应用技术的发展，信息行为发生的情境越来越多样化，情境成为信息行为非常重要的影响因素。

（5）协同性信息行为研究。

随着网络技术的进一步发展，信息行为的共享性、开放性、协作性趋势越来越明显，因此，信息行为的研究重点不仅仅存在于个人信息行为领域，协同性信息行为研究也是信息行为领域中一个重要的发展方向。

（6）信息行为应用性研究。

通过对代表性案例的探讨，研究改善信息服务过程的有效方式。从系统的观点分析用户信息行为，结合不同层次信息用户的行为心理和表现，提出相应的系统开发策略。

3. 信息行为研究方法拓展

测量统计方法上，网络信息行为的测量技术及行为的调查研究方法将成为信息行为方法研究的趋势之一；研究手段上，除了使用调查问卷法、观察法、访谈法等传统的研究方法，网络化时代的视频捕捉法、视线追踪法、日志分析法等方法将大有用武之地；数据分析方法上，将运用成熟的理论模型及数理统计分析技术深入分析用户数据。将定量研究与定性研究方法相结合，多路并进，综合探索的研究方式是未来信息行为研究的重要趋势。

第二节　传播学受众信息行为研究综述

一、信息行为理论与传播学研究

1. 传播学受众行为研究与信息行为理论渊源密切相连

从理论渊源上而言，信息科学本身就是传播学的理论渊源之一。20世纪40年代，香农的信息论就为传播理论提供了基本的范式，也成为许多新的传播技术的设计基础。（罗杰斯，1997）从广义而言，信息行为既可以包含传播者的信息行为，也可以包含受众的信息行为。但信息行为理论中的行为主体主要指受众，因此对应传播学领域的理论研究，传播学受众行为研究都属于信息行为研究的范畴。

2. 日本传播学界为信息行为理论进入传播学做出努力

传播学信息行为的研究，最早发生在日本的信息社会学领域。日本的传播学者在 20 世纪 70 年代末就意识到了信息时代来临对传播实践，乃至人类社会发展带来的巨大改变，由此发展出独特的社会信息学体系。从世界范围看，此时信息行为的研究正步入威尔逊所总结的第二个转折阶段，即从科学技术领域转入社会科学研究领域。

在这样的趋势下，当时的日本学者以敏锐的"信息时代"意识，开始涉及信息行为相关研究。早期的信息行为研究归属于日本社会信息学领域，信息行为主要指"信息处理行为"，即信息的传输、储藏和转换。20 世纪 80 年代以后，随着信息化社会的快速发展，许多日本学者意识到建立信息行为理论的必要，信息行为研究与传播学研究关系日益密切，并在传播学与社会信息学的交叉结合中，开创了日本独特的"信息行为论"。1992 年，东京大学新闻学院甚至更名为社会信息与传播学院，将信息与行为的研究列为学院研究的三大核心版块之一，主要研究议题为信息行为、信息处理过程及信息功能。（闫学杉，1997）

3. 中国传播学理论研究欠缺与信息科学的跨学科链接

中国的信息行为相关研究包含在"受众研究"之中，很少有学者专门使用"信息行为"的概念，受众行为研究相对应的理论主要是使用与满足理论。以"信息行为"作为主题进行文献检索，发现信息行为的研究主要集中在信息科学学科群内，传播学期刊上以"信息行为"为主题的研究仅有三篇，除了一篇介绍日本信息行为论，其余两篇仅仅是使用了这个词汇，与信息学科信息行为研究理论并无直接关联。可见，中国传播学受众行为研究缺乏与信息科学信息行为研究的主动链接。

4. 信息行为理论在当下全媒体环境下的受众研究中走向汇流

（1）跨学科研究是必然趋势，信息科学研究者已经率先渗透入传播学研究。

随着信息社会的到来，学科与学科之间的跨界融合趋势日益明显，不同理论之间的交叉也更加频繁，传播学界与信息科学研究的联系重新被强调。由于大众传播媒介的迅猛发展，一些信息科学研究者已经开始将目光投向对微博、微信等各种新兴媒介平台的信息传播规律的探索，这和过去笼统地将媒介环节看作计算机信息系统的方式不同。

（2）中国传播学受众行为研究理论匮乏，对信息行为理论的借鉴非常必要。

在大数据时代，传播学者可以获取大量受众信息行为的数据，却很难找到相关理论去解释这些数据背后的规律。综观传播学在受众行为研究领域的理论，除了传统的使用与满足理论以外，实在乏善可陈。而使用与满足理论更加偏向需求动机与需求满足之间的关联探索，对全媒体环境下受众行为机制缺乏系统解释力。跨学科的理论链接将是未来理论研究的新方向。

（3）"以受众为中心"的研究导向是两个学科信息行为研究的共同发展趋势。

媒介融合的进程已经从技术融合进入市场融合的阶段，创新性的媒介消费行为研究势必成为传播学研究的重点。而信息科学中的信息行为研究从 20 世纪 40 年代创立至今，"用户为中心"的理念逐渐发展成为该领域研究的核心指导思想。对受众行为规律的探索成为信息科学相关领域的共同研究热点。

综上所述，信息科学与传播学在新的时代走向新的汇流，而受众信息行为研究正是两个学科的重要链接点。中国传播学界当与时俱进，大胆跨界融合，为积极创建新的受众行为理论而努力。

二、传播学信息行为研究的内容

虽然在传播学领域，很少使用"信息行为"的概念，但这并不意味着传播学领域没有信息行为研究的内容。基于本书定义，目前传播学领域存在大量基于媒介选择和使用的受众行为研究，它们都属于传播学信息行为研究的范畴。下文对传播学中已有的信息行为相关研究进行总结和分析。

1.检索策略

（1）数据库及检索时间范围。

本书作者通过中国知网数据库，对截至2015年1月的CNKI中文期刊和硕博士学位论文展开文献检索，检索方法为主题词检索。

（2）确定检索主题词。

一是以"受众行为"和"信息传播行为"这样概括性的描述词进行检索。

二是从信息行为的各个行为环节入手，对信息行为进行分解，借鉴传播学研究中惯用词汇，拟定对应的检索词为"媒介接触""媒介选择""媒介使用"或"媒介利用"与"媒介评价"。其中，"媒介使用"和"媒介利用"都属于媒介使用行为研究的关键词，两者内涵相同。

三是"使用与满足"，使用与满足理论被大量应用在传播学媒介使用与满意度评价领域，与本研究密切相关。

2.主题检索结果

表2-1、图2-2初步以"主题词检索方式"呈现了传播学领域与信息行为相关联的研究文献数量分布。下文对八个方面的相关研究文献进行进一步筛选，通过更精确的"题名检索"来缩小文献范围并对每一主题的高相关度核心文献进行内容分析：

表2-1　传播学信息行为研究文献分布　　　（单位：篇）

检索词	a 媒介接触	b 媒介选择	媒介使用/利用	e 媒介评价	f 使用与满足	g 受众行为	h 信息传播行为
期刊	2300	602	263	56	380	132	95
硕博士论文	327	57	57	3	172	34	83
文献总量	2627	659	268	59	552	166	178

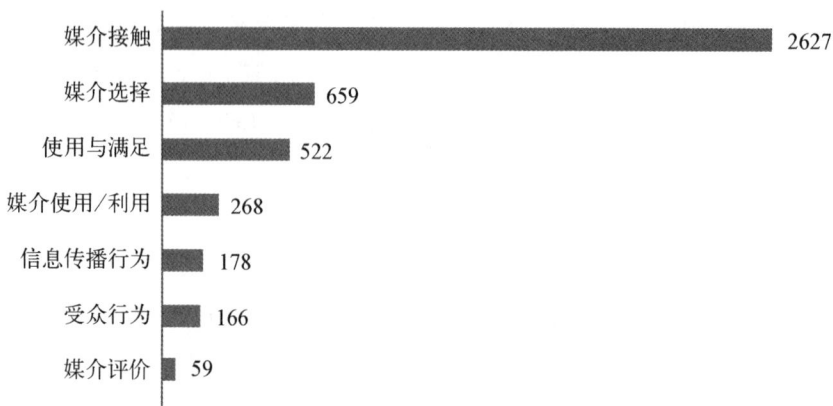

图 2-2　传播学信息行为研究主题词检索分布图

（1）媒介接触研究。

截至 2015 年 1 月，以"媒介接触"为关键词作题名检索，经筛选获得核心文献 1024 篇。其中，媒介接触与态度行为相关的研究 512 篇，占比 50%；媒介素养相关研究 420 篇，占比 41%；媒介使用行为研究 92 篇，占比 9%（见图 2-3）。

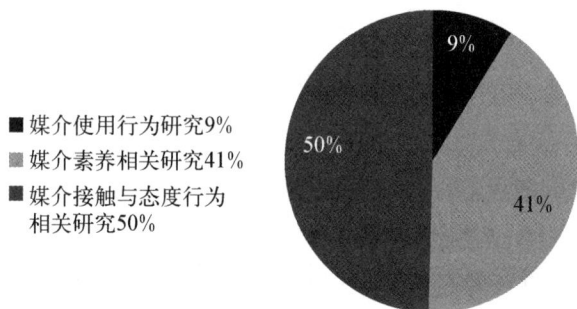

■媒介使用行为研究9%
■媒介素养相关研究41%
■媒介接触与态度行为
　相关研究50%

图 2-3　"媒介接触"检索词的研究主题分布图

"媒介接触"相关研究排名第一，远超其他检索词，可见"媒介接触"一词是传播学受众行为研究的热点词汇。

总结"媒介接触行为"研究特点：

1)"媒介接触行为"研究的关注点是放在某些特定类型受众的素养、行为、态度、观念上，人群相对集中在大学生、儿童、青少年、农民、各地居民等群体。

2）超过 90% 的媒介接触的研究并不研究行为本身，而是透过媒介接触数据去研究媒介接触行为对态度、观念的影响。

3）仅有的 9% 的行为类研究文献，只是描述行为的特点，主要涉及使用媒介的时间、数量、种类、频率和地点的统计分析。很少有研究比较不同人群之间的行为异同，也没有研究致力于解释行为机制。

（2）媒介选择研究。

截至 2015 年 1 月，以"媒介选择"为关键词作题名检索，经筛选后获得 46 篇核心文献，研究视角分为两类，传者媒介选择类有 34 篇，占比 74%，受众媒介选择类有 12 篇，占比 26%（见图 2-4）。

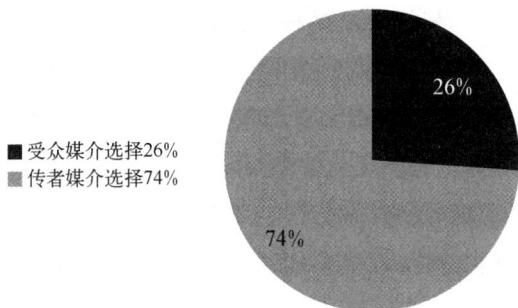

图 2-4　"媒介选择"检索词的研究主题分布图

总结"媒介选择行为"研究特点：

1）传者视角的媒介选择研究是受众视角的近 3 倍。受众媒介选择文献研究主要来自管理学研究，研究的主题均为企业内部员工的媒介选择，这些研究全部采用实证、量化、建模的方式，目的是为实现在组织内部的最优化媒介使用策略。

2）从研究方法上看，其他学科的研究偏向使用实证、量化研究的方式研究媒介选择行为，大部分涉及建立媒介选择的数学模型，以探讨选择行为的影响机制，而国内传播学相关研究还停留在观念探讨和描述性分析的层面。

（3）媒介使用/利用研究。

截至 2015 年 1 月，以"媒介使用"为关键词作题名检索，经筛选后获得核心文献 90 篇，其中媒介素养研究 54 篇，占比 60%；与态度行为相关性研究 18 篇，占比 20%；媒介使用行为研究 12 篇，占比 13%；与其他因素相关性研究 6 篇，占比 7%。

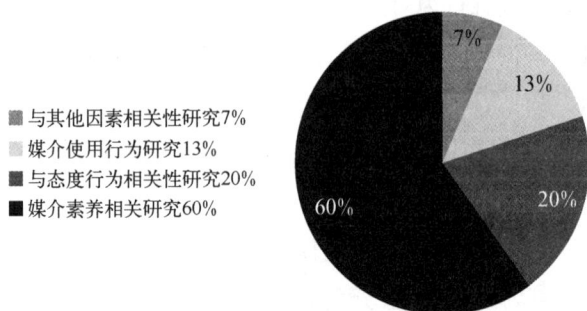

■ 与其他因素相关性研究7%
■ 媒介使用行为研究13%
■ 与态度行为相关性研究20%
■ 媒介素养相关研究60%

图 2-5   "媒介使用"检索词的研究主题分布图

"媒介使用行为"与"媒介接触"研究的内容非常相似，主要分类四类：媒介素养研究，媒介使用行为研究，受众媒介使用与观念、态度及其他相关因素研究。其中媒介素养的主题研究在"媒介使用"题名检索中数量最多。从用户类型上对农民、学生、新闻工作者，这三类人群的媒介使用行为的研究占了总体研究的近一半。不同人群媒介使用差异研究共7篇。这些差异要素包括：年龄、阶层、性别和地区。

（4）媒介评价研究。

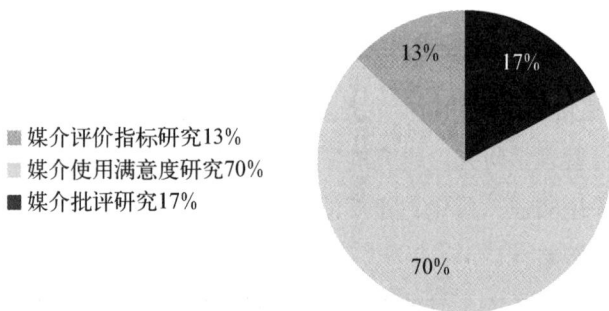

■ 媒介评价指标研究13%
■ 媒介使用满意度研究70%
■ 媒介批评研究17%

图 2-6   "媒介评价"检索词的研究主题分布图

以"媒介评价"为关键词作题名检索，获得核心文献23篇。其中媒介使用满意度研究有16篇，占比70%；媒介批评研究4篇，占比17%；媒介评价指标研究3篇；占比13%。

总结"媒介评价"研究特点：媒介评价研究在整体传播学信息行为研究中数量是最少的，媒介评价研究的理论模型主要集中于使用与满足理论。媒介评价研究在数量上明显少于传播学受众信息行为的其他环节。定性研究多，缺乏定量研究。

（5）使用与满足研究。

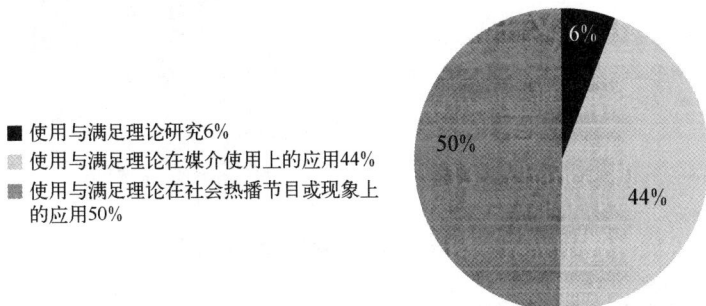

■ 使用与满足理论研究6%
▨ 使用与满足理论在媒介使用上的应用44%
▨ 使用与满足理论在社会热播节目或现象上
 的应用50%

图 2-7 "使用与满足"检索词的研究主题分布图

截至 2015 年 1 月，以"使用与满足"为关键词作题名检索，经筛选后获得核心文献 135 篇。其中，该理论应用在热播节目或现象上的研究有 67 篇，占比 50%；该理论应用于媒介使用方面的研究有 60 篇，占比 44%；而关于该理论本身的研究有 8 篇，占比 6%。

总结"使用与满足"研究特点：

① 在媒介使用相关的研究中，90% 以上的文献涉及新媒体研究，热点集中在微博使用、微信使用、网络使用、新媒体使用、手机使用。

② 目前的使用与满足研究主要聚焦于单个新媒体或节目的使用与满足上，对于多媒体组合使用的研究几乎没有。

③ 使用与满足理论的研究在趋于量化实证的方向。1999～2007 年，没有量化实证研究，多为定性分析和理论探讨，2008 年至 2015 年 1 月，实证定量研究数量增多，同时不仅仅是基于简单用数据描述满意度，一些研究开始对满意度与人口特征、使用偏好等因素之间展开数据关联性分析。（李武，2011；李浩，2014）

（6）受众行为。

截至 2015 年 1 月，以"受众行为"为关键词作题名检索，经筛选后获得核心文献 126 篇。其中，受众特征与行为特点相关研究 86 篇，占比 68%；受众行为与大众传播相互影响的研究 24 篇，占比 19%；受众行为的模式及影响因素的研究 13 篇，占比 13%（见图 2-8）。

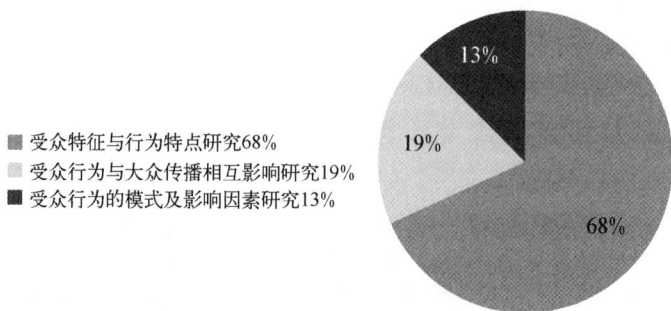

图 2-8　"受众行为"研究的主题分布图

总结受众行为研究相关特点:"受众行为"研究主题的核心文献,主要内容为三个方面:

第一类:受众特征与行为特点研究。这类研究从受众行为类别上看,主要涉及:媒介接触行为、媒介接受行为、收视/收听行为、媒介选择行为和媒介消费行为。这些研究主要围绕受众的信息需求心理机制,研究受众行为。对于受众行为特点主要通过媒介使用的渠道、时间、频率、地点等进行描述。近年来受众行为研究与新媒体媒介使用研究密切相关。它们从数字广播(侯迎忠,2008;赛利信媒介研究,2013)、网络电视(刘强,2011)、移动公交电视(王月,2010)、社交网站(杨玉琼,2011)等多种新媒介受众使用行为切入,展现了新媒体时代受众在心理需求、个人特征、行为偏好等各方面的特点。

第二类:受众行为与大众传播相互影响研究。这类研究的重点不是受众行为特质或规律本身,而是研究受众信息行为与信息环境的相互影响与塑造作用。徐超(2014)指出,受众行为对大众传播既有积极作用,也有消极作用;受众行为即是大众传播信息环境的外化显现。一些研究从大众传播对受众行为的塑造展开研究(李东明,2006;陆奇,2011;刘猛,2011;刘思慧,2012);另一些则从受众行为对大众传播的反向影响展开探索(林燕德,2010;董丹萍,2013)。前者的研究数量要明显多于后者。这也从一个侧面说明,传播学界对于受众行为视角研究的力度相对于传者视角还是偏弱。

第三类:受众行为的模式或影响因素研究。一是受众舆论模式。大部

分研究基于传播学"沉默螺旋"理论模式展开讨论。（刘建明，2002；李扬，2012；李函擎，2014）

二是受众信息传播模式。赖胜强（2014）针对"谣言"这一类特殊的信息进行传播模式的研究，借鉴人类行为理论中的"刺激（S）-有机体（O）-反应（R）"模式，从"信息内容特性""传播者特性"和"信息受众个体特性"三个方面构建了网络谣言对受众再传播行为影响的机理模型。纪诗奇（2013）针对"信息传播决策机制"进行研究，对消费者决策模型进行改进，在大量理论分析的基础上归纳出影响传播决策的影响因素，建立了"传播决策结构方程模型"。

三是媒介使用行为模式。叶凤云（2012）以罗杰斯创新扩散模式（IDT）为基础，结合数字阅读的影响因素，创建数字媒体阅读受众行为模式。王朋等（2013）对《中国好声音》节目受众观看行为进行了影响因素实证分析，该研究以理性行为理论扩展模型（TRA）作为理论基础，建立了电视选秀节目行为影响因素的结构方程模型。李鑫（2014）利用科技接受理论（TAM）对IPTV的受众使用行为的行为机制进行了研究。

（7）信息传播行为。

截至2015年1月，以"信息传播行为"为关键词作题名检索，经筛选后获得核心文献98篇。其中，信息传播行为及其策略研究52篇，占比53%；信息传播行为模式及影响因素研究25篇，占比26%，信息传播行为相关法律研究21篇，占比21%。

总结信息传播行为研究特点：

第一类：信息传播行为及其策略研究。在42篇关于该主题的研究中，有几类研究比较突出：一是涉及突发事件、灾难性事件、公共危机事件的信息传播研究，11篇研究文献都来自硕博士论文库，而其中8篇与政府危机信息管理行为相关，其余则涉及信息传播行为特点与规律探索；二是与微博等自媒体相关的信息传播行为研究；三是与社会化网络信息传播行为相关研究。

第二类：信息传播行为模式及影响因素研究。信息传播行为模式及影响因素相关文献有23篇，占该检索词总体文献的近四分之一（见图2-9）。

计算机学科研究有4篇，这些研究利用计算机建模理论、算法，研究探

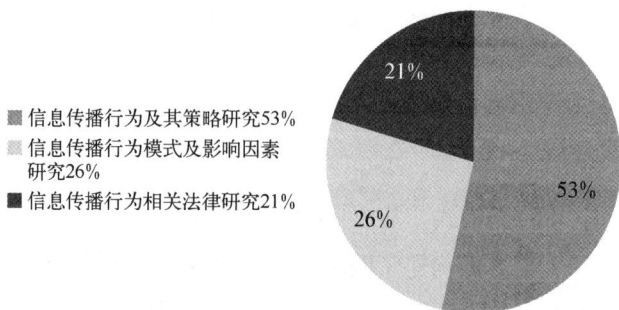

图2-9 "信息传播行为"研究主题分布图

索虚拟网络聚集影响因素（张丹丹，郑明春，2010），建立面向社会网络的多信息并行竞争传播模型（郑蕾，2011），建立预测性的用户网络传播行为模型。（吴凯，2013；吕绍晨，2013）信息管理科学研究有19篇，以下以最新的几个研究举例：姬浩等（2014）对网络谣言的情绪化传播行为进行研究，运用犯罪学领域中和技术和威慑理论，实证分析人们信息网络情绪化传播行为的动机。史波，吉晓军（2014）基于扎根理论，研究社会化媒体环境下公共危机信息网民再传播行为。刘行军，王伟军（2014）研究了微博用户的特征及行为规律，并对名人用户和普通用户关注数、粉丝数和博文数三者两两之间的相关性程度进行了回归分析。庄亚明，余海林（2013）以"抢蜡烛事件"为例，研究群体性突发事件信息传播网络特性。

第三类：信息传播行为相关法律研究。检索结果中共有18篇与法律相关文献，占到总体研究的近五分之一。

总体而言，以信息传播行为为检索词的研究中，跨学科研究非常频繁，法学、计算机科学、情报学、管理学这四大学科分别从自身的理论体系进行信息传播行为研究，尤其是信息传播模式及影响因素研究，主要集中于信息技术学科与信息管理学科，这两个学科的研究大多采用实证量化的方式进行，为传播学研究提供了很好的借鉴。

三、传播学信息行为研究的不足

1. 跨学科研究总量少，主动性差

从传播学方面看，受众行为相关理论主要是以下三种：沉默螺旋理论

与舆论行为相关，受众选择性注意理论更偏向与心理层面，使用与满足理论阐述需求与行为结果之间的关联。传播学领域对于受众信息行为机制研究方面的理论非常匮乏。

少数传播学研究者开始迈出跨学科的步伐，比如黄可，柯惠新（2014）就围绕媒介消费的影响因素研究，从社会学、管理学、心理学等各个学科汲取理论营养，创建多层次媒介消费影响机制模型；王艳玲，何颖芳（2013）以信息科学意义建构理论为基础，归纳出影响我国网络用户信息行为的四个方面，验证个性因素对网络舆论的影响。还有一些研究者借鉴人类行为理论中的计划行为理论、科技接受理论等对博客使用行为（黄炯，2007）、手机报服务继续使用行为（张志烹，陈渝，2011）、手机电视使用（巢乃鹏，孙洁，2012）、手机微博使用（张凌霄，2013）等受众新媒体采纳行为展开研究。这些研究都是利用跨学科的理论优势来研究受众行为规律，弥补传播学受众行为理论的不足，虽然数量不多，但也意味着跨学科研究的开始。

从信息学科方面看，由于大众传媒的发展，跨学科研究趋势的推动，许多信息学科研究者从研究专业人员信息行为领域跳脱出来，将研究视野扩展到传播学受众行为研究的范畴，利用信息科学理论对受众在大众传播框架下的信息行为展开研究，其研究主要集中在"信息传播行为"的规律与机制探索方面，研究数量在整体传播学受众信息行为研究中并不突出，但在近年呈递增趋势。

综上可见，传播学受众信息行为的跨学科研究数量不多，而其他学科对于传播学信息行为研究的渗透力要远强于传播学对于其他学科的主动链接。

2. 全媒体视角的研究少

尽管新媒介研究增多，绝大部分研究仍聚焦于单一的媒介使用行为。以下这两类研究还很少：不同媒介使用行为比较研究、多元媒介环境下的媒介选择行为/使用研究。

（1）"不同媒介使用行为比较研究"有待拓宽。

已有比较类研究的主题主要集中在新媒介与传统媒介的比较性研究

中，比较研究的广度需要拓宽，研究深度需要加深。

多数研究都从"时间"角度去切入观察新旧媒介发展的态势，试图对未来的媒介发展做出预测和建议。（刘德寰，崔忱，2010；喻国明，许子豪，赵晓泉，2013；吴文沙，刘航，2014）但这些研究还存在可以更深入挖掘的层面，即：是什么因素在左右受众的媒介时间使用？刘德寰等（2010）在研究媒介时间的替代效应时就指出："媒介时间只是我们观察网络媒介发展变化的一个切入点，而各种因素的影响程度和影响进程分析才是解读网络媒介的关键。"这些因素包括网络依赖度、媒介使用者的自身特征、价值观、网络接触形式等。笔者非常赞同这种观点，因为时间的替代与补充只是行为发生的结果，而其背后的受众心理机制、行为机制才是影响媒介未来发展的真正内因，也是媒介研究预测和指引未来的根本所在。

广度方面，目前多数研究的视角却还囿于新旧媒介的使用行为对比。研究集中于纸媒、广播、电视等传统媒体与网络、手机等新媒体的比较层面，而对于融合以后的各种媒介形式之间的比较却非常少。比如，手机网络电视与互联网电视受众使用行为之间的比较、电脑端新闻网页与手机新闻 APP 之间受众使用行为的比较等。

（2）"多元媒介环境下的媒介选择与使用行为研究"匮乏。

目前很多研究都停留在描述单个媒介渠道的接触上。许多大型的调查可以给我们呈现宏观上受众人群使用各种媒介的数据，比如复旦大学的新媒体研究调查、中国互联网中心每年两次的统计报告、艾瑞网发布的各种媒介研究报告等。也有大量研究给我们展示了不同受众群体单独使用各种媒介的行为研究。但是在多元媒体并存的情况下，受众不仅仅形成了对某一种媒介的使用偏好，还形成了媒介组合使用习惯。研究者不能忽略受众真实的日常媒介使用情况。

3. 受众行为机制的研究少

在大量的使用与满足研究中，我们很难发现有研究涉及受众行为机制的研究，大部分的研究在用数据呈现受众的媒介使用行为结果，却很少有研究去进一步解释受众行为的机制。而对比上文中提到的大量跨学科研究，却发现所有跨学科研究都集中于这个主题上，可见，受众行为机制研究少的原因正是理论的弱势和缺乏。

4. 特定人群的重复性研究多

在文献检索结果中可以很明显地看到目前受众行为的研究对象除了整体受众，就是以年龄、性别、地区、职业、阶层进行划分，选取一定的人群进行研究。在已有的研究中，学生、农民、儿童、青少年等群体是关注的重点，对这些特定人群的研究比较集中，需要拓宽。另外，不仅仅要拓宽，而且要转换人群的分类方式。找到行为方式与人群特质之间的关联，从而揭示受众行为背后的更深层次的原因。

5. 研究方法比较单一

由于传播学受众信息行为研究主要以简单描述行为为主，所以研究方法和手段都比较单一，鲜有定量与定性相结合的研究。

四、传播学信息行为研究的趋势

1. 从研究"是什么"到"为什么"

大量的媒介接触、媒介使用文献集中在呈现受众的行为偏好是什么，以及受众的素养如何。在全媒体发展的初期，尤其是以互联网为代表的新媒体发展初期，"是什么"的研究非常必要。然而随着网络的进一步发展和新媒介的普及，我们已经跨入了全媒体发展的快速成长期。我们发现受众已经不再像过去一样，在新与旧之间做抉择，而是在多元化媒介环境中找到适合自身的媒介使用方式。受众的媒介素养普遍提高、受众的选择成为影响未来媒介发展重要因素。因此，研究者迫切需要传播学研究者从过去研究受众行为"是什么"进入研究关于"为什么"的视角。受众行为影响因素与影响机制是未来传播学研究探索的重点。

2. 跨学科理论链接是必然趋势

传播学现有的理论明显不足以应对"行为机制"探索的研究趋势，那么，跨学科研究就成了必然。文献检索结果也直观地表明，在受众行为研究方面，其他学科对于传播学的渗透力度要远高于传播学主动对其他学科的渗透，这些不同学科对传播学领域的链接正是传播学研究者走向跨学科研究很好的接力点。

3. 全媒体研究思维转换

全媒体视角不是一个口号，而是媒介发展的必然趋势，现在的媒介发展时代很难再用新与旧去界定，受众面对的是多元融合的媒介环境，因此传播学的研究也当与时俱进，转换思维。

（1）复合媒介、融合媒介、多屏、全媒体将会成为新的热点关键词。

现在这类媒介研究正在趋热，但和网络媒介、新媒介、手机、传统媒介这样的关键词比起来，整体的研究数量还不多，未来这些研究关键词将逐渐成为受众行为研究领域的热点词汇。

（2）关于新旧媒介关系的探讨会持续，但不再囿于传统思维中的"新"与"旧。"

随着新旧媒介的边界进一步消弭，关于传统媒体与新媒体关系的探讨会逐渐减少，但关于新旧媒介比较、更替的研究还会持续，只是不再局限于过去新旧媒介概念的划分，关于"更替"背后媒介使用动因、机制的研究是未来研究之重。

（3）关于媒介组合使用行为的研究增多，基于情境的受众行为研究会增多。

虽然我们迫切地需要了解媒介背后的使用机制，但关于"是什么"的研究仍然必要，只是要换一个思路去呈现当下受众真实的信息行为是什么。在多屏、智能屏时代，受众的媒介选择和使用即是一个根据情境去做排列组合的匹配过程。媒介组合使用习惯的研究、基于情境的研究正是在积极地呈现这些动态而有趣的受众行为新规律。

（4）媒介选择类研究会增多，不同媒介使用行为比较类研究增多。

媒介形态、数量呈爆发式增长，仅以苹果应用商店为例，2011 年 7 月，苹果商店的上架应用突破 10 万个，2012 年 11 月，突破 100 万个，媒介市场正处于一个买方市场，受众选择的主导力量凸显。另外，随着三网

融合进程的加快，不同硬件端的信息服务在功能上形成交叉，受众比较和
选择不同媒介满足信息需求的空间很大。因此，媒介选择与比较类信息行
为研究在当下媒介发展环境下显得尤为有价值。

（5）融合媒介使用行为、采纳行为研究会增多，用户体验因素受重视。

媒介融合进程加快，硬件端只是尺寸与体积有区别的屏幕，过去那种
基于硬件端媒介的区分方式在改变，受众信息行为作用的对象不再只是屏
幕，而是基于硬件、软件层面的不同信息服务平台。过去的媒介使用行为
研究还大多集中在硬件媒介的使用偏好层面，未来的媒介使用行为研究会
逐渐转向融合媒介视角。

另外，由于媒介融合的速度很快，新媒介形式层出不穷，受众使用新
的媒介技术的频率和其更新速度也是空前的，那么基于受众体验的采纳行
为研究显然也是未来信息行为的研究重点之一。

4. 注重研究方法的多元结合

在研究方法上，定性研究与定量研究相结合是整个信息行为研究未来
的重要趋势，传播学信息行为研究更当重视这两者的结合。因为在媒介环
境快速变化、日益复杂的阶段，无论是研究受众信息行为"是什么"的层
面，还是"为什么"的层面，仅仅依靠一种方法，可能都不能给予充分的
解答。两种研究方法的结合可以使得研究更加透彻、客观和有解释力；

在研究手段上，目前已有的研究对于焦点小组、田野调查、参与式观
察等方法运用得很少，这些方法在日益复杂的行为研究中可以对单纯的数
据统计起到很好的补充作用；除了传统的研究手段，可以利用一些新媒体
技术，比如眼动仪、网络视频捕捉等。

在统计分析方法上，大部分传播学受众行为研究倾向于使用传统的数
据分析方式，研究止于做一些简单的描述性分析和相关性分析，但在未来
机制探索的领域，我们需要涉及数学建模、聚类分析、多元回归分析等更
复杂的数据分析方法，学习掌握 SPSS、SAV、Lingo 等基本数据统计分析
软件也非常必要。在数据呈现方式上，数据可视化也是未来研究非常重要
的研究方式。

五、创建传播学信息行为总模式

1. 本书相关信息行为模型

经过大量文献观察，本书作者认为，威尔逊信息行为模型对受众新闻信息行为研究颇有借鉴意义，同时将传播学中与信息行为相关的研究理论整理如下，最后对这些理论进行比较分析，提出全媒体环境下信息行为研究的总体模式。

（1）威尔逊信息行为模型。

作为信息行为研究领域的权威性学者，威尔逊从 20 世纪 80 年代开始一直致力于探索信息行为的理论构架，并根据信息行为实践的发展，不断修订其信息行为模型。他在 1981 年提出的信息探求行为模型（见图2-10）是迄今为止接受范围最为广泛的人类信息行为模型之一。该模型的基本要点：首先，信息需求不是最根本的需求，而是源于更为基础性的需求，即生理、认知和感情三方面的需求，其中每一种需求又处在不同的背景之中，即个人、社会角色以及环境的背景；其次，在寻找所需信息的过程中，信息探求者可能会遇到来自上述三种背景之中的不同障碍。（朱婕，靖窦，2005）

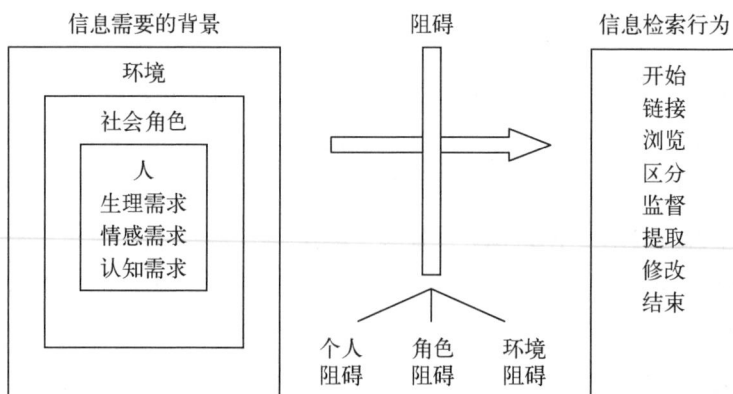

图 2 - 10　威尔逊 1981 年修订后信息行为模型

威尔逊 1996 年修订的信息行为模型（见图 2 - 11）与 1981 年模型相比，最大的改进之处，是根据信息行为的生命周期的不同流程，分别给出了相应的影响机制和理论支撑。例如威尔逊用压力适应理论解释为什么一些信息需求没有引起查找行为；用风险回报理论解释个体更偏好使用哪一种信息源；用社会学习理论描述个体如何通过从事能使自己获得成功的信息行为实现自我效能等。可见，威尔逊信息行为研究是与时俱进、不断深入的，1996 年威尔逊信息行为模型内容已经不再局限于信息科学的研究领域，而是涉及决策学、心理学、创造学等其他研究领域，使其真正成为一门交叉学科。

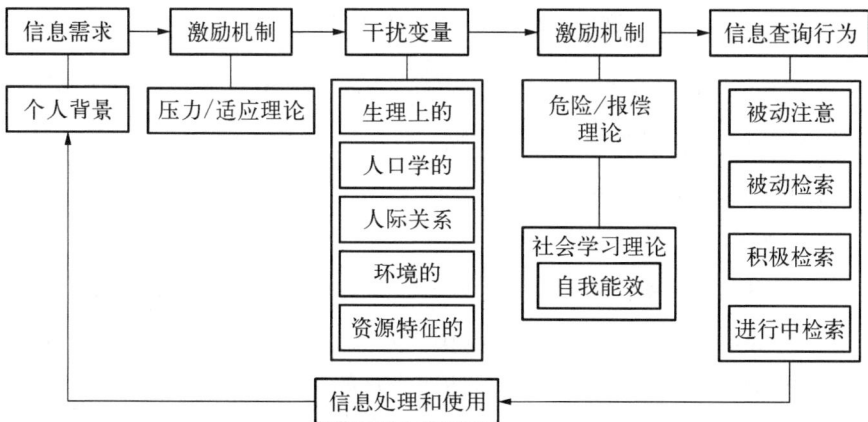

图 2 - 11　威尔逊 1996 年信息行为模型

（2）三上俊治的信息行为模型。

日本学者三上俊治（1991）认为信息行为是"个人在社会系统中，利用媒介或直接地收集、传送、存储信息以及处理信息的行为"，并基于此提出其信息行为模式（见图 2 - 12）：

1）信息行为的主体产生信息行为动机，在这个过程中，信息行为主体的文化知识、基本属性以及使用的可能都会对行为主体产生不同的动机产生影响。

2）主体在特定的信息行为的环境中实施信息行为，信息环境包括媒介的特点和信息的特点。

3）信息行为对个人及社会产生了效果，效果指达到某种目的，实现价值或得到满足。这种功能性的效果包含个人层面、组织层面以及社会层面。

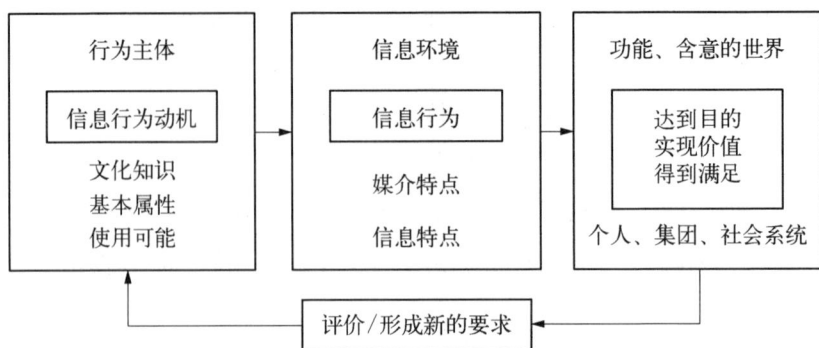

图 2‑12　三上俊治的信息行为模型

4）通过评价和反馈，形成新的信息行为需求。从信息行为主体产生行为动机到信息行为结果导致行为效果，这个过程并没有终结，而是通过评价反馈机制，形成新一轮的循环。

（3）使用与满足理论模型。

1974 年 E. 卡茨在其著作《个人对大众传播的使用》中首先提出"使用与满足理论"（Uses and Gratifications）。使用与满足理论是大众传播学受众研究中的经典理论，该理论是站在受众的立场上，通过分析受众对媒介的使用动机和获得需求满足来考察大众传播给人类带来的心理和行为上的效用（见图 2‑13）。同传统的信息如何作用于受众的思路不同，它强调受众的作用，突出受众的地位。该理论强调：基于社会和个人心理需求的驱使，人们会主动诉诸大众媒体或其他渠道以满足这些需求。（郭庆光，2011）

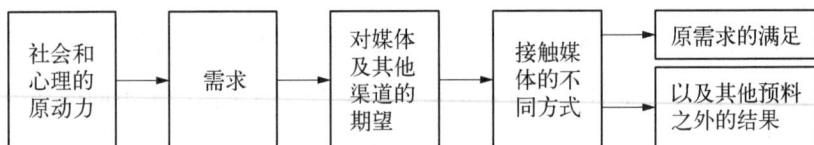

图 2‑13　使用与满足理论示意图

（4）祝建华的新媒体权衡需求理论模型。

祝建华（2004）在研究受众互联网选择影响机制时总结了现有理论局限："创新扩散论"虽然很好地描述了受众接受新媒体技术的过程和方式，却远不足以解释决定受众采纳新技术的动机、需求以及社会环境等内外因素；使用与满足理论虽然提出了社会与心理因素驱使人们产生媒介使用的需要，却没有探究这些需要背后的根源，停留在对受众动机做分类和描述的水平上。

他在这些理论基础上结合期望价值理论，提出"新媒体权衡需求理论"（见图2-14）。该理论的核心观点是：如果一个人越是相信互联网比传统媒体更能够满足其某种重要需求，那么他/她就越有可能采纳互联网和更多地使用互联网。而且，非常重要的一点是，权衡需求对采纳和使用互联网的影响作用是纯粹的，是独立于个人特征和社会经济特征之外的。

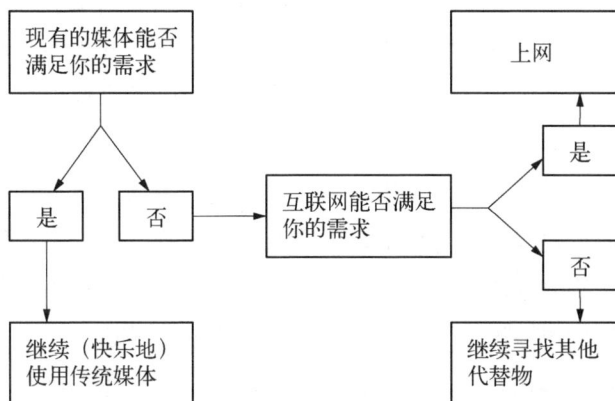

图2-14　祝建华的新媒体权衡需求理论模型

2. 传播学信息行为模型提出

本书通过对传播学与信息科学中相关理论模型进行优劣势分析，结合传播学信息行为研究特点，提出传播学信息行为总模式。

（1）使用与满足理论对全媒体环境下的受众信息行为规律的解释力略显不足，需综合信息行为相关理论加以拓展和加深。

使用与满足理论强调受众的能动性，认为是个人的兴趣和需求决定了受众采纳和使用媒体的过程。这种以"受众为中心，以信息需求"为主导的思想是符合当下媒介发展实际的，信息行为的研究就是从这样的起点出发来探讨受众在使用媒体和采纳信息过程中的种种特点与规律。因此使用与满足理论非常值得本书的受众信息行为研究借鉴。

然而，使用与满足研究中存在三方面的缺失：

首先，绝大多数研究都仅以论证需求本身为目的，缺乏使用需求产生的根源的探索。大量使用与满足研究停留在对受众动机做分类和描述的水平上，本书研究的重点不仅仅是探讨受众信息需求动机的种类以及需求是否得到满足，而是关注受众经由信息需求引发的媒介选择、使用、采纳及评价一系列环节中受众信息行为的特点与机制。

其次，大多数研究者对于使用与满足理论的应用关注"动机–结果"这一头一尾，即信息需求动机与需求是否得到满足，却忽略了许多重要的中间环节。文献中大量的使用满足研究是属于思辨型的，研究者根据自身的观察和分析，指出媒介使用中的受众需求以及实际满足状况。目前也有一些使用与满足研究开始转向实证方式，但是这些研究仍然局限于媒介需求与满意程度之间的关联性验证，对于使用行为的各个环节与使用的满意程度之间的关联研究非常少。

最后，使用与满足理论多用于单一媒介利用行为的研究中。尽管许多新媒体受众研究也以使用与满足理论作为研究依据，但大多数研究以特定媒介为某一个媒介为研究对象，而全媒体环境下的信息行为研究的视角不再局限于传统的单一媒介，而是复合、融合的媒介环境。

综上三点，使用与满足理论研究应当在全新的媒体环境下得以拓展和加深。

（2）"权衡需求理论"对受众媒介选择机制做出有益探索，但并不适用于当下全媒体信息行为研究实际。

首先，权衡需求理论并非多元化媒介选择影响机制理论。新媒体权衡需求理论无疑对于新媒介环境下的受众选择机制做出了有益的探索，但该理论也仅仅是提出了人们在新旧媒体之间的一种抉择机制。事实上，受众在多媒介环境中的媒介选择机制一定是多因素、综合性的。比如，王晓华（2006）对权衡需求理论进行检验时就发现，权衡需求在解释新媒体采用时不是独立的自变量，而是受个体差异影响的中间变量。随着媒介技术的发展，新旧媒体互相融合，相互补充，受众的媒介选择不是非此即彼，而是多元杂合，受众媒介选择的影响机制也更具复杂性和动态性。

其次，权衡需求理论的"零和"前提已经被证实并非实际媒介使用现状。更为重要的是，"新媒体权衡需求"理论的前提是"零和"，即媒介时间总量不变，但这一理论假设被证明并非符合现阶段受众媒介使用的真实情况。虽然受众因为更多新媒介的产生，而转移了对传统媒介的注意力，但整体的媒介使用时间总量是增加的。（喻国明，许子豪，赵晓泉，2013）

因此，权衡需求理论在解释复杂媒介选择行为机制方面是局限的，我们需要一个更加开放、多元、综合性的理论来为全媒体环境下受众信息行为影响因素研究作支撑。

最后，日本信息行为理论模型是对信息行为的宏观描述，但是在做具体中微观的研究时，还需借鉴其他理论模型。日本信息行为论的倡导者们希望研究媒介变革对人的行为产生怎样的影响；新媒介的本质功能是什么；新媒介的缺陷是什么；这些新媒介对现存的各种媒介将产生怎样的影响；新媒介对于人类具有什么样的意义；等等。（崔保国，2000）这些研究主题都涉及传播与社会互动关系，能够扩展受众研究的视野，尤其对信息化高度发展后的多元媒介环境和双向传播能够提供更有承载力的理论框架，但也有学者指出："这些理论主要集中在对大众传播环境的考察，而对由新媒介引发的信息环境的变化，以及信息行为的变化，并没有进行系统的研究。"（张照云，2009）

笔者认为，日本信息行为论的优势在于为传播学信息行为研究提供了一个跨学科视角，从社会信息学的视角描述了信息行为的过程与作用方式，是一个全面综合的信息行为理论构架，但是在做具体的微观研究时，还需借鉴其他理论模型。

（3）威尔逊信息行为理论提供弹性的信息行为流程框架，适合跨学科的理论嫁接，需针对传播学信息行为研究侧重点对具体环节进行调整。

威尔逊信息行为理论是在信息探求行为研究基础上发展起来的信息行为理论模型，经历了20多年的发展，已经逐步从图书馆与信息科学的专业学科领域跳脱出来，综合了社会学、心理学、行为学、管理学等多学科领域的研究成果，是目前解释信息行为机制最为有效的信息行为模型之一。

威尔逊信息行为模型对于本研究的借鉴意义在于：

首先，威尔逊信息行为模型充分挖掘受众信息需求动机。和使用与满足理论、日本信息行为理论一样，威尔逊信息行为模型以信息需求为起点，但该理论在受众信息需求动机的分析上，比使用与满足理论更进一步，它将信息需求背后的受众心理需求动机在个人层面、社会角色层面以及客观环境层面以由内及外，由小及大的方式有条理地进行了归纳。

其次，威尔逊信息行为模型关注完整的信息行为流程。从需求出发，到信息探求与使用，再到使用后反馈回到新的信息需求，这个过程是完整的。这点是值得传播学受众行为研究借鉴的，因传播学受众行为研究大部分都以媒介利用行为为主，关注单一环节，缺乏全局视野。

最后，威尔逊1996年信息行为模型最大的优势是：它提供了信息行为影响机制的探索空间。它是开放的、跨界的、弹性的，在普遍信息行为的流程基础上，根据不同学科和具体信息行为类别，可以在干扰变量的部分进行具有针对性的补充、替换和更新。这些干扰变量的引入，不仅是信息行为流程中的必要环节，同时也意味着这个模型已经深化解释并影响了信息行为机制的部分，这是被其他两个模型忽略的，但都是本书研究要着力研究阐释的部分。

（4）传播学信息行为模型的创建。

为创建传播学信息行为模型，本书综合传播学受众行为研究实际，将对威尔逊信息行为模型做以下四个方面调整：

首先，增加媒介选择与使用环节。威尔逊信息行为模型来自信息探求研究领域，关注的重点是受众与信息之间的互动，而不是受众与媒介之间的关系。而且信息探求行为发生的平台主要指的就是计算机信息系统，因此，不存在媒介选择与使用的环节。而作为新闻信息行为，媒介选择与使用是受众获取或生产信息的必经环节，而且也是全媒体环境下新闻信息行为研究最重要的一部分，因此有必要在模型中增加该环节。

其次，删减信息检索部分。由于本书研究的焦点是媒介与受众之间的关系，因此对信息检索的部分不具体展开研究。另外，因为新闻信息的获取不同于图书馆信息科学中研究的信息获取机制，故不采用信息检索环节。大众传播系统主动发送这些信息，虽然也有部分主动检索新闻信息的行为，但通常接触新闻媒介就是获取新闻信息的开始。

再次，增加使用评价环节。在威尔逊1996年信息行为模型中，信息通过使用环节以后直接进入新需求，并未特意突出评价机制环节，但在传播研究中，信息的反馈是信息传播模式中非常重要的环节，它将影响后续的信息行为，因此增添此环节。

最后，合并同类影响因素。在影响因素归纳部分，本书根据人与媒介互动行为的主要特点，将威尔逊1996年信息行为模型中涉及个人的要素进行了合并。压力适应理论在媒介使用方面主要是涉及群体压力，即受到周围人际关系的影响，可以归纳如"社会影响因素"；社会学习理论中的自我效能感指受众使用媒介的主观能力认知，可归纳入"心理因素"；人口因素、个人背景因素、生理因素合并为"个人特征因素"；个人心理因素和个人特征因素都归属于"个人因素"。由此，该模型的影响因素部分主要涵盖四个主体因素，即：个人因素、社会影响因素、环境因素和资源特征因素。

综上，本书以日本信息行为论为宏观理论指导和跨学科研究的索引，以传播学使用与满足理论为借鉴，以威尔逊1996年信息行为模型为基础，现提出传播学受众信息行为总模式（见图2－15）。

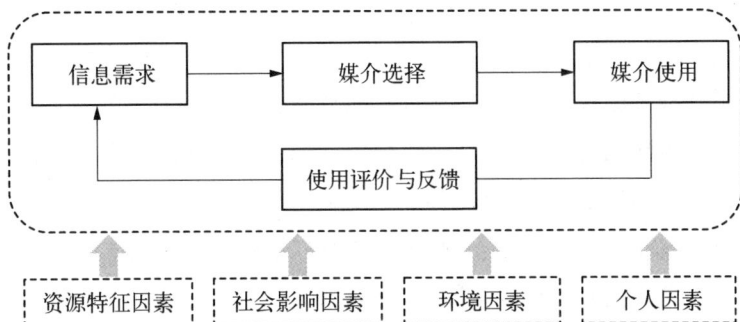

图 2－15　传播学受众信息行为总模式

第三节　全媒体新闻信息行为研究综述

一、全媒体的本质内涵与发展进程

1. 全媒体的本质内涵

"全媒体"最初是业界创造的一个概念性词汇，它不是现实的一种媒介状态描述，也没有准确的概念定义，所以后来不同的研究者从各自的视角都对这个概念进行了演绎和发展。本书在此先对"全媒体"概念在当下业界和学界流行的原因做简要概括：

已有的媒介词汇已经很难准确描述当下的媒介发展状态。

"全媒体"的语义包容度很大，允许人们从各个视角去切入探索。

全媒体代表未来媒介生态发展趋势，彰显人类对信息社会发展终极追求。

（1）不同视角的全媒体定义。

"全媒体"的英文对应名词为"Omnimedia"，通过外文学术数据库检索发现它只以专有名词的形式出现，这个名字来自媒体实务公司——Martha Stewart Living Omnimedia（MSO）。在国外传播学研究中，它并没有以学术概念的方式出现。

而在中国，全媒体是一个在业界被普遍使用的新概念。其背景可以追溯到 2006 年 9 月发布的《国家"十一五"时期文化发展规划纲要》和 2007 年 11 月发布的《新闻出版业"十一五"发展规划》，国家通过这两个文件确立了"国家数字复合出版系统工程"的发展规划，该工程中就包括"全媒体资源服务平台""全媒体经营管理技术支撑平台""全媒体应用整合平台"等建设项目。从 2007 年开始，基于"全媒体"概念的媒介实践在中国轰轰烈烈地展开。（姚君喜，刘春娟，2010）

全媒体的业界实践引起传播学者开始广泛探讨全媒体的内涵、概念、特征，以下是不同研究视角下的全媒体定义。

1）技术视角——媒介形态。陈少波（2010）认为所谓全媒体，是在传播应用层面上流行的一个概念，它本身并不是一个实体性的媒体，而是在具备文字、图形、图像、动画、声音和视频等各种媒体表现手段的基础上进行不同媒体形态（平面媒体、电视媒体、广播媒体、网络媒体、手机媒体等）之间的融合，产生质变后形成的一种新的传播形态。它是在信息、通信及网络技术条件下各种媒体实行深度融合的结果，是媒体形态大变革中最为崭新的传播形态。

罗鑫（2010）进一步指出全媒体在发展中往往受到信息技术和通信技术的限制。它并不是一种一成不变的单一模式，它是一个开放的系统。

2）业务视角——业务模式。从传播机构的视角而言，全媒体是一种业务运作的整体模式与策略，即运用所有媒体手段和平台来构建大的报道体系。从总体上看，全媒体不再是单落点、单形态、单平台的，而是在多平台上进行多落点、多形态的传播。报纸、广播、电视与网络是这个报道体系的共同组成部分。（彭兰，2009）

3）营销视角——营销策略。全媒体作为一种全新的媒介营销管理观念，是建立在媒介融合基础上的媒介营销策略，包括整合性的媒介内容生产平台的创建，以及相同媒介内容的不同呈现方式的组合性使用。例如中文在线总裁童之磊就认为，"全媒体出版"是利用相同内容在不同媒体介质上发布，例如在纸质媒体、互联网、手机和手持阅读器等媒体上。"全媒体出版整合营销"，即利用各种媒体和各种渠道发行阅读产品，同时尽可能覆盖所有读者。可见，从媒介营销管理的观念来看，所谓全媒体是媒介融合的营销策略的具体应用。（姚君喜，刘春娟，2010）

4）需求视角——应用体验。全媒体传播满足人类对信息的全方位需求。（姚君喜，刘春娟，2010）在此目的的驱动下，人类便不断地创造各种可能的媒介应用体验，以实现对信息需求满足的最大化。因此，有学者认为全媒体是通过提供多种方式和多种层次的各种传播形态来满足受众的细分需求，使得受众获得更及时、更多角度、更多听觉和视觉满足的媒体体验。（罗鑫，2010）

（2）全媒体的本质探讨。

"全"这个字，在中文里意味着终极圆满。若从文字的内涵意义出发，全媒体的本质内涵是"全面满足人类信息需求"的媒介生态环境。事实上，媒介进化进展是由受众需求与技术供应之间的关系决定的。我们也很难从线性的时间轴中去机械地划定一个时间点，说这是全媒体时代，那不是全媒体时代。媒介技术的发展与受众需求之间一直是相互适应、彼此促进的。媒介生态环境就在技术与需求的不断互动激发中发展形成。正如大自然中的生态发展情形，媒介生态环境的发展是动态的，它会发展到一定的稳定期，但这不意味着停止，演化和适应一直在持续发生。

综上，全媒体的本质应当是：以数字化技术为起点，在无限细分演化的人类信息需求与不断升级进步的信息技术共同推动下，适应广泛受众群体信息需要的多元、融合、动态发展的媒介生态环境。

2. 全媒体发展的进程

全媒体发展的模式并不是一种单线推进的模式，它是一个多方向、多维度、开放性衍生发展的系统。基于这样的规律认知，本书笔者试着从一种线型思维中解放出来，以一种涟漪型的曲线思维来理解全媒体的本质内涵。基本模型如下图 2－16 所示：

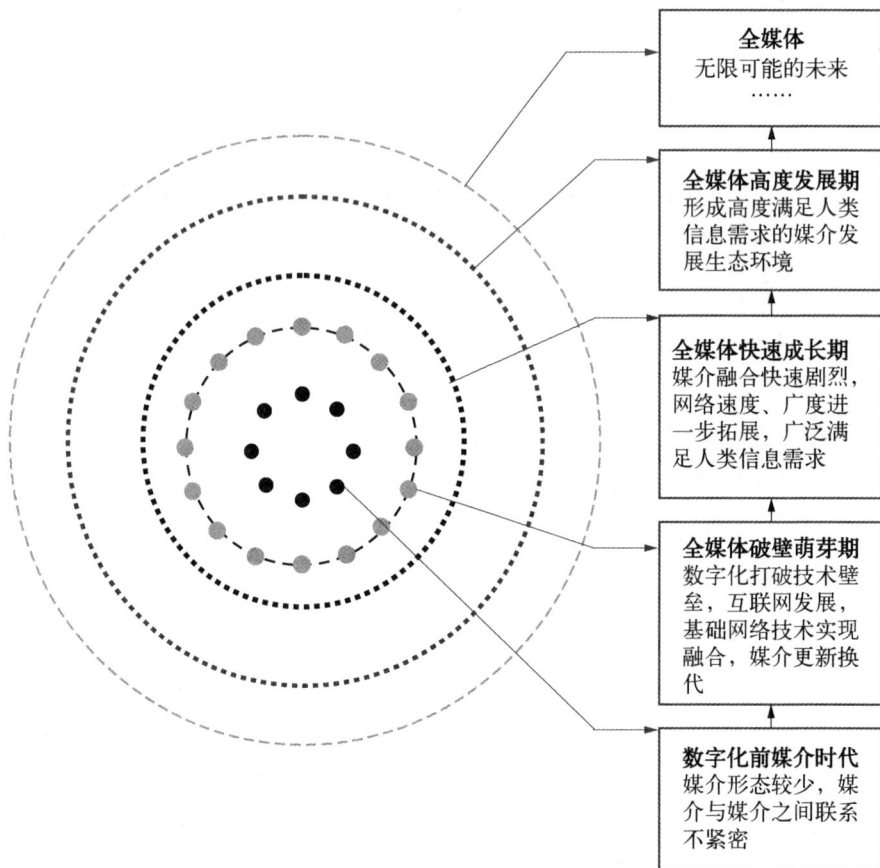

图 2－16　全媒体发展进阶模式图

（1）全媒体发展破壁萌芽的起点在于数字化。

首先，数字化技术使得所有信息转换成 0 与 1 的代码进行传递与储存，这种通用性使得媒介渠道之间的界限被打破，过去人们在特定环境、特定硬件设备上获取信息的方式随之改变，硬件设备成为适应不同环境下人们获取信息的载体；其次，互联网及移动互联网技术的普及，使得人们获得信息的时空性束缚被打破，人们可以随时随地获取信息；而随着互联网技术的进一步发展创新，信息功能之间的界限正在被打破，社交、娱乐、实用与商务等不同信息功能之间在特定的平台上实现了融合。

（2）我国媒介发展已经进入全媒体快速成长期。

以媒介融合的角度来看全媒体发展的阶段，我国媒介融合的进程已经由技术融合进入市场融合的阶段。技术融合已经完成，随着信息形式数字化、信息处理统一化、信息传输网络化，技术已经不是融合的主要障碍。（刘强，2011）另外，我们还可以通过我国"三网融合"的进程看到，目前的全媒体发展的基础技术端融合已经从 2010～2012 年的初期试点阶段，进入 2013～2015 年的全面推广期。上海等一线城市已在 2013 年完成第一轮三网融合试点工作，而南昌等二线城市也在 2014 年率先完成第二轮试点，并正在积极整合和推进三网融合技术改造。这些技术融合包括："一是，全媒体互动电视，即直播、点播、数字电视以及各种声音数字广播；第二类，一些个性化的服务，包括交互的、互动的、点播的服务，包括信息的发布；第三类，互联网和数字电视的联合；第四类，互联网与数字电视融合；第五类，通过广电网、电信网互联互通，广播电视的内容实现多方面的融合；第六类，物联网与数字电视的融合。"（毛丽君，2010）由此可见，我们不仅已经从全媒体破壁萌芽期进入快速成长期，而且还有一定程度的深入发展。

当下全媒体发展阶段的最重要特点：

从媒介发展状态看：新旧媒体多元共存，媒介融合日益加剧。

从媒介市场重点看：市场融合阶段的关键在于促进受众的创新消费行为。

从媒介研究焦点看：受众视角是最重要的研究视角。而受众研究中，对受众行为规律的探索是重中之重。

二、全媒体受众新闻信息行为研究

1. 检索策略

检索策略一：研究首先以"全媒体""融合媒介/体""跨媒介/体""多

屏""跨屏"作为关键词在数据库展开检索，再从检索结果中筛选与"新闻"相关的文献，在从这类文献中筛选与"受众"及"使用相关"相关的研究。

检索策略二：以"新闻＋受众"作为关键词在数据库展开检索，从结果中筛选与全媒体相关的研究成果。

2. 检索结果

（1）以"全媒体＋新闻"为检索词，结果显示，期刊文献和硕博士论文共有 458 篇，而这其中的"受众"视角研究为 0 篇。"融合媒体/介＋新闻"检索词的文献结果显示，期刊文献和硕博士论文共有 1868 篇，受众视角 26 篇；"媒体/介融合＋新闻"共计 669 篇，受众相关的硕博士论文仅 2 篇，期刊文献 0 篇。"跨媒体/介＋新闻""多屏/跨屏＋新闻"为检索词的文献结果显示，期刊文献和硕博士论文共有 98 篇，受众相关文献仅 2 篇。

全媒体相关的新闻传播研究集中探讨：全媒体新闻的业务运作、新闻内容编辑、媒介发展策略、报道与节目制作策略，及全媒体新闻记者的培养五大方面。首先，这些研究几乎都立足于传播者研究视角，而受众视角的文献共计 30 篇，在 2365 篇全媒体主题文献中，仅占 1% 的比例，可见受众视角的相关研究匮乏。其次，在这些受众研究中，大部分研究都在讨论关于融合新闻时代受众的特征和角色转变，真正涉及受众行为的研究仅 4 篇，其中 3 篇探究受众的新闻参与行为，皆为思辨型研究，仅 1 篇文献实证探讨了融合媒介时代电视新闻受众观看行为的黏性机制。

（2）以"新闻＋受众"为检索词，检索文献有 851 篇，其中与受众行为相关的文献 31 篇。绝大部分新闻受众研究的切入点是心理层面的，一类是研究受众心理需求，另一类是通过分析新时期受众心理需求的变化来讨论新闻传播的策略。与本书研究全媒体主题相关的研究仅 21 篇。

显而易见，传播学研究中对"全媒体新闻信息行为"主题的研究是匮乏的。在全媒体相关研究中，受众研究本身就匮乏，与行为相关的研究更为匮乏；而在新闻的受众研究中，研究更多关注心理认知层面，而缺乏对受众行为机制的探讨。

三、检索内容分析

1. 全媒体环境下大型受众调查

（1）国外的受众调查研究。

美国皮尤调查中心"互联网与美国人生活项目"与"新闻业杰出规划项目"进行了联合调查，该研究从新闻的多平台使用、即时新闻的使用、人与新闻的互动关系、受众新闻消费环境和偏好等各个方面对当下美国新闻消费图景进行了勾勒。研究发现：① "全时""多平台"新闻获取已成为常态；② 人与新闻的关系发生新的变化，新闻变得个性化、社会化和可参与；③ 无线端新闻受众新闻获取信息量更大，他们的新闻媒介使用更加多元，新闻内容兴趣主题更加广泛；④ 新媒介环境下受众特征、受众关注的新闻主题、传播平台使用特点等各方面都在发生改变。（杨晓白，2010）

在多平台的新闻媒介使用研究方面，美国密苏里新闻学院雷诺兹新闻研究所在 2012 年 1 月至 3 月对美国 1015 名受众开展了"移动媒体新闻消费全国调查"（Mobile Media News Consump-tion National Survey）。美国报业协会 2012 年 1 月 20 日至 2 月 1 日的 10 天间，针对美国 2158 名报纸读者所做的"报业多平台使用"（Newspaper Multi-platform Usage）调查。我国学者郭之恩（2013）通过这两个调查，对美国多平台新闻消费情况做了详细的分析。研究对同一份报纸的多平台（纸质版、电脑版、平板电脑版、智能手机版）的受众使用展开分析，结果发现：① 不同平台的消费者构成情况不同，不同性别、年龄对不同平台的偏好不同；② 不同平台的新闻消费诉求不同，一是内容偏好不同，二是受人际交流影响；③ 消费者消费的新闻内容不变，但平台在变化；④ APP 新闻阅读量已经超越了普通新闻网站；⑤ 不同媒体平台的物理性质也决定这种平台的使用场景。

英国方面，路透社新闻研究所（隶属英国牛津大学政治与互联网研究学院）联合 BBC、英国伦敦城市大学、舆观调查网 YouGov 和发布了

《2012 年全球性数字新闻调查报告》 《*Reuters Institute Digital News Report 2012*》，这份报告呈现了英国、美国、德国和丹麦四国在数字化时代新闻消费的概况，详尽分析了欧美各国新闻消费的特点并比较了各国新闻消费的不同。研究内容包括新闻消费偏好（频率、渠道、来源、时间、地点、内容）；政治新闻的参与、商业新闻的消费；网络新闻类型、渠道、APP 新闻以及新闻的参与行为。

（2）国内的受众调查研究。

近年来，国内方面并没有专门针对新闻的大型受众调查，与此相关的受众调查研究主要有以下三个：

一是复旦大学新闻学院和复旦大学信息与传播研究中心于 2009 年 5～8 月在上海展开了《新媒体技术环境下的上海受众》问卷调查。调查对象是在上海市除崇明县（现为崇明区）外的 18 个行政区常住的成年人，采取了多级分层随机抽样的方法。该调查的核心是实证考察在新媒体技术环境下，人们的媒体使用和日常社会交往的形态，以及人们对社会阶层分化的感知和态度、对民族/国家认同以及影响它的各种因素的看法、涉及公共议题的意见表达趋向、公共生活的参与等。基于这项调查的数据，有四篇文章聚焦新媒体的使用：《上海市民使用网络媒体的特征、动机及评价》（张志安，2010）、《互联网使用对传统媒体的冲击：从使用与评价切入》（潘忠党，於红梅，2010）、《社会交往与手机使用：上海受众手机使用的实证研究》（楚亚杰，2010）、《新技术环境下上海市民媒介使用现状与特征》（周葆华，2010）。

二是南京大学新闻传播学院和复旦大学信息与传播研究中心于 2009 年 7～11 月在天津、上海、广州三地展开了《新媒体与沿海发达城市市民的媒介选择》问卷调查。本次调查重点选择了沿海"三大经济圈"的代表性城市，对这些城市居民中的互联网和手机使用者进行了大样本电话调查。

三是中山大学 985 工程"全媒体时代的新闻传播创新基地"项目《新媒体环境下的媒介使用行为特征——2013 年城市受众新媒体使用行为调查报告》探讨了新媒体环境下新闻受众具有何种行为特征，主要调查其在新旧媒体的使用时间、媒体偏好和媒体信任度等方面的异同。

综上所述，大型调查中与新闻使用情况相关的结论有以下五点：

1）信息需求层面：新闻是受众最重要的信息需求之一，在各类信息需求中排名第三（前两位是即时通信与搜索引擎）。

2）获取方式方面：中国受众已经形成了多元化的信息获取方式，多数受众采用三种以上媒介平台获取新闻信息；传统媒体和新媒体在新闻报道和信息提供方面各有千秋，电视新闻在权威消息发布上依然具有独特优势。

3）使用环境方面：中国网民获取新闻信息的场景在发生变化，随着电脑网络的普及，在家里获取新闻的比例大幅提升。

4）信息质量方面：与传统媒体相比，中国网民对门户和新闻网站在信息内容质量方面的评价没有太大差别。但是，网民对论坛/博客在体现民意、民情等方面的评价比传统媒体、门户和新闻网站都要高。

5）影响因素方面：除了人口特征以外，受众的社会交往会对新闻信息获取产生影响。

2. 全媒体环境下受众信息行为相关研究

关于全媒体环境下的受众信息行为，文献中有两个维度的行为研究：一是受众新闻获取和参与行为研究；二是媒介选择与使用研究。这两个维度的关系如下："参与与获取"是基于新闻与人的作用关系而提出来的行为概念；媒介选择与使用是基于人使用新闻的流程环节而提出的行为概念。对大众传播范畴的受众新闻信息行为而言，无论是参与行为还是获取行为都要经历媒介选择和使用环节，但不是所有的受众新闻信息行为都涉及参与行为。

（1）受众新闻参与行为。

随着新媒介技术的应用，互动性成为网络时代新闻媒介最重要的特性，受众的新闻参与行为成为研究者们关注的一个热点。

顾洁（2013）在对 BBC UGC HUB（英国广播公司用户生产内容集成中心）的新闻实践进行审视的基础之上，认为"用户生产内容"（UGC）已经不足以准确地描述融媒时代受众参与大众新闻传播的图景，并尝试提出"受众参与新闻"和"受众参与内容"两个全新概念。张思斯（2013）通过对 BBC 的世界新闻频道中受众的互动模式进行研究，认为这些创新的模式包括技术互动和内容参与两种类型。顾洁，朱宏展（2014）则进一步通过讨论了 BBC 受众参与模式创新与保持新闻价值之间的问题。钟剑茜（2012）总结了在融合媒体时代纸媒的受众新闻参与行为。刘瑞英，张健康（2010）比较了传统媒体与网络媒体的受众参与行为的不同。

以上所有关于"受众参与"的研究展示了融合媒体时代，新闻传媒与新闻受众之间在技术的、内容的、节目形式的各个层面的融合与互动，他们的视角不再局限于受众/传者的单一、对立的视角，既可以是"受众使用行为"，也可以是"传播者行为"。因此，"受众参与"研究是一种基于融合媒介环境的新闻媒体与受众的"互动行为"或者称为"合作行为"研究。这些研究都不是量化的研究分析，而是基于定性的描述与总结。

（2）新闻媒介选择与使用行为。

在全媒体新闻媒介选择与使用主题文献检索中，发现有以下两种类型的研究。

第一类是多元复合媒体环境受众的新闻媒介选择行为研究。

文献中有 3 篇涉及受众新闻媒介选择。谭红成（2008）基于消费者的媒介选择行为的理论和实证研究，构建了媒介选择行为分析理论框架，提出了媒介选择与各个影响因素的关系模型，并对关系模型进行了实证研究。樊华（2011）提出媒介融合下的受众行为可用六个维度来加以描述，分别是结构性、介入度、影响度、互动性、公开性和群体感。荣荣，张晓艺（2012）以非官方新闻类微博、报纸、手机电视、网络电视、手机彩信报、纸媒官网电子报、纸媒在微博中的官方账号、手机 APP 新闻客户端等作为研究对象，研究大学生对融合媒介的选择机制。

第二类是融合性媒体的受众使用研究。

王小新（2013）通过百度热搜词相关信息统计分析，发现受众网络新闻行为的特点。王呈，马玲，吕辰晶（2012）研究了社交网络中的受众新闻信息行为，发现新闻传播方式的变化，使得人们选择新闻以及选择阅读新闻的工具和平台的主动性提高，就网络社交与网络新闻阅读之间的联系而言，该研究表明其关系仍不够紧密，社交在新闻阅读上只是一种增值方式，新闻阅读也没能占有更多的社交时间。曹朦（2014）对手机社交软件新闻的受众使用行为进行研究，结果发现：手机社交软件新闻的受众主要是受过高等教育的中青年人群，他们大多利用生活中的闲暇时间来阅读此类新闻。受众认为手机社交软件新闻的优点是阅读方便快捷，与社交软件进行"绑定"推送的传播模式能加大受众阅读的概率，同时受众对新闻标题与图片的兴趣决定了其是否查看新闻具体内容。

目前在融合新闻领域研究最多的是手机新闻受众行为研究，随着智能手机的普及，继手机报后，手机新闻 APP 的受众使用更成为研究焦点。（黎娜，2009；肖飞，2013；王超群，2014；宫承波，王欢，栾天天，2014；孙望艳，2014）

在全面了解本研究相关的文献基础上，笔者认为在全媒体新闻信息行为研究领域，缺乏以下三类研究：一是专门的大型的全媒体新闻信息行为研究；二是多元化新闻媒介使用行为的研究；三是新闻媒介选择影响因素研究等。

第四节　全媒体信息行为影响因素研究

一、新闻信息行为影响因素研究

本书将文献中涉及新闻信息行为的影响因素归纳为主观因素与客观因素两方面。主观因素方面，主要涉及人口学特征（年龄、性别、收入、教育）、网络使用经验、媒介依赖、用户体验；客观因素方面，主要涉及媒介特征、社会影响、使用环境、媒介消费价格。

1. 影响新闻信息行为的主观因素

主观因素是指受众的媒介选择与使用受到受众本身的生理特性、社会角色、职业特性、文化程度等基本人口学特性的影响，同时主观因素还包含了受众动机需求、心理特点等心理层面的影响因素。

（1）人口学特征方面。

许多新闻受众研究都从各自视角发现受众性别、年龄、城乡差异、文化程度差异、民族差异等对于新闻媒介选择与使用的影响。（卜卫，邱林川，2003；韩强，2000；高叶，2003；刘心，2010；王莹，江昀，2011；李雪松，司有和，谭红成，2010）

（2）心理因素方面。

目前研究主要涉及"媒介依赖""权衡需求""情感因素""用户体验"。

1）媒介依赖因素：李雪松，司有和，谭红成（2010）指出习惯性是新媒介在目前并不能完全取代电视和报纸两种传统媒介的主要原因之一。谢天勇，张国良（2013）的研究表明新闻需求与媒介依赖之间呈现正相关关系。张洪忠，李楷（2009）研究受众新闻阅读内容与不同媒介依赖之间存在密切关系。李喜根（2008）则用实证的方式验证了手机依赖因素对于手机新闻采纳具有显著影响。

2）权衡需求因素：祝建华（2004）以媒体接触时间的"零和游戏"为基础，提出新媒体权衡需求理论，该理论认为：当受众发觉其生活中某一重要需求无法被传统媒体所满足，并且认为某一新媒体能够满足该需求时，他们才会开始采纳并持续使用这一新媒体。王晓华，严丽娜（2007）对该理论进行了再度检验，研究表明权衡需求在解释新媒体采用时不是独立的自变量，而是受个体差异影响的中间变量。另外需要指出的是，有一些研究表明媒介使用时间并非基于零和基础。（潘忠党，於红梅，2010；喻国明，许子豪，赵晓泉，2013）

3）情感因素：胡毓智（1998）在研究口语化标题对受众选择影响中指出，情感的接近性是影响受众新闻选择的重要因素。杨若文（2008）则更全面地分析了不同情感状态下的受众在新闻信息的接受程度、理解程度、使用内容等各方面存在的差异。

4）用户体验因素：新媒体新闻媒介的显著特性是其互动性，互动性被认为是影响人们选择和使用新闻媒介的重要影响因素。莱纳（Dominik J. Leiner，2008）指出，媒体的选择和使用在相当程度上依赖于用户怎样看待媒体，互动性不只是基于技术特性的，而且是基于用户主动感知的。荣荣，张晓艺（2012）对多元化的融合性新闻媒介选择行为的研究，证实了"感知易用""感知有用"和"感知流行特征"与受众互动体验相关。

2. 影响新闻信息行为的客观因素

客观因素是指新闻媒介本身的客观特性以及受众所处的信息环境，主要包括：新闻媒介特征、社会影响、使用环境和新闻媒介消费价格。

（1）新闻媒介特征：媒介丰富度、媒介可信度是普遍受到讨论的影响因素。

丰富、真实是评价新闻价值的基本要素，但是在新闻媒介使用上，这些因素需要被重新考量。有一些研究认为媒介丰富度、媒介可信度对新闻媒介的选择会产生显著正面影响。（Avner Caspi，Paul Gorsky，2005；李雪松，司有和，谭红成，2010）

而有些研究却得出不同的意见，比如荣荣，张晓艺（2012）研究大学生对于融合新闻的媒介选择时发现，丰富性对融合媒介新闻选择不会产生影响。桑达（Sundar，2000）"不同媒介形式的传播效果研究"表明并不是丰富度越高的新闻网站越受欢迎。李喜根（2008）对于手机新闻接纳的实证研究也表明，手机的技术功能特征对手机新闻采纳有直接影响，而手机新闻信息质量优劣对手机新闻采纳没有影响。

（2）社会影响：受众媒介选择和使用受到周围社会关系的影响。

《2010年美国受众新闻消费特征报告》表明获取新闻是一项社会活动。72％的有新闻获取习惯的美国人认为他们享受与朋友和家人、同事讨论世界上正在发生的事情的过程；69％的人认为这样做是履行一种社会责任。英国2012年的数字新闻调查报告表明，人们愿意更多地点击和转发朋友分享的新闻链接。王呈，马玲，吕辰晶（2012）在探索网络社交与网络新闻的相关性时发现，虽然在时间性层面，网络社交并没有增加网络新闻的阅读时间，但是实证调查表明：受众阅读新闻时表现出"亲人际，反权威"的特点，同时，人们获取、分享新闻的平台是基于阅读惯性，这种惯性与受众社交倾向有关。

（3）使用环境：物理空间与社会情境对新闻媒介选择与使用都产生影响。

媒介情境理论指出情境和人的媒介使用是密切相关的。一方面，在不同物理空间中使用不同媒介获取新闻是一种常态，这也造成在不同环境中人们获取新闻的时间和频率是不同的。以英国最近的新闻使用调查为例：英国人获取新闻信息最频繁的地点依次是家、办公室、交通上。大部分人（83%）在家里获取新闻，其中在电视上看新闻花费的时间最长，在手机上花费的时间最短。另一方面，任何一种媒介形态的发展都植根于一定的社会情境中；该研究以手机为例，指出手机所带来的受众信息行为的真正变化，首先来自信息接收时传播情境的"移动化"，手机的便携性特征使得新闻消费突破了家庭或办公室空间的限制。同时，手机新闻消费的情境也在不断地扩张。一些研究统计的显示，使用智能手机的新手仍然倾向于"在路上"进行新闻阅读，而资深使用者则逐渐开始在"任何场所"都使用手机进行新闻消费。（顾洁，田维钢，2013）

（4）新闻媒介消费价格：性价比和付费意愿是影响受众新闻消费的经济因素。

新闻媒介选择的实证研究表明媒介价格与媒介选择呈显著负相关（李雪松，司有和，谭红成，2010），即新闻付费价格越高，人们越不愿意选择。在数字化新闻时代，大多数新闻一直都是免费的，这对新闻机构的盈利模式提出了巨大的挑战。国外的一些新闻媒体尝试推行数字新闻付费，如数字新闻付费墙等模式。路透社 2012 年的数字新闻研究报告中指出，数字新闻使用频率与付费存在显著相关性：使用越频繁，付费意愿越强。

针对新闻信息行为的影响因素研究，还没有形成系统。目前已有的研究在主观因素方面涉及"媒介依赖""权衡需求""情感因素"和"用户体验"；在客观因素方面涉及"新闻媒介特征""社会影响""使用环境"和"新闻媒介消费价格"。

第五节　手机新闻采纳行为相关研究综述

一、手机采纳行为理论与研究

手机新闻信息行为影响因素研究是信息行为研究领域中的微观组成，

手机新闻使用行为与其他信息行为一样，受到宏观人类信息行为规律的支配。因此，本书采用新闻信息行为理论作为研究的基本框架，确定影响手机新闻信息行为的七大基本维度，即：技术因素、内容因素、情境因素、人际因素、消费因素、心理因素和个人特征因素。

与此同时，手机新闻信息行为的研究又有其特殊性。人类从口语传播到新媒介传播，信息行为与信息技术的发展变迁始终紧密联系。在当今全媒介信息时代，各种信息技术融合并存，信息链接快速而低廉。新闻可以通过纸媒、电视、电脑及各种其他手持电子设备来获取，就连手机终端本身的新闻使用方式也日新月异，受众的选择采纳空间大大增加。由此，受众对新媒介技术的接受、使用、依赖成为重要影响要素。本书借鉴该领域中最为经典、被广泛验证的科技接受理论作为影响新媒介技术采纳的理论支撑，以创新扩散理论、媒介依赖理论、情境理论及消费者行为理论作为补充，这些理论构成本书研究的主要理论构架。具体理论依据阐述如下：

1. 科技接受理论

戴维斯（Davis）于 1986 年提出技术接受模型（Technology Acceptance Model，TAM），目的在于解释和预测使用者接受新信息技术的行为。其理论框架如图 2 - 17 所示：

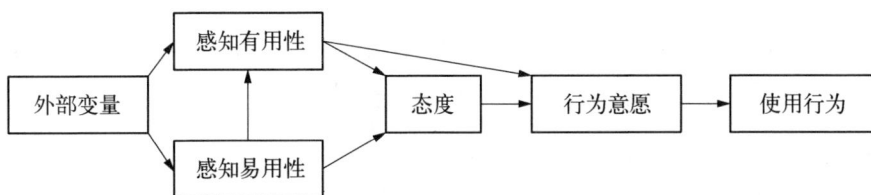

图 2 - 17　TAM 科技接受理论模型（Davis, 1989）

在国内外的新媒体采纳行为影响因素研究中，科技接受模型（TAM）被普遍采用来验证新媒体信息科技中技术因素对采纳行为意愿的影响作用。模型中的感知有用性与感知易用性因子，是经典的核心变量，其对采纳意愿的影响力在绝大多数新媒体采纳研究中得到了证实。（Li Xigen, 2008；Kim Changsu, Mirusmonov Mirsobit, Lee In, 2010；Hill Sally Rao, Troshani Indrit, 2010；Chang Shuchih Ernest, Pan Ying-Hui Vera, 2011；黄炯, 2007；张莹, 2009；谢滨，林轶君，郭迅华，2009；白璇，赵倩茹，朱坤昌，李永强，2010；巢乃鹏，孙洁，2012）因此，本书将以 TAM 模型作为技术感知研究部分的基础模型。

各领域的科技采纳研究都会根据具体研究对象和情境来增加 TAM 模型变量。手机新闻作为融合性媒体最前沿的代表，其采纳模型亦需要在融合性的媒介技术环境中进行进一步的验证和修订。基于此，除了感知有用性、感知易用性变量以外，本研究模型还额外增加了感知娱乐性、感知互动性与感知融合性三个影响因子。

2. 创新扩散论

罗杰斯（1986）提出创新扩散理论（Innovation Diffusion Theory，IDT），解释了人们为什么接受技术创新，以及在这个过程中哪些因素发挥作用。罗杰斯（2003）认为，在这些因素中"创新的感知特征"在接受决策中起到了重要作用。

已有的新媒介采纳文献研究表明，受众对新科技接受的积极性越高，其采用这项科技的意愿就越强烈。这些研究包括电子支付采纳研究（Kim Changsu，Mirusmonov Mirsobit，Lee，2010）、在线网络消费行为机制研究（冯新民，王建东，2009）、手机 3G 采纳研究（董方，2010）以及融合媒体网络电视采纳行为研究（刘强，2011）。

对于手机新闻应用而言，手机本身就是新媒体科技产品，而手机新闻则是基于这项新科技之上的新的信息应用软件。这种新上加新的软硬件技术叠加机制，正是未来融合媒介发展的趋势之一。

3. 媒介依赖理论

美国学者德弗勒于 1976 年提出了媒介依赖理论（Media Dependency）。媒介依赖理论认为，人们依赖媒介信息来满足特定需求，实现特定目标。龚新琼（2011）指出媒介依赖理论的实质是聚焦"媒介依赖性"与"媒介重要性"之间的关联，即一个人越依赖某一种媒介，那么这种媒介对他而言就越重要，就越倾向于使用这种媒介。

李喜根（2008）探讨了媒介依赖特性对于手机新闻获取行为的影响，以"新闻媒介依赖"作为影响因子，将新闻对日常生活的重要性和日常新闻媒介使用频率作为指标问题。研究显示，新闻媒介依赖性对于手机新闻获取影响并不显著。但手机功能的实际发展日新月异，李喜根当时提出的技术局限早已被突破，其结论有待进一步验证；同时，李喜根以报刊、电视、网络新闻媒体的总体使用时间作为指标依据，这对于逐渐增长的新媒体使用者来说，其衡量指标不够准确。因此，本书从媒介依赖的心理机制出发，以内容上受众的新闻需求强弱程度及形式上受众对手机媒介的依赖程度作为新闻媒介依赖性的双重指标，重新验证新闻依赖性对于手机新闻采纳意愿的影响。

4. 消费者行为理论

消费者行为理论认为：通常情况下，受众购买产品或服务时，当其希望获得的收益高于商品价格时，交易才会发生。也就是说当人们感觉产品质量或功能带来的价值高于其付出的价格，才会促成消费。（Monroe & Krishnan，1985）

塞利姆和卡塔知娜（Ickin Selim，Wac Katarzyna，2012）在《常用手机应用的体验质量影响因素研究》中认为受众对费用的感知影响手机应用的体验质量，价格合理的手机应用其体验质量更高。张志烹，陈渝（2011）在探索影响手机报继续使用的因素时发现，性价比是影响用户购买任何一种商品或服务的关键因素。因此，手机新闻的采纳需要充分考虑受众的经济承受能力和定价接受程度。

5. 情境相关理论

梅罗维茨（1985）继承了麦克卢汉的传播学思想，并结合戈夫曼的"拟剧理论"，提出了著名的"媒介情境论"。其主要观点是：媒介的变化必然导致社会环境的变化，而社会环境的变化又必然导致人类行为的变化。

第一，情境就是信息系统，而不是地点和场所；第二，真正不同的行为，需要真正不同的环境，并且情境是动态的和可变的；第三，电子媒介能促成原来不同情境的合并：不同类型受众群的合并促成了原先接受情境、顺序和群体的改变，将原来的私人情境并入公共情境。（张国良，2002；马芝丹，2012）

　　梅罗维茨的媒介情境理论对于理解新媒介环境下的受众行为大有帮助。李腾，刘晶（2012）基于情境展开对不同受众信息行为模型的比较研究，马芝丹（2012）置身微博情境中，观察个人实现角色的扮演与转换，剖析受众使用微博的偏好，判断与个人属性的相关性，深入探析影响受众的传播行为，解析微博中的情境转变和"中区行为"的实现以及微博发展的局限性等。在信息科学领域，已经发展出上百种应用于不同情境的信息行为模型，越来越多的学者意识到基于情境的研究将是未来信息行为研究的重要趋势之一。（刘畅，屈鹏，李璐，2009；邓胜利，李倩，2014）

　　在手机新闻研究中，顾洁，田维钢（2013）通过情境研究阐述了移动新闻的新闻形态特征。认为深度访谈中受众普遍认同情境是其选择新闻阅读方式和渠道的首要因素。

二、手机信息服务采纳行为研究

　　新媒体时代带来的最大冲击，就是数字化技术使得新闻信息获取的交易成本大幅度降低，新闻报道的长尾时代已经到来，受众信息需求日益细分，受众体验日益重要。智能化、个人化、实时化的新闻应用平台将是未来新闻获取的新趋势。（谢文，2011）

　　在各类手机信息应用中，手机新闻无疑是手机信息服务中最重要的应用功能之一。使用手机新闻在用户手机上网行为中排名第三位（第一、第二位分别是手机即时通信和手机搜索），而且其使用率从 2013 年 6 月的 67.6％上升到了 2014 年 6 月的 74.2％，上升了 24.7％。由上述数据可见，若要研究未来智能化新闻平台，手机作为目前最普及、功能最强大的个人智能硬件终端，是新闻信息行为最重要的研究目标媒介。

　　随着媒介融合进程的深入，我们看到手机新闻正在以各种各样的信息服务形式展现在受众面前，手机报、手机新闻 APP、手机新闻网页、微博新闻、微信新闻等各种方式百花齐放，受众可以根据自身兴趣、习惯和需求随时选择适合的手机新闻信息服务平台来获取新闻信息。而未来，随着技术革新的加剧、受众新闻阅读方式的改变，各种新的手机新闻信息服务还会不断诞生，由此，本书将重点关注手机新闻信息服务受众采纳影响机制，探索影响手机新闻受众采纳行为的关键影响因素。

由于在已有的研究中，还很少有专门针对新闻信息服务采纳行为影响因素的实证研究，故本书将借鉴范围扩大到手机信息服务采纳行为研究，通过整理分析国内外 2005～2015 年这 11 年来"手机信息服务采纳行为影响机制研究"这一主题的文献，为新闻信息服务采纳行为影响因素研究在理论模型建立、影响因素探索、研究方案制定等各方面提供支持。

该主题国内文献通过中国知网数据库获得，共计相关文献 23 篇；国外文献通过 Web of Science 数据库获得，共计相关文献 19 篇。这些实证研究内容涉及手机新闻、手机阅读、手机消费、手机上网、手机电视、手机游戏等多个领域的采纳行为研究，这些研究与手机阅读方式、消费机制、上网方式、视频浏览、情境体验等多方面都有密切关联，对于手机新闻采纳行为有很好的借鉴意义。具体整理如表 2－2 所示：

表2-2 手机信息服务采纳中外文献列表

文献题名	作者	研究主题	基础模型	影响因素	因变量
中国博客撰写者的博客使用行为影响因素实证研究	黄炯(2007)	博客使用	TAM2(科技接受拓展模型)	博客特性、绩效期望、努力期望、社会影响、促进因素、人口因素	博客的使用意愿、博客使用行为
大学生3G手机购买决策影响因素实证研究	刘怡杏(2008)	3G手机购买	消费者决策模型	个人因素(收入、个性)、环境因素(社会阶层、社会群体)、品牌因素(品牌忠诚度、品牌知名度)、产品因素(功能)	消费者购买决策
手机电视业务使用意向影响因素研究	张莹(2009)	手机电视	TAM(科技接受模型)	个人因素(年龄、使用手机增值服务的经验、收入、文化水平)、手机电视发展因素(节目质量、市场宣传)、感知易用性、感知有用性、感知有趣性、感知价格水平、社会影响	手机电视使用意向
人类信息行为研究与在线消费行为研究的比较分析	冯新民、王建东(2009)	网络消费	TAM+TRA	社会规范、感知行为控制、感知风险、体验、创新性、感知易用、习惯、感知有用、信任、感知结果、人口因素、互联网使用经验、感知娱乐	网络购买意向、网络购买态度、网络购买行为
手机银行用户采纳的影响因素研究	谢滨、林铁君、郭迅华(2009)	手机银行	TAM(科技接受模型)	相容性、速度、自我能力、有用性认知、易用性认知、风险认知、经济成本	使用态度、行为意向

续表

文 献 题 名	作 者	研究主题	基础模型	影 响 因 素	因 变 量
基于体验的手机电视用户接受影响因素研究	何栋(2010)	手机电视	TAM+Moom & Kim模型	感知有用性、感知易用性、感知娱乐性、感知风险、内容体验、沉浸体验	使用态度、使用意愿、使用行为
大学生群体手机阅读业务的采纳行为研究	熊婷婷(2010)	手机阅读	UTAUT(整合型科技接受模型)	消费用户心理(感知娱乐性、沉浸体验、感知学习、感知货币价值)、技术(感知有用性、感知易用性、使用情景、人口因素	手机阅读使用意向
我国手机用户网上信息行为影响因素研究	赵云龙(2010)	手机上网	描述性分析	用户因素(信息素养、认知能力、知识结构、上网兴备点、职业、收入)、无线互联网接入方式、手机媒体特性	手机上网行为
基于创新扩散理论的大学生3G手机上网采纳和使用研究——以西南大学为例	董方(2010)	手机3G上网	创新扩散论流程	创新性、时间压力、可支配收入、月均手机费、网速、信号、操作	资费满意度、内容满意度、服务满意度
手机游戏消费意愿影响因素分析	李乐乐(2010)	手机游戏消费	TPB(计划行为理论模型)	产品属性、外部支持因素、主观规范、消费体验	使用意向
手机游戏使用意向的影响因素研究	王晨(2010)	手机游戏使用	TAM(科技接受模型)	游戏因素(游戏设计、路径依赖、相对优势、促成因素)、社会因素(主观规范、感知爽、感知有用、感知信任)、个人感知因素(感知有用、感知易用、感知信任)	使用意向

续表

文献题名	作者	研究主题	基础模型	影响因素	因变量
基于用户体验的智能手机应用程序界面设计研究	舒华英(2011)	智能手机应用程序界面设计	描述性分析	技术因素,用户因素,环境因素	智能手机应用程序设计
手机报服务继续使用行为影响因素实证研究	张志烈,陈渝(2011)	手机报的继续使用	期望证实模型	证实,信息质量,及时感知,有用感知,费用感知	满意及继续使用意向
基于UTAUT的用户信息行为研究——以网络视频会议系统为例	李迎雪(2011)	用户信息行为	UTAUT(整合型科技接受模型)	配合情况(行为控制认知,促成条件和兼容性),社群影响,努力期望,绩效期望	行为意愿,行为
消费者选择移动互联网手机终端的影响因素研究	张路菌(2011)	移动互联网终端选择	消费者感知价值模型	商品特征,感知风险,消费体验,路径依赖,感知价值	购买意愿
中国3G业务套餐消费者选择影响因素研究	李瑶,杜慧英,费臣明(2012)	3G业务套餐选择	TAM(科技接受模型)	社群影响,感知有用性,感知易用性	使用态度,使用意愿
移动网络购物采纳的影响因素与实证研究——基于手机网民的视角	李晶(2012)	移动网络购物	TPB(计划行为理论)	信息技术维度(信息系统满意,信息满意,服务成本),社会心理维度(个人创新性,愉快感,同伴影响,自我效能),主观规范,感知行为控制	态度,意愿
手机电视使用影响因素研究	巢乃鹏,孙洁(2012)	手机电视	TAM(科技接受模型)	感知易用,预想好玩,心理依恋,感知响应,感知互助	使用态度,使用意愿

续表

文 献 题 名	作 者	研究主题	基础模型	影 响 因 素	因 变 量
手机报使用及其影响因素研究	巢乃鹏(2012)	手机报	TRA(理性行为理论模型)	(1) 便利有用性(即用户只有在感受到手机报使用的便利以及给自己带来实际的使用效果时,会倾向于使用手机报) (2) 心理依恋性(即用户所处的社会环境对使用手机报服务这一行为产生心理影响,用户会倾向于使用手机报) (3) 互动性(即当用户能够对所收看到的手机报信息进行控制反馈并分享并进行交流分享时,他们就会倾向于使用手机报)	手机报使用
基于UTAUT大学生手机移动学习使用意愿影响因素研究	谢爱珍(2012)	手机移动学习	UTAUT(整合型科技接受模型)	预期绩效、预期努力、感知趣味性、社群影响	手机移动学习使用意愿
基于技术接受模型的手机银行使用意愿影响因素实证研究	刘娜(2013)	手机银行	TAM(科技接受模型)	感知易用性、感知有用性、感知流行性、感知风险性	手机银行使用意愿
手机APP广告点击意愿的影响因素研究	蒋杉(2013)	手机APP广告	UTAUT(整合型科技接受模型)	广告效用期望、APP效用期望、社会影响、感知风险	手机APP广告点击意愿

续表

文献题名	作者	研究主题	基础模型	影响因素	因变量
基于UTAUT的用户接受手机微博的影响因素研究	张凌霄(2013)	手机微博	UTAUT(整合型科技接受模型)	绩效期望、努力期望、社群影响、便利条件、感知风险	手机微博使用意愿
Factors influencing the usage of 3G mobile services in Taiwan	Liao Chun-Hsiung; Tsou Chun-Wang; Huang Ming-Feng (2007)	3G使用	TAM	感知有用性、感知易用性、感知娱乐性	3G使用态度、意愿
Effect of technology and news-related factors on cell phone use as a news device	Li Xigen(2008)	手机新闻	TAM+EVM+DOI	技术属性(优势、功能、信息可获得性)、感知的信息价值、新闻吸引力(新闻的可信度、新闻通路)、技术创新	新闻手机作为新闻接收终端的使用意愿
Attitude toward mobile text messaging: An expectancy-based perspective	Mahatanankoon Pruthikrai; O'Sullivan Patrick (2008)	手机短信交流	TAM	内部控制、自我效能	焦虑、使用态度
An examination of factors influencing consumer adoption of short message service (SMS)	Gil Son Kim; Se-Bum Park; Jungsuk Oh(2008)	手机短消息服务	TAM	可感知的货币价值、网络因素、媒介丰富度、可感知的娱乐性、可感知的有用性、可感知的易用性、交互便利性、情景可控性(合适的时间、合适的地点发短信)	手机短信持续使用意向

续表

文献题名	作者	研究主题	基础模型	影响因素	因变量
Factors influencing the adoption of personalisation mobile services: empirical evidence from young Australians	Hill Sally Rao; Troshani Indrit (2010)	手机增值服务	TAM	知觉娱乐性,感知有用性	使用手机增值服务的意愿
Examining influencing factors of post-adoption usage of mobile internet: Focus on the user perception of supplier-side attributes	Shin Young Mee; Lee Seung Chang; Shin Bongsik; 等 (2010)	手机上网	TAM	服务多元性,接入质量,价格合理性,易用性	移动互联网的可用性,使用程度
Exploring influencing factors for the selection of mobile phone service providers: A structural equational modeling (SEM) approach on Malaysian consumers	Rahman Sabbir; Haque Ahasanul; Ahmad Mohd Ismail Sayyed(2010)	手机移动服务供应商	自建结构方程模型	人口背景,价格,服务质量,服务的可用性和推广	消费者的感知
Exploring the impact of use context on mobile hedonic services adoption: An empirical study on mobile gaming in China	Liu Yong; Li Hongxiu(2011)	手机娱乐服务	TAM	使用情境,感知有用性,感知娱乐性,易用性,认知集合	游戏接受态度,行为意愿
Factors influencing the intended use of web portals	Liao Chechen; To Pui-Lai; Liu Chuang-Chun 等 (2011)	手机门户网站	TAM	习惯,感知吸引力,感知物质价值,感知有用性,感知娱乐性	使用门户网站的行为意愿

续表

文献题名	作者	研究主题	基础模型	影响因素	因变量
Age, gender and income: do they really moderate online shopping behaviour?	Hernandez Blanca; Jimenez Julio; Jose Martin M. (2011)	网购物行为	TAM	互联网的接受，互联网使用频率，互联网使用满意度，感知自我效能，网上购物易用性，网上购物有用性	网上购物态度，目前网络购物行为，将来网络购物行为
Exploring factors influencing mobile users' intention to adopt multimedia messaging service	Chang Shuchih Ernest; Pan Ying-Hui Vera (2011)	手机彩信	TAM	相关优点（突破时间和空间的限制，提高个人信息的品质，改善人际关系，融合媒介生活方式，时尚个性的生活工作效率，便利条件（费用，操作互动性，网速），以往经验	使用手机短信的意愿
Factors influencing consumption experience of mobile commerce: A study from experiential view	Min Li; Z.Y. Dong; Xi Chen (2012)	移动商务消费体验	SOR (Stimulus-Organism-Response)	方便，媒体丰富度，主观规范，自我效能感	移动商务消费意愿
Factors influencing mobile services adoption: A brand-equity perspective	Wang Wei-Tsong; Li Hui-Min (2012)	移动增值服务购买	ECM-IT (Expectation-confirmation model of continued IT usage)	可用性，个性化，可识别性，可感知娱乐性，品牌忠诚度，可感知的质量，品牌认知度，品牌联想度	移动增值服务购买意愿
Factors influencing quality of experience of commonly used mobile applications	Ickin Selim; Wac Katarzyna (2012)	常用手机应用的体验质量（QOE）影响因素	相关性分析	总体：用户体验，使用环境，使用情景 具体：应用界面设计，应用的表现，电池，手机特性，应用种类和数据，费用，日常使用轨迹，生活方式	体验质量

续表

文献题名	作者	研究主题	基础模型	影响因素	因变量
Factors influencing the use of portals on mobile internet devices	Lee, SH; Chang, BH(2013)	手机门户网站使用	TAM+Triandis models	感知服务平台适配性,感知普适性,感知有用性,感知易用性	手机新闻门户网站使用意愿
The influence factors of users' attitude to adopt mobile business	Wang, YD(2013)	移动业务的采用	TAM	感知有用性,感知易用性,移动内容,感知风险和环境问题	移动业务采纳意愿
Influence of personality on satisfaction with mobile phone services	de Oliveira, R; herubini, M; Oliver, N(2013)	个性特点与手机服务满意度的关系	自建结构方程模型	外向,责任心,智慧,有用性	移动服务满意度
Factors influencing intention of mobile application use	Kang, S(2014)	手机应用采纳	TAM	易用,绩效期望,努力期望,社会影响	手机应用使用意愿
Why do people access news with mobile devices? Exploring the role of suitability perception and motives on mobile news use	Hongjin Shima; Kyung Han Youb; Jeong Kyu Leec; Eun Gob(2015)	需求动机与手机新闻使用之间的相关性	自建结构方程模型	信息查找动机,社会效用动机,信息可达性	手机新闻的使用意愿
Factors influencing users' employment of mobile map services	Park, umil; Ohm, Jay(2014)	手机地图	TAM	感知位置精度,满意度,服务和显示质量,感知的移动性,感知有用性,流畅状态	使用意向,使用态度

第三章

全媒体新闻信息行为特征

本章的研究目的是描述当前全媒体环境下受众新闻信息行为的主要特征。受众新闻需求是多元化的，受众对新闻信息服务的选择也并不是非此即彼，而是根据实际需求搭配利用各种新闻媒介。研究从三个层面对全媒体新闻信息行为进行了全面详尽的分析：首先，研究从新闻信息需求、新闻信息获取偏好、新闻媒介使用评价三个主要信息行为环节来描述当前受众的新闻信息行为概况；其次，对于日益增长的网络新闻信息行为进行了进一步的详细分析，内容包括网络新闻的渠道入口、形式偏好、双向参与及付费意愿等方面；最后，根据新闻媒介使用习惯对受众进行群类划分，通过对比分析不同新闻用户类型的新闻信息使用偏好，深入具体地展现当下全媒体环境中受众新闻信息行为的特征。

第一节　全媒体新闻信息行为特征分析

一、新闻信息行为特征分析

1. 新闻需求动机与类型

信息需求动机是受众信息行为的起点。无论是传播学的使用与满足理论，还是信息情报科学的信息行为理论，都以信息需求作为受众使用媒介获取信息的首要环节。本研究将新闻信息需求概括为获取信息，以利生活；增长见识，提升品位；关注社会，有归属感；参与时事，发表评论；增加话题，扩展人际；消磨时间，休闲娱乐六个方面（见表3-1）。发现受众的新闻信息需求动机排序为：信息获取、休闲娱乐、社会归属、增长见识、增加话题、参与评论。

表3-1 受众新闻信息获取主要动机排序表

新闻信息获取的主要动机	排　序	频　次	频　率
获取信息，以利生活	1	435	75.4%
增长见识，提升品位	4	293	50.8%
关注社会，有归属感	3	314	54.4%
参与时事，发表评论	6	160	27.7%
增加话题，扩展人际	5	223	38.6%
消磨时间，休闲娱乐	2	324	56.2%

受众的新闻信息需求有强弱程度区别。在2012年7月英国路透社研究所最新发布的《数字化新闻报告》当中，对英国网络新闻用户通过新闻需求分类：每日获取新闻30分钟以内作为轻度新闻需求者，30分钟～3小时作为普通新闻需求者，3小时以上为重度新闻需求者。调查发现英国受众中，轻度新闻需求者占22%，中度新闻需求者占70%，重度新闻需求者占7%。本研究借鉴这个分类方法，将样本人群根据每日平均新闻获取时长划分为轻、中、重度三个需求人群。研究发现在本样本中，轻度新闻需求者占44%，比例稍低于中度新闻需求者的53.7%，重度新闻需求者较少，占2.3%（见表3-2）。

表3-2 受众新闻需求强度表

新闻需求强度	新闻获取时长	频　次	频　率
轻度新闻需求	少于30分钟	254	44.0%
中度新闻需求	30分钟～3小时	310	53.7%
重度新闻需求	3小时以上	13	2.3%
合　计		577	100.0%

接下来，将考察新闻需求强弱与人口特征之间的关联。通过皮尔森相关检验发现，新闻需求强弱程度与年龄、职业、学历、收入四个变量呈显

著相关，而与性别无关（见表3-3）。

表3-3　新闻需求强弱与人口特征相关性分析表

		性　别	年　龄	职　业	学　历	收　入
新闻需求程度	Pearson Correlation	−0.044	0.256**	−0.181**	0.181**	0.173**
	Sig.（2-tailed）	0.288	0.000	0.000	0.000	0.000
	N	577	577	577	577	577

注：**. 在0.01水平（双侧）上显著相关。*. 在0.05水平（双侧）上显著相关。

年龄、职业、学历、收入与新闻信息需求之间的相关关系具体陈述如下：

（1）年龄。

观察不同年龄段人群在不同新闻需求受众类型中的比例分布后发现（见图3-1），年龄与新闻需求程度的相关规律如下（见表3-4）：

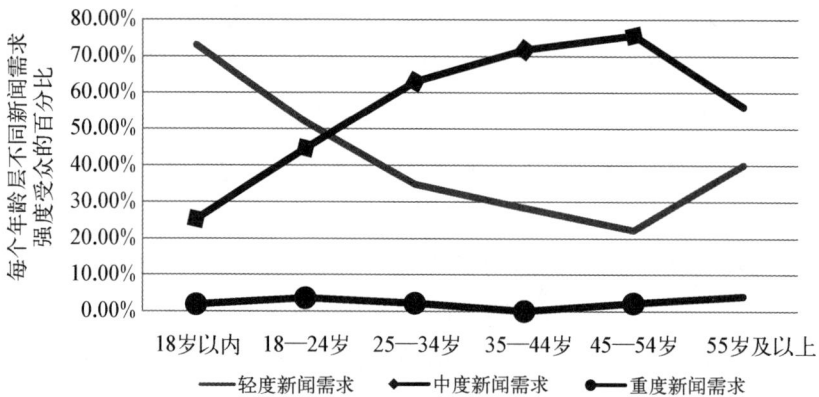

图3-1　不同新闻需求强度受众各年龄层分布图

表3-4　年龄与新闻需求程度相关分析表

		轻度新闻需求	中度新闻需求	重度新闻需求	总　计
18岁以内	数量	81	28	2	111
	比例	73.0%	25.2%	1.8%	100.0%
18～24岁	数量	58	50	4	112
	比例	51.8%	44.6%	3.6%	100.0%

续表

		轻度新闻需求	中度新闻需求	重度新闻需求	总　计
25～34 岁	数量	78	141	5	224
	比例	34.8%	63.0%	2.2%	100.0%
35～44 岁	数量	17	43	0	60
	比例	28.3%	71.7%	.0%	100.0%
45～54 岁	数量	10	34	1	45
	比例	22.2%	75.6%	2.2%	100.0%
55 岁及以上	数量	10	14	1	25
	比例	40.0%	56.0%	4.0%	100.0%
总　计	数量	254	310	13	577
	比例	44.0%	53.7%	2.3%	100.0%

1) 总体而言，中轻度新闻需求者占多数，重度新闻需求者比例低。轻度新闻需求者在各个年龄层中的平均比例是 44.0%，中度新闻需求者的平均比例为 53.7%，而重度新闻需求者平均比例仅为 2.3%。

2) 轻度新闻需求者随着年龄增加而减少，直到 55 岁以上，比例有所增加。18 岁以内人群的轻度新闻需求者比例为 73.0%，18～24 岁年龄段为 51.8%，25～34 岁年龄段为 34.8%，35～44 岁年龄段为 28.3%，45～54 岁年龄段为 22.2%，55 岁以上年龄段为 40.0%。

3) 中度新闻需求者随着年龄增加而增加，直到 55 岁以上，比例有所减少。18 岁以内人群的中度新闻需求者比例为 25.2%，18～24 岁年龄段为 44.6%，25～34 岁年龄段为 62.9%，35～44 岁年龄段为 71.1%，45～54 岁年龄段为 75.6%，55 岁以上年龄段为 56.0%。

4) 新闻需求程度在"25～34 岁"和"55 岁以上"两个年龄段出现转折：首先，25～34 岁年龄段，需求程度由轻度转向中度。25 岁以下两个年龄段的轻度新闻需求者比例是中度需求者的 1.5 倍，平均比例为 62.4%，中度者比例为 44.05%；25～34 岁年龄段出现反转，25～54 岁年龄段的中度需求者平均比例 70.1%，轻度需求者平均比例 28.4%，比例差距近 3 倍。

其次，55 岁以上，轻度新闻需求者比例又逐渐回升。25～54 岁期间的三个年龄段，受众中度新闻需求者的比例都为轻度新闻需求者的 2～4 倍。但到了 55 岁以上年龄段，轻度与中度新闻需求者的比例骤然接近，轻度为 40.0％，中度为 56.0％，说明到年老退休年龄，新闻需求程度相对降低。

（2）职业。

表 3－5　职业性质与新闻需求程度相关分析表

		轻度新闻需求	中度新闻需求	重度新闻需求	总　计
政府公务人员	数量	2	8	0	10
	比例	20.0％	80.0％	0.0％	100.0％
国企工作人员	数量	22	58	1	81
	比例	27.2％	71.6％	1.2％	100.0％
事业单位工作人员	数量	18	42	1	61
	比例	29.5％	68.9％	1.6％	100.0％
外企工作人员	数量	25	47	1	73
	比例	34.2％	64.4％	1.4％	100.0％
民营私企工作人员	数量	23	32	1	56
	比例	41.1％	57.1％	1.8％	100.0％
自由职业者	数量	6	15	0	21
	比例	28.6％	71.4％	0.0％	100.0％
学　生	数量	138	80	7	225
	比例	61.3％	35.6％	3.1％	100.0％
农民或农民工	数量	5	4	0	9
	比例	55.6％	44.4％	0.0％	100.0％
退　休	数量	8	16	2	26
	比例	30.8％	61.5％	7.7％	100.0％
待　业	数量	5	4	0	9
	比例	55.6％	44.4％	0.0％	100.0％

续表

		轻度新闻需求	中度新闻需求	重度新闻需求	总　计
合资企业工作人员	数量	2	2	0	4
	比例	50.0%	50.0%	0.0%	100.0%
其　他	数量	0	2	0	2
	比例	0.0%	100.0%	0.0%	100.0%
总　计	数量	254	310	13	577
	比例	44.0%	53.7%	2.3%	100.0%

1) 政企事业单位职工的中度新闻信息需求者比例普遍高于轻度新闻需求者。政府公务人员中度新闻需求者比例在各人群中最高，其中轻度新闻需求者比例为 80.0%、20.0%，差距达到 4 倍。国有企业为 71.6%，27.2%；事业单位为 68.9%，29.5%，差距在 2 倍以上；外资企业为 64.4%，34.2%；民营企业为 57.1%，41.1%。可见政府单位工作人员新闻需求度最强，其次为国有企业与事业单位工作人员，再次为外企与民企工作人员。

2) 退休人员与自由职业者的中度新闻需求高于轻度新闻需求者。退休人员的中度与轻度新闻信息需求者比例为 61.5%、30.8%；自由职业者为 71.4%、28.6%。这两者的共同点是工作时间相对于其他群体有弹性。

3) 学生、农民、待业人员的中度新闻需求者比例普遍低于轻度新闻需求者。学生的轻度新闻需求者比例高达 61.3%，而中度新闻需求者比例仅为 35.6%，差距最大。这与政企事业单位工作人员的新闻需求情况恰好相反，可见有社会工作、工作相对稳定、社会地位相对较高的阶层，新闻需求普遍较强，而反之新闻需求相对较弱。

4) 退休人员的重度新闻需求者比例明显高于其他人群。退休人员的重度新闻需求者比例为 7.7%，而其他职业基本在 1.0% 左右，甚至很多职业都无重度新闻需求者存在。可见退休人员长时间看新闻的比例较高。

（3）学历。

表 3 - 6   学历与新闻需求程度相关分析表

		轻度新闻需求	中度新闻需求	重度新闻需求	总　计
高中以下	数量	25	22	0	47
	比例	53.2%	46.8%	0.0%	100.0%
高中（专）	数量	86	44	4	134
	比例	64.2%	32.8%	3.0%	100.0%
大　专	数量	15	32	1	48
	比例	31.3%	66.7%	2.1%	100.0%
本　科	数量	72	120	4	196
	比例	36.7%	61.2%	2.0%	100.0%
硕士及以上	数量	56	92	4	152
	比例	36.8%	60.5%	2.6%	100.0%
总　计	数量	254	310	13	577
	比例	44.0%	53.7%	2.3%	100.0%

＊注：以上数据计算遵照四舍五入原则

1）高学历人群的新闻信息需求度高于低学历人群。高中以下、高中（专）学历人群的轻度新闻需求者比例要高于中度新闻需求者比例，高中（专）学历人群轻度新闻需求者比例为64.2%，中度为32.8%，将近2倍的差距。但大专学历及以上人群，恰恰相反，中度新闻需求者比例普遍高于轻度新闻需求者比例，大专学历人群中，轻度为31.3%，中度为66.7%；本科学历人群中，轻度为36.7%，中度为61.2%；硕士及以上学历人群中，轻度为36.8%，中度为60.5%。

2）除高中以下学历，重度新闻需求者在其余各学历层次都有分布，比例均衡。高中以下学历人群的重度新闻需求者比例为0.0%，而重度新闻需求者比例在其他学历人群中在2%~3%之间。

（4）收入。

1）1500元以下收入人群的轻度新闻需求者比例最高，中度新闻需求者比例最低。1500元以下收入人群的轻度新闻需求者比例高与中度新闻需求者，轻度为61.4%，中度为36.3%。六个档次的收入人群中，只有1500

元以下收入人群是轻度需求者比例高于中度新闻需求者。

表 3-7 经济收入与新闻需求程度相关分析表

		轻度新闻需求	中度新闻需求	重度新闻需求	总 计
1500 元以下	数量	137	81	5	223
	比例	61.4%	36.3%	2.2%	100.0%
1501～3000 元	数量	27	40	6	73
	比例	37.0%	54.8%	8.2%	100.0%
3001～5000 元	数量	30	69	1	100
	比例	30.0%	69.0%	1.0%	100.0%
5001～8000 元	数量	23	67	0	90
	比例	25.6%	74.4%	0.0%	100.0%
8001～12000 元	数量	20	30	0	50
	比例	40.0%	60.0%	0.0%	100.0%
12000 元以上	数量	17	23	1	41
	比例	41.5%	56.1%	2.4%	100.0%
总 计	数量	254	310	13	577
	比例	44.0%	53.7%	2.3%	100.0%

＊注：以上数据计算遵照四舍五入原则

2）5001～8000 元收入人群的中度新闻需求者比例最高。1500 元以上有五个档次收入人群，普遍是中度新闻需求者比例高，其中 5001～8000 元收入人群的中度新闻需求者比例最高，达到 74.4%，是轻度需求者比例的近三倍。

3）1501～3000 元收入人群的重度新闻需求者比例最高。重度新闻需求者在整个样本人群中的比例仅为 2.3%，但 1501～3000 元收入人群的重度新闻需求者比例达到了 8.2%，这与职业中的退休人群需求相符，可能与退休人群的收入情况比较集中于这个档次有关。

2. 新闻获取行为偏好

（1）媒介选择。

复合化的媒介环境中，受众日常会使用多少种媒介设备进行新闻信息的获取呢？调查显示，在纸质报刊、电视、广播、手机、电脑和平板电脑这六类最常见的媒介终端中，使用 3 种媒介设备获取新闻信息的选择频率最高，占 32.4％；使用 4 种媒介设备的受众占 23.9％，使用 5 种媒介设备的受众占 16.6％；使用超过 3 种媒介设备获取新闻信息的比例为 81.6％，而使用单一媒介设备的受众仅占 3.5％（见图 3 - 2）。可见使用多种媒介获取新闻已成常态。

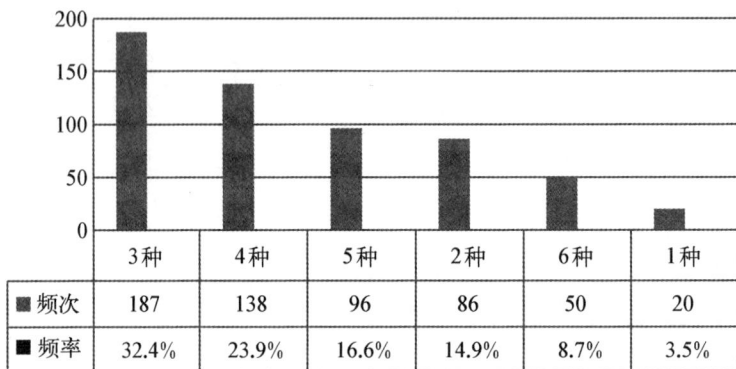

	3种	4种	5种	2种	6种	1种
■频次	187	138	96	86	50	20
■频率	32.4%	23.9%	16.6%	14.9%	8.7%	3.5%

图 3 - 2　受众日常获取新闻的媒介数量

为了进一步考察受众日常最喜欢使用的新闻媒介，本书设置的多选题"您日常会使用该媒介看新闻 30 分钟以上吗？"答案显示（见图 3 - 3）：会花超过半小时获取新闻的媒介中，61.2％的受众使用电脑，排名第一；52.0％的受众使用电视，排名第二；50.6％的受众使用手机，排名第三。使用手机和电脑获取新闻的人数都占到样本的半数，且比例非常接

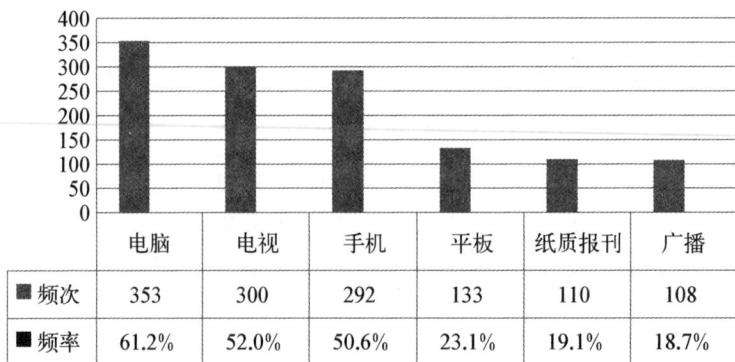

	电脑	电视	手机	平板	纸质报刊	广播
■频次	353	300	292	133	110	108
■频率	61.2%	52.0%	50.6%	23.1%	19.1%	18.7%

图 3 - 3　受众获取新闻的媒介渠道类型（以受众
日常看新闻 30 分钟以上媒体为例）

近。新兴的平板电脑排名第四，受众选择率是 23.1%；传统的纸质报刊（19.1%）与广播（18.7%）则排名最末。

综上，电视新闻依然受到青睐，电脑、手机、平板成为新的热门新闻媒介，而广播和纸质报刊则相对势弱。

（2）使用频率。

近六成受众日常获取新闻信息的频率超过每日 1 次。其中 31.7% 的受众平均每天获取 2 次以上新闻，29.5% 的受众平均每天获取 1 次新闻（见图 3-4）。

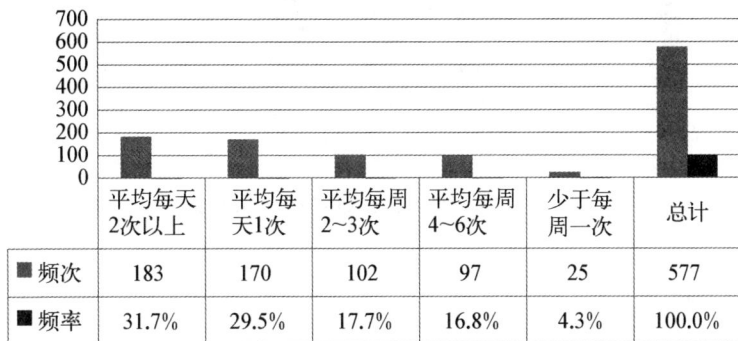

	平均每天2次以上	平均每天1次	平均每周2~3次	平均每周4~6次	少于每周一次	总计
频次	183	170	102	97	25	577
频率	31.7%	29.5%	17.7%	16.8%	4.3%	100.0%

图 3-4　受众日常获取新闻信息的频率

（3）使用时段。

如图 3-5 所示，样本人群全天获取新闻的总体时间段分布，可见晚间 19:00~22:00 是获取新闻的最高峰，其次是傍晚 17:00~19:00，第三个高峰是在早晨 6:00~9:00。可见上班前后是获取新闻的高峰时间段。下午 15:00~17:00 及深夜 22:00 以后获取新闻的比例比较低。

（4）使用场所。

受众获取新闻的场所最频繁的是在家，占比 83.5%；交通工具上看新闻的比例超过工作场所，分别占比 47.3%、34.5%。2009 年复旦大学《新技术环境下上海市民媒介使用现状与特征》调查报告显示，上海市民上网的场所排序分别是家、工作场所、移动状态、公共场合。而本次调查中新闻信息获取的场所排序为家、交通工具、工作场所、学习场所、户外。由于手机等移动性媒体新闻媒介的普及，在交通工具上上网看新闻的情况比较常见（见图 3-6）。

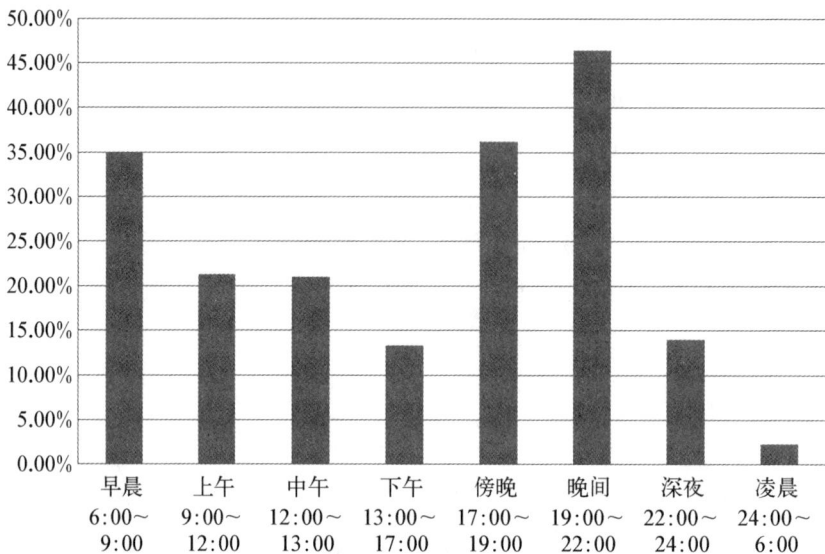

图3-5 受众日常获取新闻的时段

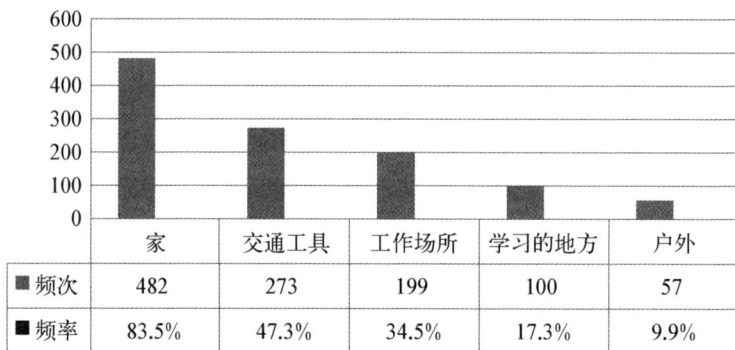

	家	交通工具	工作场所	学习的地方	户外
■ 频次	482	273	199	100	57
■ 频率	83.5%	47.3%	34.5%	17.3%	9.9%

图3-6 受众日常看新闻的场所

（5）内容偏好。

受众最青睐的新闻信息内容是国内新闻与社会事件类新闻，选择概率都近6成。排名第三的是国际类新闻（49.6%）；再依次为体娱文教类新闻（44.5%）；本地新闻（40.0%）；时事政治类新闻（32.4%）；商业财经类新闻（26.7%）（见图3-7）。

（6）形式偏好。

受众最青睐的新闻信息形式是：电视新闻（44.2%）、以文为主的图文

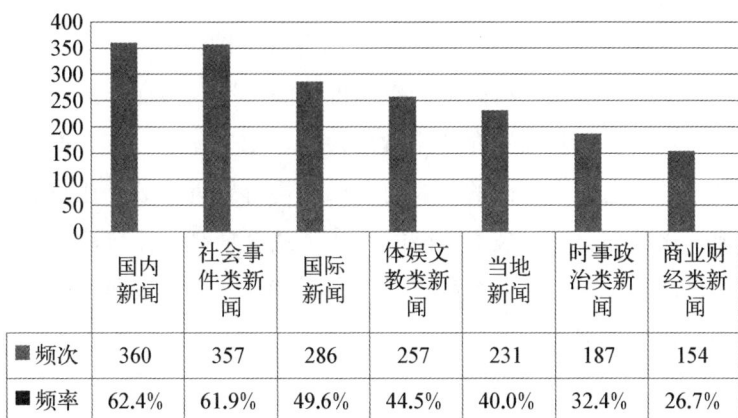

	国内新闻	社会事件类新闻	国际新闻	体娱文教类新闻	当地新闻	时事政治类新闻	商业财经类新闻
■ 频次	360	357	286	257	231	187	154
■ 频率	62.4%	61.9%	49.6%	44.5%	40.0%	32.4%	26.7%

图 3-7　受众获取新闻信息的内容偏好

类新闻（31.2%）、网络视频新闻（28.1%）、纯文字的新闻报道摘要＋详细图文链接（27.7%）。电视新闻依然最受观众所喜爱。图文类的新闻中，相对文字更多的新闻（31.2%），受众更喜欢图片为主，文字为辅的信息形式（40.1%）。由上可知，受众更加偏爱图像类的新闻报道。22.0%的受众选择根据具体情况来选择不同形式的新闻信息。纯文字的摘要报道与广播音频类、纯文字的详细新闻报道的新闻报道形式相对而言比较弱势（见图 3-8）。

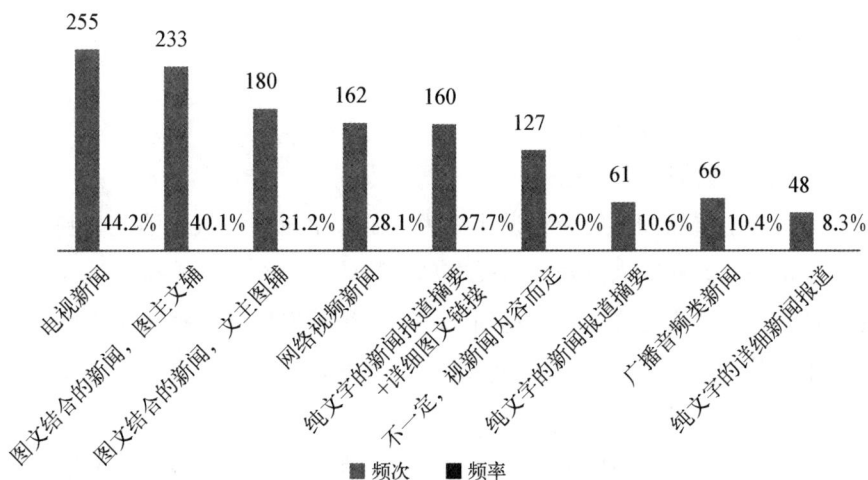

图 3-8　受众新闻形式偏好

3. 新闻媒介使用评价

受众对新闻媒介的整体评价为比较满意（见图3-9）。本书分别从信息内容满意度、技术功能满意度、费用价格满意度、界面外观满意度四个方面让受众对目前的新闻媒介使用做出评价。结果显示，综合而言，整体的满意度较好，这四个方面的一般满意比例均占到近半数，比较满意平均占近三成。比较而言，对技术功能的整体满意度最高，比较满意度与满意的综合评价占到46.8%，其余的三者均在37.0%左右，表明受众对新闻媒介技术部分相对更加认可。

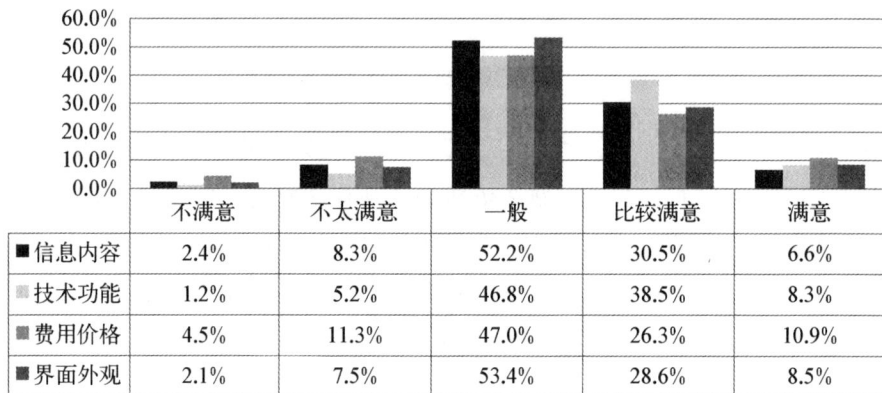

	不满意	不太满意	一般	比较满意	满意
信息内容	2.4%	8.3%	52.2%	30.5%	6.6%
技术功能	1.2%	5.2%	46.8%	38.5%	8.3%
费用价格	4.5%	11.3%	47.0%	26.3%	10.9%
界面外观	2.1%	7.5%	53.4%	28.6%	8.5%

图3-9　受众对新闻内容满意度评价

二、网络新闻信息行为特征分析

1. 网络新闻的渠道入口

（1）网络新闻获取渠道。

受众网上看新闻的媒介渠道排序为电脑、手机、平板电脑。电脑的选择频率最高，共466人选择，占样本总人数的87.4%，但手机的选择频率也不低，共444人选择，占比达到76.9%，平板电脑的选择频率不到手机的一半，共184人选择，占比为31.9%（见图3-10）。

（2）网络新闻入口。

电脑、手机、平板电脑是受众获取网络新闻的硬件设备，而网络新闻入口则反映了受众接触的终端新闻信息服务。在全媒体环境下，新闻获取

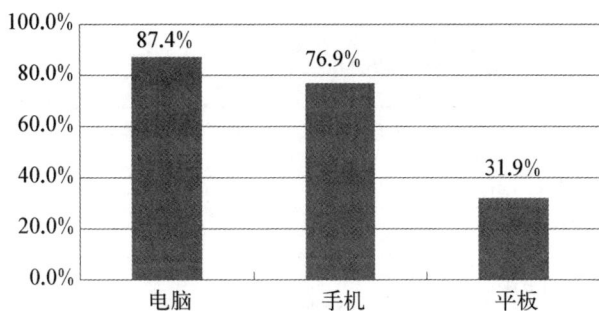

图 3－10　受众网络新闻媒介渠道选择

的入口是多样化、多层次的，同一新闻媒体形式可以在不同媒介终端展现，如微博就可以分为手机微博和电脑端微博，而各大门户网站，既有电脑端新闻网页，也有手机端 web 登录，还有专门的手机门户新闻 APP。表 3－8 反映出受众最终新闻注意力的选择。

表 3－8　网络新闻入口排序表

排序	网络新闻入口	选择人数	总样本中频次
1	综合门户网站（搜狐、新浪、网易、腾讯、凤凰网等）	334	62.4％
2	搜索引擎（百度、谷歌）	300	56.2％
3	手机端微博	238	44.6％
4	手机浏览器登录网站	225	42.1％
5	手机端即时通信软件	194	36.3％
6	即时通信软件（如微信、QQ、米聊、网易泡泡、移动飞信等）	182	34.17％
7	手机新闻客户端软件	171	32.0％
8	电脑端微博	168	31.5％
9	通过电脑新闻弹出框（迅雷、暴风影音、腾讯等软件自带弹出框）	155	29.0％
10	手机报（短信/彩信）	146	27.3％
11	社交网站（如人人网、开心网等）	122	22.4％
12	视频网站或网络电视（土豆网、优酷网、PPS 等）	106	19.9％

排序	网络新闻入口	选择人数	总样本中频次
13	专业新闻网站（新华网、人民网、解放牛网、新民网等）	103	19.3%
14	博客或个人网站	64	11.9%
15	BBS 论坛	54	10.1%
16	一般性行业网站	39	7.3%
17	邮箱订阅	38	7.1%
18	个性化的 RSS 阅读器（蜜蜂新闻、鲜果、有道阅读、豆瓣 9 点等）	47	8.8%
19	其他	14	2.6%
合计	样本总数	534	

1）综合门户网站、搜索引擎作为传统的新闻入口仍然领先。受众选择综合门户网站作为网络新闻入口的比例最高，占 62.4%，其次为搜索引擎（56.2%）。

2）手机新闻已经成为受众获取新闻的主要方式。手机新闻的五种新闻信息服务均进入新闻获取入口的前十位，手机端微博（44.6%）和手机浏览器登录网站（42.1%）仅次于综合门户网站和电脑端的搜索引擎方式，成为受众最常获取新闻的第三位和第四位网络新闻入口。在同一新闻媒体的不同媒介终端入口选择比较中，我们发现，同样的新闻服务，在手机端的受众选择概率要越高。比如，手机微博新闻（44.6%）位列第三，电脑端微博新闻（31.5%）仅位列第八。

3）新闻信息行为与其他网上信息行为具有高黏合性。社交与新闻的融合性新闻信息服务不可忽视，即时通信类应用附带新闻功能，手机端即时通信软件（36.3%）和即时通信软件（34.77%），分别排名第五和第六，受众使用即时通信软件的同时完成了新闻阅读，这种社交与新闻的融合性方式，甚至高于专门的新闻 APP 手机应用（32.0%）。网站也体现了这个趋势，受众通过社交网站获取新闻（22.4%）的比例要高于专业新闻类网站（19.3%）。在所有 19 项网络专业新闻新闻网站入口选择比例排名中位居第 13，低于电脑新闻弹出框（29.0%）、社交网站（22.4%）、视频网站（19.9%）的比例。

（3）手机新闻入口选择。

在手机获取新闻的五种方式中，手机微博排名第一，有53.6%的手机新闻受众使用微博获取新闻，可见微博在手机新闻传播中的重要地位。手机浏览器登录网站排名第二位，50.7%的比例与手机微博新闻相差不大。受众通过手机即时通信软件（如QQ/微信）获取新闻的比例也颇高，排名第三，受众选择比例为43.7%，这说明新闻媒介与通信技术媒介融合的新闻传播方式符合受众需要，并被受众认可。新闻客户端软件排名第四，比例为38.5%。手机报在五个方式中排名最末，比例为32.8%（见图3-1）。

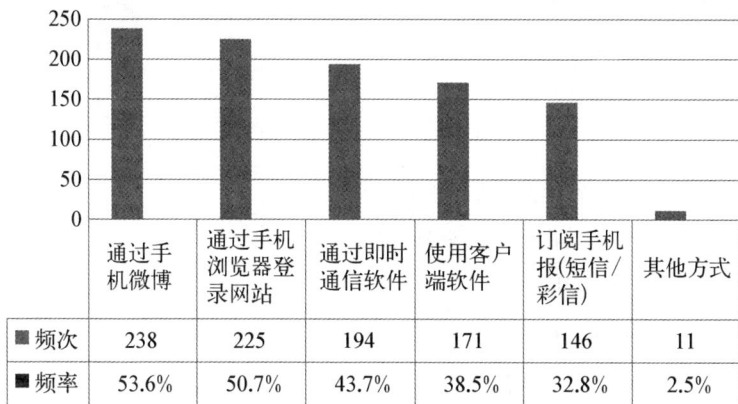

	通过手机微博	通过手机浏览器登录网站	通过即时通信软件	使用客户端软件	订阅手机报(短信/彩信)	其他方式
■ 频次	238	225	194	171	146	11
■ 频率	53.6%	50.7%	43.7%	38.5%	32.8%	2.5%

图3-11　受众的手机新闻获取途径

可见手机新闻的研究应当从过去以研究手机报为中心的研究拓展到手机微博新闻、手机网站新闻、手机APP新闻等更加多元的研究层面；另外，研究显示：在手机端，受众通过微博、QQ、微信等融合性信息传播平台获取新闻的概率已经超过新闻客户端软件、手机报等专业新闻传播平台。可见，未来社交融合性的新闻传播方式值得进一步探索。

2. 网络新闻的获取方式

网络所提供的新闻信息量更大，网络新闻信息的形式更加多元融合，网络技术使受众网络新闻的获取方式比传统的纸面文字阅读、电视新闻栏目收看、广播频道收听更加自由自主。那么，受众的网络新闻信息获取方式有哪些？受众选择的总体情况如何？

　　表 3-9 中罗列了受众获取网络新闻的主要方式,在最普遍的网络新闻浏览方式中,有 7 成受众选择浏览新闻标题,5 成受众会阅读完整的新闻图文,3 成受众会收看新闻视频。从实时性浏览方式看,受众选择浏览实时更新新闻方式的平均选择率为 12%,具体为实时新闻页面(14.6%)、网络电视台(13.9%)以及网络新闻广播(9.2%)。在偏个人性新闻浏览方式中,新闻博客占 13.3%,新闻播客占 8.1%。

表 3-9　受众网络新闻获取方式

排　序	新闻的获取方式	频　率	频　次
1	浏览下新闻标题	70.7%	377
2	读完整的新闻图文	54.8%	292
3	收看网络新闻视频	31.5%	168
4	关注某个持续更新的新闻页面	14.6%	78
5	在网上收看实时网络电视台	13.9%	74
6	读新闻博客	13.3%	71
7	在网上收听实时广播新闻频道	9.2%	49
8	收听新闻播客	8.1%	43
9	其他	7.5%	40

　　从受众日常获取新闻的媒体数量上看,超 6 成的受众选择 2~3 家媒体来获取,4~5 家占 17.5%,5 家以上占 8.8%(见图 3-12)。可见受众在网上获取新闻的方式虽然很多样化,但就通常获取的媒体而言,受众会有

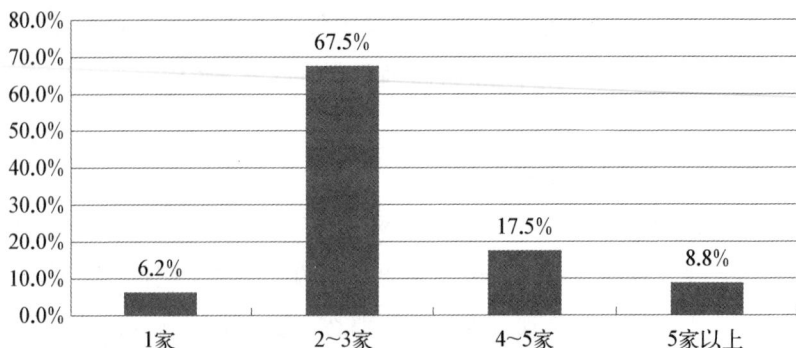

图 3-12　受众日常获取新闻媒体的数量

比较固定的媒体信息源，形成属于自己的新闻信息获取习惯方式。

　　3. 网络新闻的互动参与

　　（1）网络新闻参与方式。

　　图 3 - 13 中列出八种主要的网络新闻参与方式，从新闻互动参与的形式而言，主要包含参与新闻投票、发表新闻评论、转发新闻信息、发布新闻信息四类，媒介形式区分为社会化媒体与一般新闻网站。

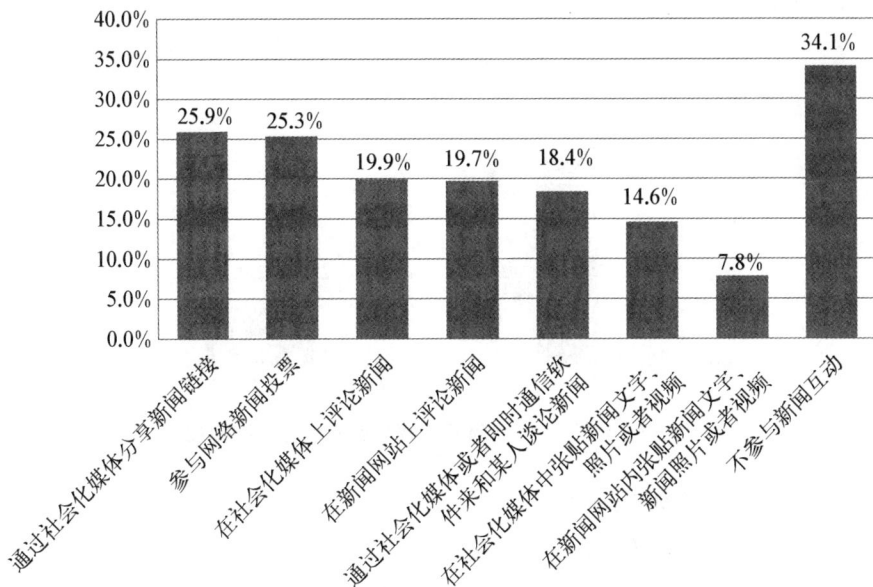

图 3 - 13　受众参与新闻方式

　　调查显示：综观新闻参与方式的受众选择，34.1% 的人不参与新闻互动。在参与互动的受众中观察，从互动形式上看，转发新闻信息为受众最频繁的网络新闻互动行为，参与新闻投票排名第二，发表新闻评论排名第三，发布新闻信息排名最末。具体而言，受众通过社会化媒体分享新闻链接的方式频率最高（25.9%），其次为参与网络新闻投票（25.3%），再次为在社会化媒体（19.9%）或新闻网站上评论新闻（19.7%）。

　　比较网站类与社会化媒体的新闻互动行为发现：在新闻网站上发表新闻评论和在社会化媒体上发表新闻评论的选择概率基本相同，但受众明显更喜欢在社会化媒体上发表新闻信息。调查中"通过社会化媒体张贴新闻文字、照片或者视频"的选择率是14.6%，接近在新闻网站在新闻网站上发布新闻（7.8%）概率的2倍。

（2）获取新闻的人际相关性。

分享新闻链接成为受众参与新闻互动最普遍的选择，那么，受众愿意获取这些分享的新闻信息吗？研究显示，在是否更愿意点击朋友推荐的链接一项中，69.5%的受众选择肯定（见图3-14），说明受众的网络新闻参与具有比较强的人际相关性。

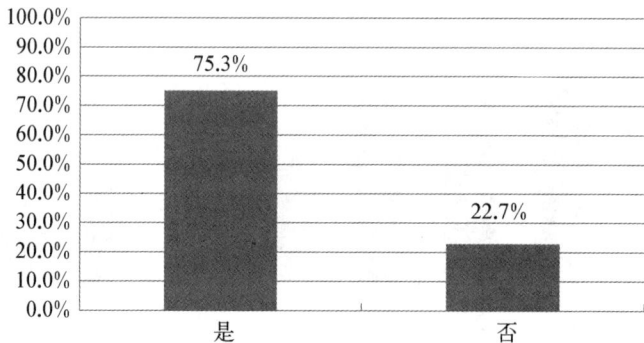

图3-14　受众网络新闻获取受朋友推荐影响情况

（3）获取新闻的主动性。

在受众访谈中，有受众提到其接触新闻并不是主动的，而是由于网页推荐或软件自带新闻功能才会吸引其浏览。因此，我们考察了新闻获取的主动程度。结果显示，在样本人群中，42.4%的受众获取新闻的主动性强，25.5%的受众获取新闻的主动性中等，32.1%的受众获取新闻的主动性弱（见图3-15）。

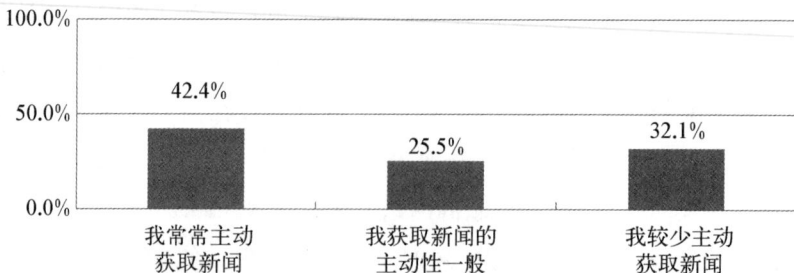

图3-15　受众获取新闻主动性

本研究将强新闻获取需求者定义为"积极新闻获取者",将被动新闻获取者定义为"惰性新闻获取者",两者的比例为 4∶3。可见人群中存在高比例的"惰性新闻获取者",他们更愿意被动地获取新闻信息。这提醒新闻传播者要重视这类被动的新闻信息需求,他们可能是新闻信息市场的潜在用户。

（4）参与新闻评论的积极性。

受众参与评论的积极性一般。64.0%的受众选择新闻评论积极性一般,9.4%的受众会常常参与新闻评论,而 26.6%的受众较少参与新闻评论（见图 3-16）。

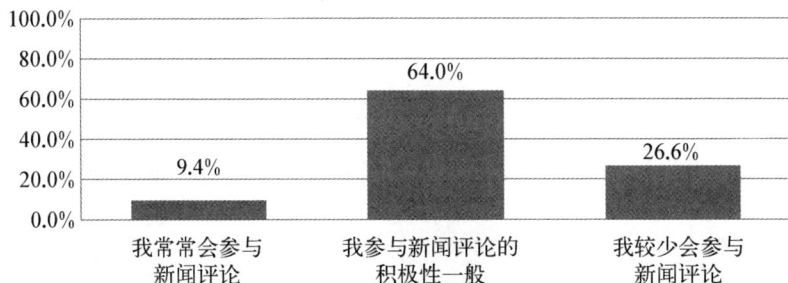

图 3-16　受众参与新闻评论的积极性

（5）发布新闻的积极性。

受众发布新闻的积极性一般。61.9%的受众选择新闻评论积极性一般,13.5%的受众会常常在网上发布所见所闻,而 24.6%的受众较少在网上发布信息（见图 3-17）。

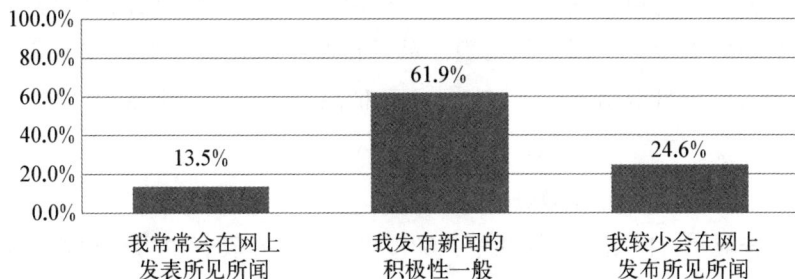

图 3-17　受众新闻发布积极性

4. 网络新闻的付费意愿

(1) 数字化新闻付费意愿。

数字化新闻的付费主要存在三种形式：① 网络流量费用；② 专门的新闻订阅费用；③ 一次性购买新闻客户端软件的费用。在数字化新闻付费的现状调查中"是否曾经对数字化新闻付费"的调查结果显示，86.5％的受众未曾对数字化新闻付费，仅有13.5％的受众曾经付费。在进一步的问题"您未来会对自己喜欢的网络新闻资源付费吗？"的选择中，72.5％的受众对未来的数字化新闻付费仍无兴趣，27.5％的受众表示对于自己喜欢的网络新闻资源会愿意付费。对比现状与未来意愿两组数据，可见还是有部分（14.0％）的受众愿意为数字化新闻付费（见图 3‑18）。

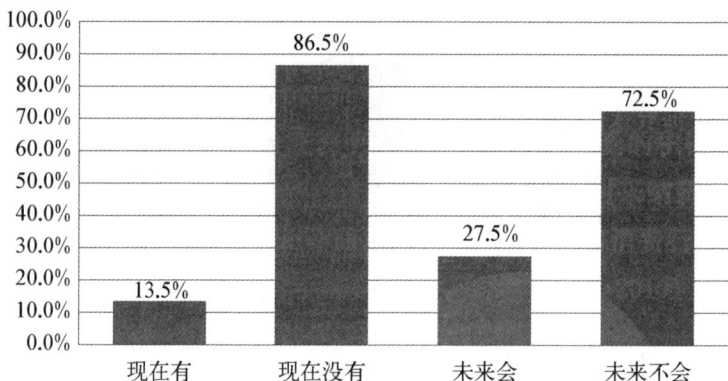

图 3‑18　受众数字新闻付费意愿

(2) 流量费用顾虑。

"流量费用是您使用移动网络新闻时主要顾虑的因素之一吗？"从总体网络使用者的角度分析，有44.5％的受众会有流量费用的顾虑，顾虑的人数要略微少于不顾虑的人数。就手机与平板使用者的比较而言，手机使用者的流量费用顾虑（47.7％）要稍高于平板使用者（44.0％）（见图 3‑19）。

(3) 移动新闻客户端软件付费意愿。

调查显示，网络新闻受众中，32.0％的受众并没有使用移动客户端软件；受众中使用新闻 APP 的数量集中在 1～2 个，占总体比例的50.0％，3～4 个的占12.7％，5 个以上的比例很低，仅占5.3％（见图 3‑20）。

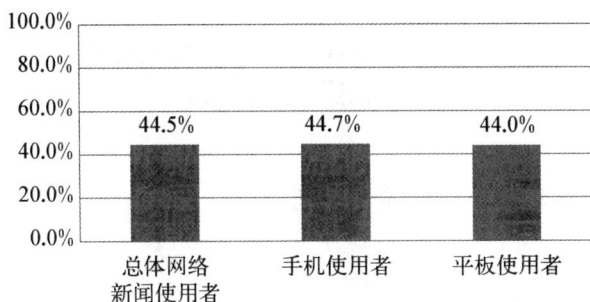

图 3‐19　受众新闻媒介流量费用顾虑

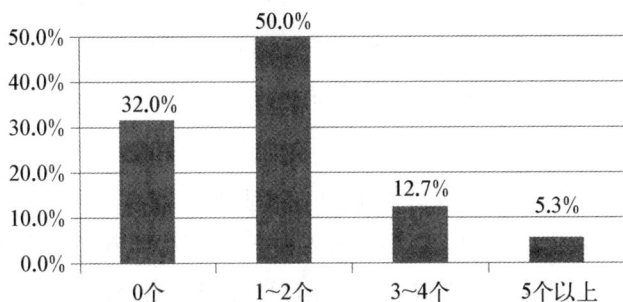

图 3‐20　受众新闻 APP 使用数量

当被问及新闻客户端软件可以接受的价格时，近六成的受众表示不免费不用；33.9％的受众表示能够接受 1～6 元的价格；在访谈中，有受众就表示可以接受目前手机应用程序商店提供的最低额度消费，即 6 元左右。也有受众可以接受 18 元及以上更高的价格，但比例很低，仅占 0.9％（见图 3‐21）。

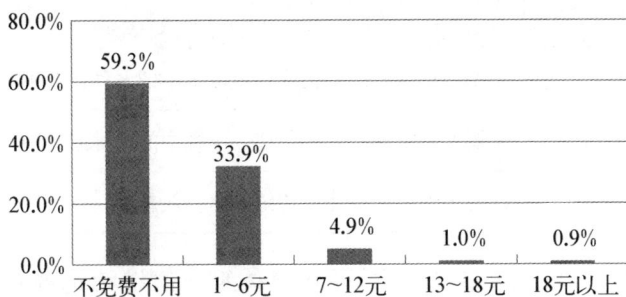

图 3‐21　受众新闻 APP 价格接受意愿

第二节　不同类型受众的新闻
信息行为比较

一、全媒体环境下的新闻受众划分

1. 新闻受众的类型划分

全媒体环境下受众选择使用新闻媒介的实际情况是动态多元的，所以很难精确地量化统计其媒介使用的客观情况。本书划分新闻受众用户类型的依据主要来自前期的受众访谈，根据人们最常使用的新闻媒介使用组合习惯，再结合问卷调查，设置具体问题来划分样本的新闻媒介使用类型。

本研究将新闻受众先综合划分为三种主要用户类型，分别是：新媒体型用户、传统媒体型用户、过渡媒体型用户。其中，新媒体型用户根据其移动特性再分为三种：移动新媒体型用户、非移动新媒体型用户和混合新媒体型用户。

问题1：请问您经常使用以下哪个/些媒介来获取新闻信息？

1）纸质报刊　2）电视　3）广播　4）手机　5）电脑　6）平板电脑

问题2：您属于以下哪种用户类型（见表3-10）？

表3-10　新闻受众的用户综合分类与描述

综合分类	描述
新媒体型用户	主要使用电脑、手机或平板电脑中的一种或几种获取新闻
传统媒体型用户	主要使用纸质报刊、广播、电视中的一种或几种获取新闻
过渡媒体型用户	既使用新媒体也使用传统媒体获取新闻

问题3：如果您在上题选择了新媒体型，请继续选择您的细分类型（见表3-11）？

表 3-11 新媒体型用户细分类型划分与描述

新媒体型用户细分	描 述
移动新媒体型用户	基本只使用手机（或平板电脑）来获取新闻
非移动新媒体型用户	基本只使用电脑来获取新闻
混合新媒体型用户	既使用电脑也使用手机（或平板电脑）来获取新闻

2. 各型用户样本分布

研究发现在 577 人的调查样本中，新媒体型用户为 359 人，占到了 62.2%；传统媒体型用户为 87 人，占 15.1%；过渡媒体型用户总数为 131 人，占 22.7%。对新媒体型用户进行细分，其中混合新媒体型用户比例最高，共有 245 人，占新媒体型用户的 42.6%，移动新媒体用户 76 人，占 13.2%，非移动新媒体型用户 38 人，占 6.6%。

二、不同类型新闻受众的人口特征分析

1. 研究问题

不同用户类型在人口特征上是否具存在显著的差异？

2. 分析方法

研究上述问题需考察新闻受众的用户类型与人口特征之间的相关性。人口特征变量与用户类型变量均为名义型变量，故本研究将对年龄、性别、职业、学历和经济收入这五项人口统计学变量与用户类型进行卡方分析，以此来验证两两之间是否具有显著关联。

3. 结果显示

（1）除性别变量以外，年龄、学历、职业与收入四个变量与新闻受众的综合用户类型之间存在显著相关性。

性别的显著性=0.644>0.05，未达到显著性水平；年龄、学历、职业与收入的显著性均=0.00<0.05，达到显著性水平（见表 3-12）。

表 3 - 12　新闻受众综合分类与人口特征的卡方检验

年龄与新闻受众综合分类的卡方检验	数　值	自由度	渐近显著性（双尾）
Pearson 卡方	150.910	10	0.000
概似比	118.484	10	0.000
线性对线性的关联	7.201	1	0.007
性别与新闻受众综合分类的卡方检验			
Pearson 卡方	0.882	2	0.644
概似比	0.885	2	0.642
线性对线性的关联	0.007	1	0.932
学历与新闻受众综合分类的卡方检验			
Pearson 卡方	72.614	8	0.000
概似比	57.647	8	0.000
线性对线性的关联	5.919	1	0.015
职业与新闻受众综合分类的卡方检验			
Pearson 卡方	128.185	22	0.000
概似比	97.615	22	0.000
线性对线性的关联	0.253	1	0.615
收入与新闻受众综合分类的卡方检验			
Pearson 卡方	38.599	14	0.000
概似比	34.907	14	0.002
线性对线性的关联	0.625	1	0.429
有效观察人数	577		

（2）除收入和性别变量以外，年龄、学历、职业等变量与新媒体型用户存在显著相关性。

性别的显著性＝0.403＞0.05，未达到显著性水平；收入的显著性＝0.585＞0.05，未达到显著性水平；年龄的显著性＝0.01＜0.05，达到显著性水平；学历和职业的显著性均为0.00＜0.05，达到显著性水平（见表 3 - 13）。

表 3 - 13　新媒体型用户与人口特征的卡方检验表

年龄与新媒体型用户的卡方检验	数　值	自由度	渐近显著性
Pearson 卡方	37.119	15	0.001
概似比	29.781	15	0.013
线性对线性的关联	0.060	1	0.807
性别与新媒体型用户的卡方检验			
Pearson 卡方	2.927	3	0.403
概似比	2.938	3	0.401
线性对线性的关联	0.833	1	0.362
学历与新媒体型用户的卡方检验			
Pearson 卡方	37.674	12	0.000
概似比	37.473	12	0.000
线性对线性的关联	23.750	1	0.000
职业与新媒体型用户的卡方检验			
Pearson 卡方	116.365	33	0.000
概似比	36.267	33	0.319
线性对线性的关联	4.569	1	0.033
收入与新媒体型用户的卡方检验			
Pearson 卡方	13.227	15	0.585
概似比	14.179	15	0.512
线性对线性的关联	2.100	1	0.147
有效观察人数	359		

相关显著意味着设计变量 X 群体至少有两个组别在反应 Y 变量中的选项百分比存在显著差异。本研究设定的 X 群体指不同年龄段受众、不同学历受众、不同职业受众以及不同收入水平的受众，Y 变量即新闻媒介使用类型。下文将对显著相关的相关关系展开具体分析：

第一，年龄与新闻受众的用户类型之间存在显著相关性（见表 3 - 14、表3 - 15）。

表 3-14　年龄与新闻受众综合分类的相关分析表

			新闻受众综合分类			总　计
			新媒体型用户	传统媒体型用户	过渡媒体型用户	
年龄	18 岁以内	数量	68	12	31	111
		比例	61.3%	10.8%	27.9%	100.0%
	18~24 岁	数量	86	5	21	112
		比例	76.79%	4.46%	18.75%	100.0%
	25~34 岁	数量	159	15	50	224
		比例	71.0%	6.7%	22.3%	100.0%
	35~44 岁	数量	29	12	19	60
		比例	48.3%	20.0%	31.7%	100.0%
	45~54 岁	数量	14	25	6	45
		比例	31.1%	55.6%	13.3%	100.0%
	55 岁及以上	数量	3	18	4	25
		比例	12.0%	72.0%	16.0%	100.0%
总　计		数量	359	87	131	577
		比例	62.2%	15.1%	22.7%	100.0%

*注：以上数据计算遵照四舍五入原则

表 3-15　年龄与新媒体型用户的相关分析表

			新媒体型用户细分			总　计
			移动新媒体型用户	非移动新媒体型用户	混合新媒体型用户	
年龄	18 岁以内	数量	23	10	35	68
		比例	33.8%	14.7%	51.5%	100.0%
	18~24 岁	数量	14	4	68	86
		比例	16.28%	4.65%	79.67%	100.0%
	25~34 岁	数量	26	18	115	159
		比例	16.4%	11.3%	72.3%	100.0%

续表

			新媒体型用户细分			总　计
			移动新媒体型用户	非移动新媒体型用户	混合新媒体型用户	
年龄	35～44 岁	数量	8	2	19	29
		比例	27.6%	6.9%	65.5%	100.0%
	45～54 岁	数量	3	4	7	14
		比例	21.4%	28.6%	50.0%	100.0%
	55 岁及以上	数量	2	0	1	3
		比例	66.7%	0.0%	33.3%	100.0%
总　　计		数量	76	38	245	359
		比例	21.2%	10.6%	68.2%	100.0%

＊注：以上数据计算遵照四舍五入原则

1）18 岁以内年轻人对移动新媒体新闻尤为青睐，同时又相对其他年轻群体更多选择传统媒体。其移动新媒体型用户的比例（33.8%）超过其他两个年轻人群体两倍以上（18～24 岁为 16.3%，25～34 为 16.4%）。其传统新闻媒体型用户比例（10.8%）要高于 18～24 岁人群（4.5%）。这种新旧混合的媒体使用原因是：18 岁以内的青少年受家庭中父母及其他长辈的新闻媒介使用影响。

2）18～24 岁人群是对新媒体新闻最依赖的一个群体。该群体是所有年龄段人群中，传统媒体型用户比例（4.5%）最低，新媒体型用户比例（76.8%）最高，混合新媒体型用户比例（79.1%）最高的群体。

3）25～34 岁人群和 18～24 岁人群媒介选择非常相似，他们也偏向使用新媒体，并且喜欢同时使用多种新媒体来获取新闻，但热衷程度要稍低于 18～24 岁人群。新媒体型用户中，前者比例为 71.0%，后者为 76.8%；混合新媒体型用户中，前者比例为 72.3%，后者为 79.1%。

4）34 岁及以下与 35 岁以上受众群体的媒介选择上开始呈现出明显差异。34 岁以下年轻人群体的新媒体型用户比例达到七成（均值为 69.7%），相较 35 岁及以上人群（均值为 30.5%）明显更高；同时，34 岁及以下人群的传统媒体型用户比例（均值仅为 7.3%）比 35 岁以上人群的传统媒体型用户比例（均值为 38.6%）低很多。

5）35 岁及以上人群媒介选择规律：年龄越大，传统媒体型用户的比例就越高，新媒体型用户的比例越低。35～44 岁人群的传统媒体型用户比例为 20.0%，45～54 岁为 55.6%，55 岁以上为 72.0%，呈依次递增趋势。35～44 岁人群的新媒体型用户比例为 48.3%，45～54 岁为 31.1%，55 岁以上为 12.0%，呈依次递减趋势。

6）35～44 岁人群的新闻媒介选择显示出一种转折性、混合性特质，新媒体型用户的比例骤降，而传统媒体型用户比例快速上升，过渡媒体型用户比例达到最高。比起前一个年龄段 25～34 岁人群，35～44 岁人群新媒体型用户的比例骤降 22.7%（71.0%下降到 48.3%），而传统媒体型用户比例快速上升 13.3%（6.7%上升到 20.0%）。也就是说，受众的新闻媒介选择在这个年龄段产生了一个转折。同时，35～44 岁人群的过渡媒体型用户比例（31.7%）在所有年龄层人群中是最高的，即有三成此年龄段受众同时使用新媒体与传统媒体。

7）44～55 岁的人群选择复合性媒介获取新闻的人比例最低，新闻媒介选择较为固定化单一化，偏好使用传统媒介。相对而言，传统方式比例更高一些，很少人选择两者皆有。此年龄段仅有 13.3%的受众是过渡媒体型用户，这个比例在所有人群中是最低的（均值为 22.7%）。31.1%的受众选择新媒体，55.6%的受众选择传统媒体。

8）55 岁以上人群的传统媒体型用户比例（72.0%）最高，新媒体型用户比例（12.0%）最低，在新媒体选项中更愿意使用移动新媒体。在新媒体型用户的细分研究中发现，55 岁以上人群的移动新媒体型用户占比为 66.7%，是所有新媒体使用者中最高的。那么为什么 55 岁以上人群的新媒体新闻使用比例最低，但是在新媒体选择中为什么移动新媒体是最高呢？访谈显示了部分原因：短信手机报在这个年龄的人群中还是属于比较能被接受的一种新媒体新闻方式，与电脑等新媒介相比，它不需要重新学习操作，无论手机是否是智能手机都可以使用，并且定时定点发送，更接近传统媒体获取新闻的方式。

9）观察所有年龄层人群的新媒体新闻获取，受众普遍选择混合方式，而非采用单独某一种新媒体。除了 55 岁以上人群更偏向于使用手机新闻以外，其他人群的混合型新闻媒体型用户比例都比单独型用户比例要高很多。

第二，性别与新闻受众的各用户类型之间没有显著相关性（见表3-16、表3-17）。

表3-16　性别与新闻受众综合分类相关分析表

			新闻受众综合分类			总　计
			新媒体型用户	传统媒体型用户	过渡媒体型用户	
性别	男	数量	173	38	64	275
		比例	62.9%	13.8%	23.3%	100.0%
	女	数量	186	49	67	302
		比例	61.6%	16.2%	22.2%	100.0%
总　计		数量	359	87	131	577
		比例	62.2%	15.1%	22.7%	100.0%

表3-17　性别与新媒体型用户的相关分析表

			新媒体型用户细分			总　计
			移动新媒体型用户	非移动新媒体型用户	混合新媒体型用户	
性别	男	数量	38	23	112	173
		比例	22.0%	13.3%	64.7%	100.0%
	女	数量	38	15	133	186
		比例	20.4%	8.1%	71.5%	100.0%
总　计		数量	76	38	245	359
		比例	21.2%	10.6%	68.2%	100.0%

不同性别的受众在各种新闻受众类型中的比例相当，新闻受众综合分类的男女比例接近1∶1。在新媒体型用户细分中，三类新媒体型用户的男女比例也接近1∶1。

第三，职业与新闻受众的用户类型之间呈显著相关性（见表3-18、表3-19）。

表 3‑18　职业与新闻受众综合分类相关分析表

| | | | 新闻受众综合分类 | | | 总　计 | |
			新媒体型用户	传统媒体型用户	过渡媒体型用户		
职业	政府公务人员	数量	5	3	2	10
		比例	50.0%	30.0%	20.0%	100.0%
	国企工作人员	数量	55	6	20	81
		比例	67.9%	7.4%	24.7%	100.0%
	事业单位工作人员	数量	32	11	18	61
		比例	52.5%	18.0%	29.5%	100.0%
	外企工作人员	数量	43	8	22	73
		比例	58.9%	11.0%	30.1%	100.0%
	民营私企工作人员	数量	39	7	10	56
		比例	69.6%	12.5%	17.9%	100.0%
	自由职业者	数量	15	3	3	21
		比例	71.4%	14.3%	14.3%	100.0%
	学　生	数量	157	18	50	225
		比例	69.8%	8.0%	22.2%	100.0%
	农民或农民工	数量	3	4	2	9
		比例	33.33%	44.44%	22.22%	100.0%
	退　休	数量	1	22	3	26
		比例	3.84%	84.62%	11.54%	100.0%
	待　业	数量	3	5	1	9
		比例	33.3%	55.6%	11.1%	100.0%
	合资企业工作人员	数量	4	0	0	4
		比例	100.0%	0.0%	0.0%	100.0%
	其　他	数量	2	0	0	2
		比例	100.0%	0.0%	0.0%	100.0%
总　计		数量	359	87	131	577
		比例	62.2%	15.1%	22.7%	100.0%

＊注：以上数据计算遵照四舍五入原则

表 3‑19　职业与新媒体型用户的相关分析表

		新媒体型用户细分			总　计
		移动新媒体型用户	非移动新媒体型用户	混合新媒体型用户	
职 业	政府公务人员				
	数量	0	1	4	5
	比例	.0%	20.0%	80.0%	100.0%
	国企工作人员				
	数量	8	5	42	55
	比例	14.5%	9.1%	76.4%	100.0%
	事业单位工作人员				
	数量	4	4	24	32
	比例	12.5%	12.5%	75.0%	100.0%
	外企工作人员				
	数量	12	2	29	43
	比例	27.9%	4.7%	67.4%	100.0%
	民营私企工作人员				
	数量	10	3	26	39
	比例	25.6%	7.7%	66.7%	100.0%
	自由职业者				
	数量	5	1	9	15
	比例	33.3%	6.7%	60.0%	100.0%
	学　生				
	数量	33	18	106	157
	比例	21.0%	11.5%	67.5%	100.0%
	农民或农民工				
	数量	1	2	0	3
	比例	33.3%	66.7%	0.0%	100.0%
	退　休				
	数量	1	0	0	1
	比例	100.0%	0.0%	0.0%	100.0%
	待　业				
	数量	1	1	1	3
	比例	33.3%	33.3%	33.3%	100.0%
	合资企业工作人员				
	数量	1	1	2	4
	比例	25.0%	25.0%	50.0%	100.0%
	其　他				
	数量	0	0	2	2
	比例	0.0%	0.0%	100.0%	100.0%
总　计	数量	76	38	245	359
	比例	21.2%	10.6%	68.2%	100.0%

*注：以上数据计算遵照四舍五入原则

1）农民及农民工、待业人员以及退休人员三类职业的新媒体型用户比例比其他职业明显更低，而传统媒体型用户的比例明显更高。农民及农民工的新媒体型用户比例为 33.3%，待业人员为 33.3%，退休人员比例最低，仅为 3.8%，而其他九种职业的新媒体型用户平均比例为 71.0%；与之相反，在传统媒体型用户的比例中，其他九种职业传统媒体型用户的比例均值仅为 11.2%，而农民及农民工的传统媒体型用户比例为 44.4%，待业人员为 55.6%，退休人员为 84.6%。

2）自由职业者、学生、民营私企工作人员及国企工作人员的新媒体型用户比例相对比较高，接近七成；退休人员最低，仅为 3.8%。外企工作人员的新媒体型用户比例接近六成；政府及事业单位的新媒体型用户比例近五成。农民、农民工及待业者的新媒体型用户比例接近三成。

3）政府公务人员的传统媒体型用户比例为 30.0%，远高于国企（7.4%）及事业单位（18.0%）工作人员的比例。

4）相对而言农民、农民工及退休人员的混合新媒体型用户比例最低，更多使用单一的新媒介。

第四，学历与新闻受众类型之间呈显著相关性（见表 3 - 20、表 3 - 21）。

表 3 - 20　学历与新闻受众综合分类相关分析表

			新闻受众综合分类			总　计
			新媒体型用户	传统媒体型用户	过渡媒体型用户	
学 历	高中以下	数量	16	25	6	47
		比例	34.0%	53.2%	12.8%	100.0%
	高中（专）	数量	75	23	36	134
		比例	56.0%	17.2%	26.9%	100.0%
	大　专	数量	28	11	9	48
		比例	58.3%	22.9%	18.8%	100.0%
	本　科	数量	135	14	47	196
		比例	68.9%	7.1%	24.0%	100.0%

续表

			新闻受众综合分类			总　计
			新媒体型用户	传统媒体型用户	过渡媒体型用户	
学历	硕士及以上	数量	105	14	33	152
		比例	69.1%	9.2%	21.7%	100.0%
	总　计	数量	359	87	131	577
		比例	62.2%	15.1%	22.7%	100.0%

＊注：以上数据计算遵照四舍五入原则

表 3-21　学历与新媒体型用户的相关分析表

			新媒体型用户细分			总　计
			移动新媒体型用户	非移动新媒体型用户	混合新媒体型用户	
学历	高中以下	数量	7	5	4	16
		比例	43.8%	31.3%	25.0%	100.0%
	高中（专）	数量	24	12	39	75
		比例	32.0%	16.0%	52.0%	100.0%
	大　专	数量	8	3	17	28
		比例	28.6%	10.7%	60.7%	100.0%
	本　科	数量	24	7	104	135
		比例	17.8%	5.2%	77.0%	100.0%
	硕士及以上	数量	13	11	81	105
		比例	12.4%	10.5%	77.1%	100.0%
	总　计	数量	76	38	245	359
		比例	21.2%	10.6%	68.2%	100.0%

＊注：以上数据计算遵照四舍五入原则

1) 学历越高，新媒体型用户越多。高中以下的新媒体型用户比例为 34.0%，高中（专）为 56.0%，大专为 58.3%，本科为 68.9%，硕士及以上为 69.1%。

2) 学历越低，传统媒体型用户越多。高中以下传统媒体型用户的比例是 53.2%，是所有学历人群中最高的。高中（专）为 17.2%，大专为 22.9%，都高于平均比例 15.1%；而本科的传统媒体型用户比例是 7.1%、硕士及以上为 9.2%，均低于平均比例。

3）高中以下学历的过渡媒体型用户比例偏低外，过渡媒体型用户在各学历层次人群中的分布比例较均匀。高中以下学历人群的均衡媒体人比例是 12.8%，明显低于平均水平 22.7%，其余学历人群的比例均接近 20%。

4）学历越低，移动新媒体型用户的比例反而越高。高中以下移动新媒体型用户的比例最高，占到 43.8%，高中（专）占 32.0%，大专占 28.6%，本科占 17.8%，硕士及以上为 12.4%，呈递减趋势。

5）学历越高，混合新媒体型用户的比例越高。高中以下混合新媒体人的比例（25.0%）明显低于平均比例（68.2%），高中（专）为 52.0%，大专为 60.7%，本科为 77.0%，硕士及以上为 77.1%。混合新媒体人在人群中的比例随学历增高而呈递增趋势。

6）高中以下非移动新媒体型用户的比例最高（31.3%），非移动新媒体型在各学历人群平均比例为 14.7%，明显高于其他学历人群的非移动新媒体型用户。

第五，收入与新闻受众综合分类显著相关，与新媒体受众细分类型却不显著相关（见表 3 - 22）。

表 3 - 22　收入与新闻受众综合分类相关分析表

| | | | 新闻受众综合分类 | | | 总　计 |
			新媒体型用户	传统媒体型用户	过渡媒体型用户	
收入	1500 元以下	数量	149	26	48	223
		比例	66.8%	11.7%	21.5%	100.0%
	1501~3000 元	数量	38	24	11	73
		比例	52.1%	32.9%	15.1%	100.0%
	3001~5000 元	数量	56	22	22	100
		比例	56.0%	22.0%	22.0%	100.0%

续表

| | | | 新闻受众综合分类 | | | 总　计 |
			新媒体型用户	传统媒体型用户	过渡媒体型用户	
收 入	5001~8000元	数量	55	9	26	90
		比例	61.1%	10.0%	28.9%	100.0%
	8001~12000元	数量	32	4	14	50
		比例	64.0%	8.0%	28.0%	100.0%
	12000元以上	数量	29	2	10	41
		比例	70.7%	4.9%	24.4%	100.0%
总　计		数量	359	87	131	577
		比例	62.2%	15.1%	22.7%	100.0%

＊注：以上数据计算遵照四舍五入原则

1）不同收入人群的新媒体型用户比例皆在50%以上。

2）1500元以下收入者的新媒体型用户比例较高，达到66.8%；传统媒体的使用处于中等水平，比例为11.7%。这主要与调查样本中学生比例较高有关。

3）1500元以上收入层次人群的收入水平与媒介类型显示相关，即收入越高，新媒体受众类型的比例越高，而传统媒体型用户的比例则越低。

新媒体型用户比例随收入增加而呈递增趋势。1501~3000元收入人群比例为52.1%，3001~5000元收入人群的比例为56.0%，5001~8000元收入人群比例为61.1%，8001~12000元收入人群的比例为64.0%，12000元以上收入人群比例为70.7%。

传统媒体型用户比例随收入增加呈递减趋势。1501~3000元收入人群比例为32.9%，3001~5000元收入人群比例为22.0%，5001~8000元收入人群比例为10.0%，8001~12000元收入人群比例为8.0%，12000元以上收入人群比例为4.9%。

第六，收入与新媒体型用户之间并没有显著的相关关系（见表3-23）。

1）移动新媒体型用户在各不同收入阶层中的比例基本趋近，均在20%左右。

表 3 - 23 收入与新媒体型用户的相关分析表

			新媒体型用户细分			总 计
			移动新媒体型用户	非移动新媒体型用户	混合新媒体型用户	
收 入	1500 元以下	数量	34	16	99	149
		比例	22.8%	10.7%	66.4%	100.0%
	1501～3000 元	数量	8	8	22	38
		比例	21.1%	21.1%	57.9%	100.0%
	3001～5000 元	数量	10	8	38	56
		比例	17.9%	14.3%	67.9%	100.0%
	5001～8000 元	数量	12	4	39	55
		比例	21.8%	7.3%	70.9%	100.0%
	8001～12000 元	数量	6	1	25	32
		比例	18.8%	3.1%	78.1%	100.0%
	12000 元以上	数量	6	1	22	29
		比例	20.7%	3.4%	75.9%	100.0%
总 计		数量	76	38	245	359
		比例	21.2%	10.6%	68.2%	100.0%

＊注：以上数据计算遵照四舍五入原则

2）1501～3000 元收入层人群的非移动新媒体型用户比例稍高于其他人群，为 21.1%，8000 元以上收入层人群的非移动新媒体型用户比例最低，平均约为 3%。

3）混合新媒体型用户比例普遍较高，最高的是 8001～12000 元高收入人群，混合新媒体型用户占比达到 78.1%，最低的是 1501～3000 元人群，比例为 57.9%。

三、不同类型新闻受众的信息行为比较

1. 信息需求动机比较（见图 3 - 22）

（1）所有新闻受众类型都以"获取信息，以利生活"作为最首要的新

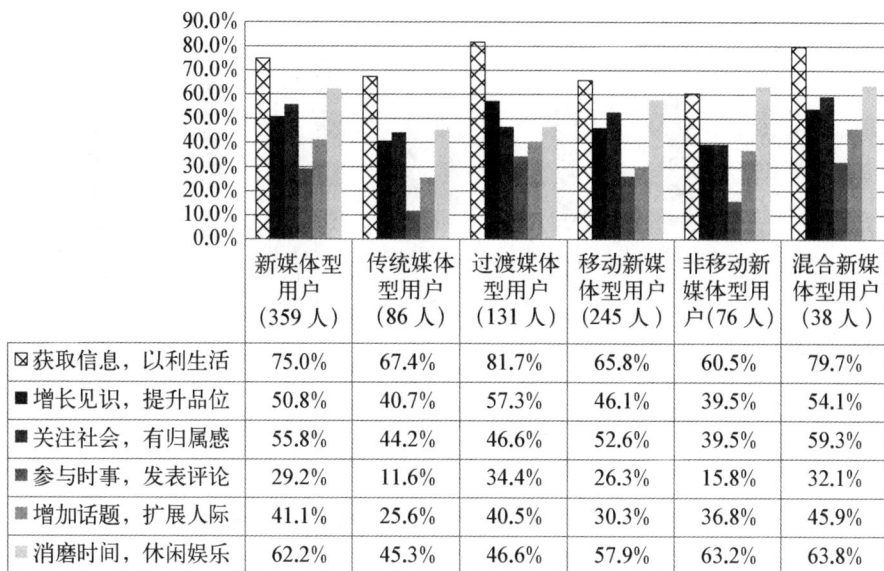

	新媒体型用户（359人）	传统媒体型用户（86人）	过渡媒体型用户（131人）	移动新媒体型用户（245人）	非移动新媒体型用户（76人）	混合新媒体型用户（38人）
⊠获取信息，以利生活	75.0%	67.4%	81.7%	65.8%	60.5%	79.7%
■增长见识，提升品位	50.8%	40.7%	57.3%	46.1%	39.5%	54.1%
■关注社会，有归属感	55.8%	44.2%	46.6%	52.6%	39.5%	59.3%
■参与时事，发表评论	29.2%	11.6%	34.4%	26.3%	15.8%	32.1%
■增加话题，扩展人际	41.1%	25.6%	40.5%	30.3%	36.8%	45.9%
消磨时间，休闲娱乐	62.2%	45.3%	46.6%	57.9%	63.2%	63.8%

图3－22　不同新闻受众类型的新闻获取动机

闻需求。

（2）媒介的多样性与信息获取的动机强度之间密切相关。

在三种主要媒介受众类型中，过渡媒体型用户的信息获取需求动机最强；在新媒体型用户细分中，混合新媒体型用户的信息获取需求动机最强。

（3）使用媒介的多样性与新闻参与动机强度之间密切相关。

在三种主要媒介受众类型中，过渡媒体型用户的新闻参与动机最强；在新媒体型用户细分中，混合新媒体型用户的新闻参与需求动机最强。

（4）传统媒体型用户在所有新闻需求动机上都要弱于其他受众类型。

传统媒体型用户的六个需求动机选择比率全部低于其他两个受众类型。

（5）传统媒体型用户的新闻参与动机是所有受众中最弱的。

（6）新媒体型用户获取新闻的娱乐需求动机、社会归属动机要强于其他受众类型。

2. 新闻需求强度比较

本书以新闻获取时长作为新闻信息需求强度的划分依据，每日获取新

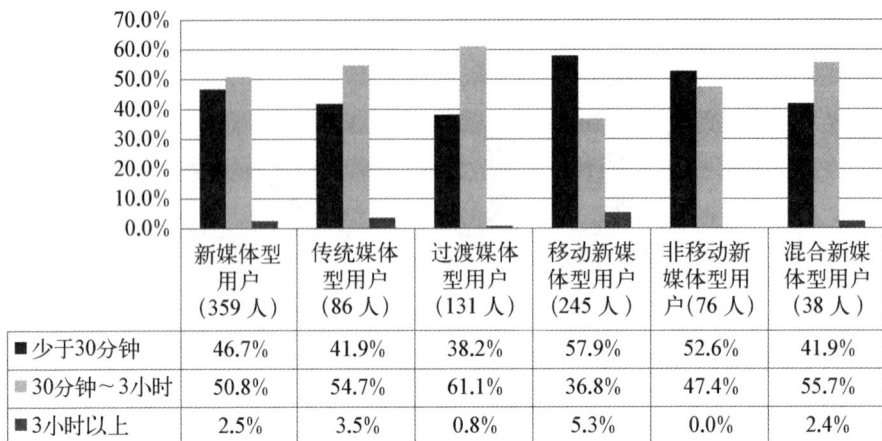

	新媒体型用户(359人)	传统媒体型用户(86人)	过渡媒体型用户(131人)	移动新媒体型用户(245人)	非移动新媒体型用户(76人)	混合新媒体型用户(38人)
■少于30分钟	46.7%	41.9%	38.2%	57.9%	52.6%	41.9%
■30分钟～3小时	50.8%	54.7%	61.1%	36.8%	47.4%	55.7%
■3小时以上	2.5%	3.5%	0.8%	5.3%	0.0%	2.4%

＊注：以上数据计算遵照四舍五入原则

图 3 - 23　不同新闻受众类型的需求强度比较

闻少于 30 分钟者为轻度新闻需求者，30 分钟～3 小时者为中度新闻需求者，3 小时以上为重度新闻需求者（见图 3 - 23）。

（1）重度新闻需求排序：移动新媒体型用户—传统媒体型用户—新媒体型用户—混合新媒体型用户—过渡媒体型用户—非移动新媒体型用户。

（2）中度新闻需求排序：过渡媒体型用户—混合新媒体型用户—传统媒体型用户—新媒体型用户—非移动新媒体型用户—移动新媒体型用户。

（3）轻度新闻需求排序：移动新媒体型用户—非移动新媒体型用户—新媒体型用户—传统媒体型用户、混合新媒体型用户—过渡媒体型用户。

1）各类型受众群体中，中度与轻度新闻需求占绝大多数。

2）重度新闻需求者虽然总体比例很低，但相比较而言，移动新媒体型用户中的重度新闻需求者最多，其次是传统媒体型用户。

3）中度新闻需求者比例最高的是过渡媒体型用户与混合新媒体型用户。

4）过渡媒体型用户的中度新闻需求者比例最高，轻度需求者比例最低。

5）移动新媒体型用户的新闻需求强度呈两极分化，其重度新闻需求者与轻度新闻需求者的比例都比其他型用户要高。

3. 使用频率比较

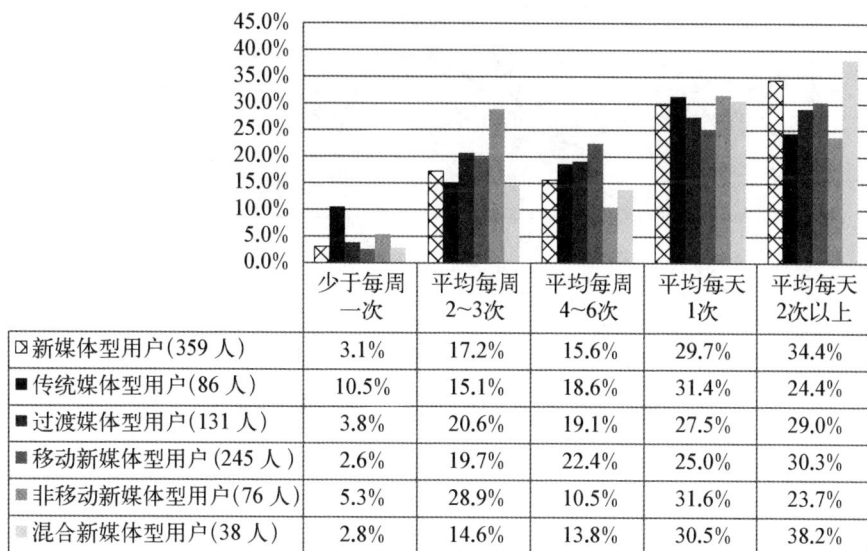

	少于每周 一次	平均每周 2～3次	平均每周 4～6次	平均每天 1次	平均每天 2次以上
▨新媒体型用户(359 人)	3.1%	17.2%	15.6%	29.7%	34.4%
■传统媒体型用户(86 人)	10.5%	15.1%	18.6%	31.4%	24.4%
■过渡媒体型用户(131 人)	3.8%	20.6%	19.1%	27.5%	29.0%
■移动新媒体型用户(245 人)	2.6%	19.7%	22.4%	25.0%	30.3%
▨非移动新媒体型用户(76 人)	5.3%	28.9%	10.5%	31.6%	23.7%
▨混合新媒体型用户(38 人)	2.8%	14.6%	13.8%	30.5%	38.2%

＊注：以上数据计算遵照四舍五入原则

图 3－24　不同新闻受众类型的新闻使用频率比较

（1）各类型受众群体中，新闻获取频率以每天 1 次或者每天 2 次以上者最普遍。

（2）平均每天 2 次以上的高频获取新闻者的比例，新媒体型用户比例（34.4%）相较传统媒体型用户（24.4%）与过渡媒体型用户（29.0%）更高，其中混合新媒体型用户（38.2%）的比例最高，非移动媒体型用户最低（23.7%）。

（3）少于每周 1 次的低频新闻获取者，传统媒体型用户比例（10.5%）较其他型用户（平均 3.5%）高出许多。

4. 使用时段比较

媒体型用户、传统媒体型用户和过渡媒体型用户的三大高峰时段相同，均为早晨（6：00～9：00）、傍晚（17：00～19：00）和晚间（19：00～22：00）（见图 3－25）。

（1）在新媒体型用户细分中，非移动型新媒体型用户与其他型用户不

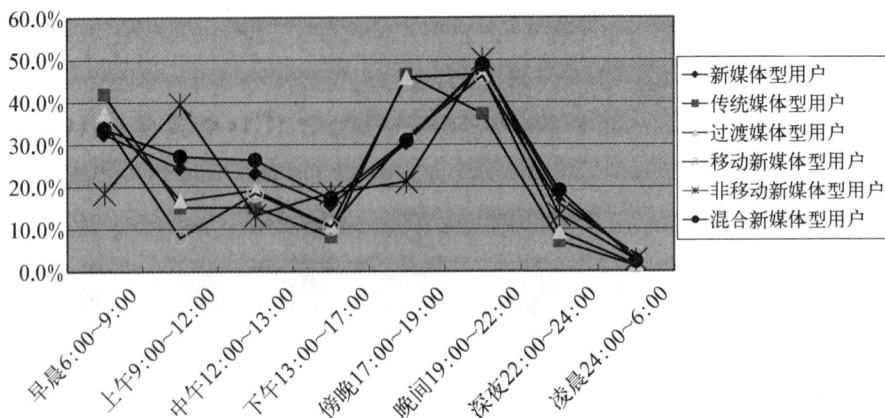

图 3-25 不同新闻受众类型的使用时段比较

同，上午（9:00～12:00）时段取代早晨时段成为其白天阅读新闻的最高峰时段。

（2）混合新媒体型用户与移动新媒体型用户的高峰时段完全一致，均为晚间—早晨—傍晚，但区别在于，混合新媒体型用户整个白天（包含早晨、上午、中午三个时段）的新闻媒体使用比例都高于其他型用户，且各时段比例相对接近，也就是说每个时段都有相当的该类型受众在使用各种新媒体阅读新闻信息。

5. 使用场所比较

家、工作场所和交通工具是新媒体型用户、传统媒体型用户和过渡媒体型用户三者获取新闻信息最频繁的场所。但是新媒体型用户获取新闻的场所排序与其他两型用户不同，在交通工具上获取新闻的比例超过了在工作场所（见图 3-26）。

（1）新媒体型用户获取新闻的场所排序为：家—交通工具上—工作场所—学习的地方—户外。

传统媒体型用户获取新闻的场所排序为：家—工作场所—交通工具上—学习的地方—户外。

过渡媒体型用户获取新闻的场所排序为：家—交通工具上—工作场所—学习的地方—户外。

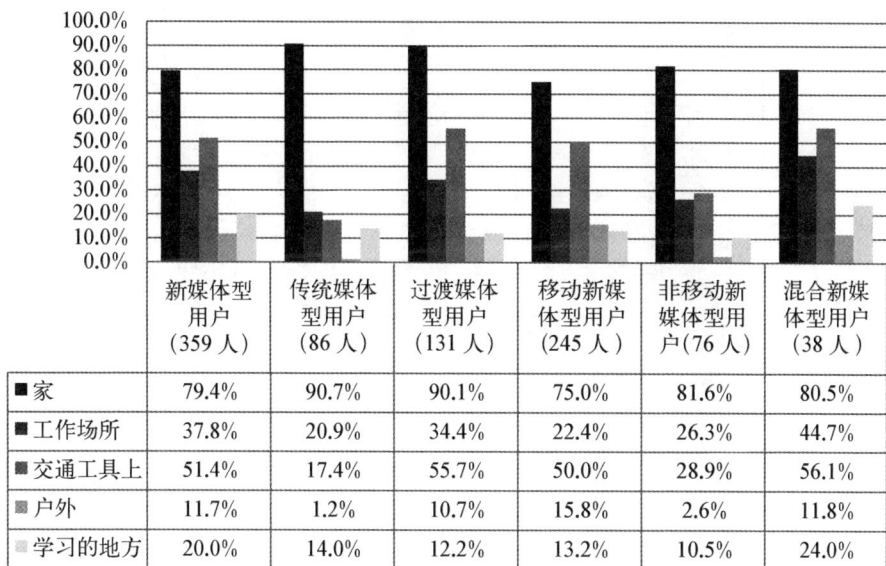

	新媒体型用户(359人)	传统媒体型用户(86人)	过渡媒体型用户(131人)	移动新媒体型用户(245人)	非移动新媒体型用户(76人)	混合新媒体型用户(38人)
■ 家	79.4%	90.7%	90.1%	75.0%	81.6%	80.5%
■ 工作场所	37.8%	20.9%	34.4%	22.4%	26.3%	44.7%
■ 交通工具上	51.4%	17.4%	55.7%	50.0%	28.9%	56.1%
■ 户外	11.7%	1.2%	10.7%	15.8%	2.6%	11.8%
□ 学习的地方	20.0%	14.0%	12.2%	13.2%	10.5%	24.0%

图 3‑26　不同新闻受众类型的媒介使用场所比较

（2）传统媒体型用户（90.7%）与过渡媒体型用户（90.1%）在家获取新闻的比例最高，新媒体型用户比例相对低（79.4%），其中又以移动新媒体型用户比例最低（75.0%）。

（3）传统媒体型用户在工作、交通工具上看新闻的比例要明显低于新媒体型用户与过渡媒体型用户。传统媒体型用户在工作场所和交通工具上看新闻的选择比例分别为：20.9%、17.4%；新媒体型用户选择比例分别为：37.8%、51.4%；过渡媒体型用户选择比例分别为：34.4%、55.7%。

（4）混合新媒体型用户在所有场合的新闻媒介使用比例都大于新媒体型用户细分中的其他两型用户。

6.使用内容比较

（1）新媒体型用户、传统媒体型用户、过渡媒体型用户以及新媒体型用户细分类型对于最重要的新闻内容的选择排序完全一致。

说明不同类型新闻媒介选择对新闻内容偏好没有产生影响。

（2）国内新闻、社会事件类新闻是首要关注焦点。

从新闻涉及的地域范围排序：国内新闻—国际新闻—当地新闻。

表 3 - 24　不同新闻受众类型的新闻内容偏好比较

	新媒体型用户（359人）		传统媒体型用户（86人）		过渡媒体型用户（131人）		移动新媒体型用户（245人）		非移动新媒体型用户（76人）		混合新媒体型用户（38人）	
	排序	比例	排序	比例	排序	比例	排序	比例	排序	比例	排序	比例
国内新闻	1	59.7%	1	73.3%	1	62.6%	1	57.9%	1	60.5%	1	59.3%
国际新闻	2	48.9%	2	47.7%	2	52.7%	2	50.0%	3	50.0%	2	51.2%
当地新闻	3	37.2%	3	40.7%	3	47.3%	3	25.0%	2	34.2%	3	39.0%
社会事件新闻	1	64.7%	1	54.7%	1	58.8%	1	55.3%	1	52.6%	1	68.7%
商业财经新闻	4	28.6%	4	18.6%	4	26.7%	4	32.9%	4	15.8%	4	29.7%
时事政治新闻	3	32.5%	3	25.6%	3	36.6%	3	40.8%	3	18.4%	3	32.5%
体娱文教新闻	2	46.9%	2	29.1%	2	48.1%	2	47.4%	2	36.8%	2	49.2%

从新闻涉及的内容分类排序：社会事件类新闻—体娱文教类新闻—时事政治类新闻—商业财经类新闻。

7. 使用形式比较

（1）传统的电视新闻依旧是人们最喜爱的新闻信息形式之一，传统媒体型用户对于电视新闻尤为青睐。

传统媒体型用户对电视的选择比例明显高出其他两型用户，传统媒体型用户（66.3%）与过渡媒体型用户（56.5%）都选择电视新闻作为最喜爱的新闻信息形式的比例在各自群类里都是排名第一，而新媒体型新闻受众的选择中电视新闻（34.4%）仅次于图主文辅性新闻（41.7%），成为第二位受喜欢的新闻信息形式。

（2）综观所有类型用户，纯文字类新闻信息与广播类新闻信息在各受众类型中选择比例都很低。

受众偏好带图像性质的新闻信息形式，尤其以新媒体型用户最为突出。图文结合的新闻、电视新闻、网络视频新闻这三类新闻信息形式在各个类型用户中的选择比例基本都名列最喜欢的信息形式前三位，受众选择平均比例超三成。而新媒体型用户选择的前四位最青睐的新闻信息形式全部是图像类的信息形式：图文结合类新闻占第一位（图主文辅占 41.7%，文主图辅占 32.2%）；电视新闻排第二位（34.4%）；网络视频新闻（33.3%）。

（3）过渡媒体型用户青睐的新闻信息形式更加多元。

过渡媒体型用户对电视新闻的青睐程度与传统媒体型用户相仿，而他们选择的前三位信息形式包括了视频、图文和纯文字，比传统媒体型用户和新媒体型用户都要丰富。

（4）移动媒体型用户对图主文辅的新闻信息形式最青睐，相比其他受众类型，其图像性新闻需求最突出。

移动媒体型用户最喜欢的新闻信息形式的前三位全部是图像性为主的新闻，图文结合式新闻、电视新闻、网络视频新闻的选择比例都在三成以上。

（5）非移动新媒体型用户的信息形式偏好与移动新媒体型用户略有差异。

表3-25　不同新闻受众类型青睐的信息形式比较

	新媒体型用户(359人)		传统媒体型用户(86人)		过渡媒体型用户(131人)		移动新媒体型用户(245人)		非移动新媒体型用户(76人)		混合新媒体型用户(38人)	
	排序	比例	排序	比例	排序	比例	排序	比例	排序	比例	排序	比例
纯文字的新闻报道摘要	7	10.8%	8	9.3%	8	10.7%	8	9.2%	7	10.5%	6	11.0%
纯文字的新闻报道摘要+详文链接	5	26.9%	4	20.9%	3	34.4%	5	25.0%	6	18.4%	4	28.9%
纯文字的详细新闻报道	8	8.1%	9	5.8%	8	10.7%	9	5.3%	9	7.9%	6	11.0%
图文结合的新闻，图主文辅	1	41.7%	2	31.4%	2	42.7%	1	36.8%	4	21.1%	8	8.9%
图文结合的新闻，文主图辅	4	32.2%	3	23.3%	4	33.6%	4	30.3%	2	31.6%	2	32.9%
电视新闻	2	34.4%	1	66.3%	1	56.5%	2	35.5%	1	42.1%	3	32.5%
网络视频新闻	3	33.3%	7	12.8%	6	23.7%	3	34.2%	3	23.7%	1	34.1%
广播音频类新闻	9	7.2%	5	15.1%	7	20.6%	7	10.5%	7	10.5%	9	5.3%
不一定，根据新闻内容而定	6	22.5%	6	14.0%	5	26.0%	6	19.7%	4	21.1%	5	24.0%

　　前者的电视新闻选择率高，而后者的网络视频新闻选择率高。在访谈中显示其中一个原因在于，非移动新媒体型用户对于屏幕尺寸的要求要高于移动新媒体型用户。两者对于图文结合类新闻的图文搭配形式需要不同——移动新媒体型用户的图主文辅类新闻选择比例高，而非移动新媒体型用户的文主图辅类新闻选择比例高。

第四章
全媒体新闻信息
行为影响因素

上一章的研究主要探讨了新闻信息行为的结果，即在复合化、融合化媒介环境中，受众已经形成自己的新闻媒介菜单。本章的中心问题就指向这些媒介菜单形成的背后原因。新闻信息行为包含了信息生产、获取、使用等各方面的行为，本章主要聚焦新闻"信息获取"行为。本研究以传播学信息行为理论模式为主要理论框架，归纳提炼受众深度访谈资料，结合相关文献调查，构建新闻信息行为影响因素模型，总结出全媒体环境下影响受众新闻信息获取的八大影响因素，分别是：个人特征因素、心理因素、媒介可获得性、内容质量、界面互动、人际影响因素、情境因素和消费因素。

根据第二章文献综述中创建的传播学信息行为理论模式，影响受众信息行为的主要影响因素来自个人因素、资源特征因素、社会影响因素和环境因素。具体到新闻信息行为领域，本研究在传播学信息行为模式基础上，通过一手访谈，收集整理针对新闻信息获取行为的影响因素，构建新闻信息行为模型如下图4-1所示。

深度访谈要求被访受众陈述自己目前获取新闻使用的各种方式，然后请其分析使用/不使用某种新闻媒介的原因。访谈结束后，邀请媒体设计学院的五名传播学本科生，根据文字录音资料对这些原因进行归类整理，访谈发现除了基本的四个信息行为影响维度以外，消费因素对新闻获取有影响。另外在资源特征因素方面，新闻信息服务的资源特征较集中体现为

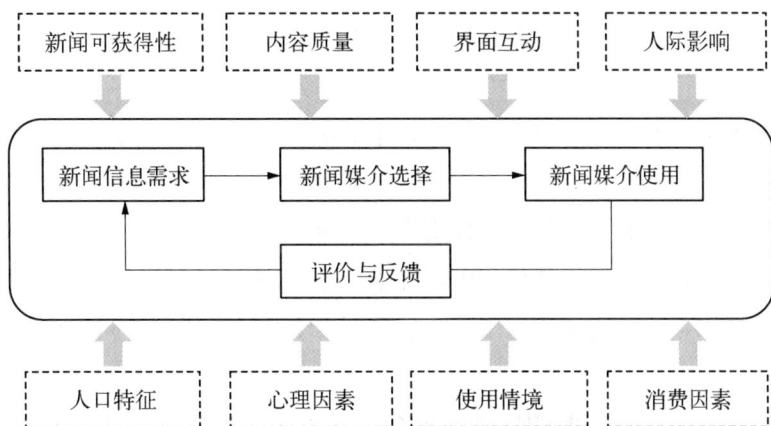

图 4 - 1　受众新闻信息行为初步模型

新闻可获得性、新闻内容质量和界面互动三个方面。

　　在每一个新闻信息新闻影响维度中，我们都根据深度访谈内容提炼出最为具体的影响因素，具体如下表 4 - 1 所示：

表 4 - 1　新闻信息获取影响因素列表

信息行为影响维度	新闻信息行为影响维度	新闻信息行为具体影响因素
个人因素	人口特征	性别、年龄、职业、学历、收入
	心理因素	新闻需求度、媒介依赖度、自我效能感、科技创新性
资源特征因素	可获得性	新闻可获得性
	内容质量	真实性、丰富性、时新性、权威性、兴趣性
	界面互动	可参与性、获取效率、操作简易性、舒适度
社会影响因素	社会影响因素	人际影响
环境因素	情境因素	新闻使用情境
	消费因素	性价比、付费意愿

　　接下来，本书将具体阐述每一个因素对新闻信息行为的影响，并引用被访受众的代表性回答来真实地呈现出不同受众对于这些影响因素的观点和看法。

第一节　人口特征

本研究已经在上一章中量化实证了五项基本人口特征与新闻媒介选择之间的相关性。除了性别因素以外，年龄、职业、学历和收入都会显著影响受众的新闻媒介选择偏好。性别因素是唯一不影响新闻媒介选择的个人人口学要素；而在新媒体使用中，性别与收入因素都不是显著影响新闻媒介的选择因素。从实证研究中，我们看到两个与过去经验不同的趋势：

一、新闻信息获取的性别界限在全媒体快速发展时代渐渐消弭

曾有研究显示男性上网看新闻比女性更多（Howard & Jones，2004），也有研究认为男女性在新闻报道内容主观接受方面不同（刘心，2010），而更多的媒介使用研究支持男女性在媒介选择方面是存在差异的，比如男性比女性更喜欢上网，而女性更加偏向于阅读纸质报刊（Buent & Robbin，2008）。虽然没有直接表明新闻获取与性别之间的关系，但反映出一种差异倾向。但本书的研究通过相关性验证表明：在全媒体环境下，新闻媒介的选择偏好已不存在性别差异。

主要原因是，在全媒体环境下，受众面对的是一个多元化的新闻媒介市场，新闻阅读已经不再是以传统媒体与新媒体决然划分，各种媒介功能之间相互补充和融入，传统纸质新闻媒体正在转型中开发多渠道运营模式，新闻信息功能也正在走向社交、商务等各类应用融合，男女性都能在一个充分的信息空间中找到适合自己的新闻获取方式。

二、经济能力已经不再成为新媒体端新闻获取的主要阻力

过去大量的国内外受众研究表明网民收入高于非网民（Buente & Robbin 2008；张国良，李本乾，廖圣清，江潇，2000；张志安，2010；潘忠党，於红梅，2010；等等），这可能意味着收入越高的受众越容易在网络上接触到新闻。本书研究证明：在新闻受众的综合分类中，经济收入与

这三种选择之间存在显著关联，即收入越高，主要使用新媒体获取新闻者越多。但是，新媒体型用户细分类型与收入不再有显著相关性。这意味着对于以新媒体为主要新闻获取渠道的受众人群而言，收入已经不再是影响新媒体新闻媒介选择的主要因素。我们发现年轻人、学生等人群虽然收入不高，但是他们已经形成了新媒体新闻获取的使用偏好，这显然与基础网络以及新媒介在中国社会普及的大环境有关。

第二节　受众心理

一、新闻需求

"新闻需求"因素指的是受众渴望获得新闻的意愿。上一章中通过量化实证研究比较不同媒介受众的新闻需求，具体通过新闻动机和新闻阅读时长来衡量，发现不同媒介使用偏好的受众群体，其新闻需求有明显的差异和各自的特点。

1. 新闻需求动机

传统媒体型用户的新闻需求动机弱于其他类型，且在参与互动性上显示最弱；新媒体型用户阅读新闻的娱乐动机和社会归属动机相比其他类型用户更加突出；过渡媒体型用户与混合新媒体型用户的信息获取需求和新闻参与需求都明显强于单一媒介类型。

2. 新闻需求程度

绝大多数新闻阅读者属于中轻度新闻需求者，即每日累计新闻阅读时间在 30 分钟～3 小时之间。移动新媒体型用户中的重度新闻需求者最多，其次是传统媒体型用户。复合型媒体使用者多为的中度新闻需求者。移动新媒体型用户的新闻需求比较有趣：这个类型的受众的重度新闻需求者与轻度新闻需求者比例都比其他类型用户要高。

深度访谈解释了以上受众新闻需求影响受众新闻媒介选择的情况：

一旦人们觉得自己的新闻需求已经被满足，就不会倾向于使用其他新技术获取新闻信息。传统媒体使用者的忠诚度很高，他们很容易觉得自己的新闻需求已经被满足，不会再去学习使用新技术获取新闻。而且传统媒体新闻阅读的时间比较长，一是由于老年人在这个人群中比例高，二是许多传统媒体使用者是以休息的方式来阅读新闻，因此对应重度新闻使用者比例高。

"RSS 订阅我 2004 年就开始在电脑上接触了，但是不会用于看新闻，因为本身对新闻的需求量没有那么大。"

"我觉得现在通过已有的渠道已经能够满足基本的信息需求，所以不会去追求新的东西。"（L 女，56 岁）

移动新媒型用户之所以出现重度和轻度两种类型的新闻需求类型同时集中，是由于碎片化阅读和媒介依赖性的相互作用。碎片化阅读时间积少成多，就变成了重度新闻阅读者，低头族就是这种类型：

"平时没事忍不住就会去看一下手机里有没有更新朋友圈，浏览一遍新闻 APP，微博也一直挂着，有什么新鲜消息就看一下，喜欢转发。"（L 男，20 岁）

而轻度新闻使用受众是通过手机新闻浏览标题，了解新闻概要，他们不会花太多时间去反复打开手机阅读新闻信息。

"基本一天一到两次，快速浏览一下手机搜狐新闻里的主要标题，知道下当天的主要新闻，有特别感兴趣的新闻会点进去详细看一下。"（G 男，25 岁）

"手机报一天两次的短信新闻，主要的新闻基本已经满足了我的需求。"（C 男，56 岁）

二、媒介依赖性

"媒介依赖性"指的是受众对新闻媒介使用的习惯性依赖。

1. 传统媒体依赖
老年人群体对传统媒体的依赖度高，形成固定的日常新闻获取习惯。

"我们老年人基本上一天做事情都固定的，早上起来打开广播，听交通台的新闻……晚上新闻联播肯定要看的，顺便看一下天气预报，如果哪天没有看，就会觉得今天少了一件事一样。"（W女，50岁）

"我爸妈一直订报纸，从我小时候起就有这个传统，平常总会发现一叠在卫生间。他们到我家就会奇怪，我家怎么连报纸都没有，就像我去爸妈家，奇怪他们怎么还在用报纸。"（Z女，29岁）

2. 新媒体依赖

各个人群都出现新媒体依赖，新闻获取渠道受媒介依赖影响。

"通常是通过电脑开机时自动跳出的新闻弹窗看。因为养成了这种习惯，导致有时候变成了一种强迫症……我自己也知道这些新闻很没有营养，但是好像已经被培养了习惯一样，忍不住去点击看看。"（L女，32岁）

"基本24小时挂在微博上，吃饭走路都在发状态，微博关注的新闻和朋友发的都会时不时看到，已经习惯了。"（C女，19岁）

"我已经用坏两台iPad了，我一直用iPad看东西，新闻啊，电视啊，游戏啊，手机不灵的，字太小，我眼睛吃不消，iPad字大。除了路上，回到家或在单位没事就抱着iPad。"（Z女，62岁）

三、自我效能感

"自我效能感"是受众利用所拥有的技能和资源使用新闻媒介的自信程度。

在为什么不使用各种新媒体的原因陈述中，经常被提及的一个想法是：使用新的媒介技术会比较复杂，他们没有自信去学习操作新的新闻媒介技术。但自我效能感因素往往是和受众本身的新闻需求联系在一起的，也和其本身的使用经验有一定关系。

"我们都退休了，还去折腾这些干吗？现在记忆力不如以前了，电脑打字这些太复杂的也不会，也懒得去学习，够用就好。"（W男，56岁）

"在手机上看新闻要到手机缴费的地方开通这个服务吧？是不是还要

下载什么软件？我的手机还是比较老的那种，还不知道可不可以开通。我有几次也想过开通一下，但一想到这些流程就比较复杂，也就一直没行动。"(L女，56岁)

"我到现在还没用手机看过新闻，一是不会弄，二是平时看看报纸电视也基本也已经够了。"(C男，56岁)

"我手机、iPad都会用的，点一下就可以看新闻了，这个很简单。很多我们这个年纪的人不用智能手机，也没接触过平板电脑，所以想象这些新科技自己不会操作，其实用过就知道很简单了。"(Z女，62岁)

四、科技创新性

"科技创新性"指的是受众寻求和尝试使用创新性新闻媒介服务的意愿和积极程度（见图4-2）。

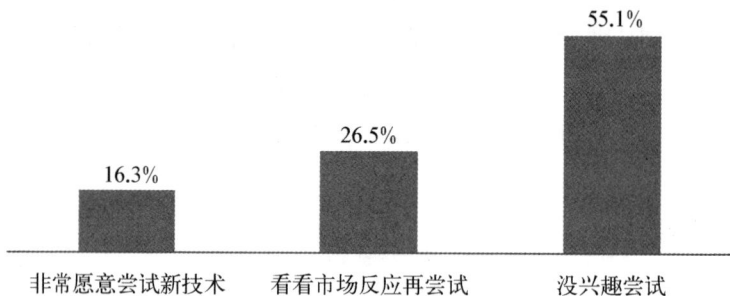

图 4-2　新闻科技创新性受众分类

罗杰斯（1962）在革新传播研究中将个人接受新事物的过程，看作认知到决定的过程，步骤分别为：认知-关注-评价-试用-采用，并将受众根据接受新技术的积极性分为五种人群：革新者、初期采纳者、前期追随者、后期追随者和迟钝者。

媒介技术与时俱进，媒介融合使得新闻信息服务的形式不断创新，受众对新闻服务的选择本身也是一个新技术接受的过程。根据深度访谈问题，把受众根据对于新科技的接受积极程度分为大致三类：革新者（16.3%）、迟钝者（26.5%）是少数，追随者占半数以上（55.1%）：

1. 革新者——非常愿意尝试新型新闻服务

"如果将来在智能汽车上、智能腕表上有新闻服务，我会去尝试。我很关注新的技术，也是比较早使用智能手机的那类人。平时会去一些论坛看各种电子产品的测评，会在朋友购买手机等电子产品的时候给予意见。我觉得手机改变了我的生活方式，我会下载一些手机应用，比如街旁、大众点评网、汽车导航等，它拓展了我的城市生活圈，提升了我的生活质量和生活乐趣。我觉得我的生活没有新的媒介技术会很糟糕。"（C男，27岁）

"我周围有很多同事是追新技术的狂人，像苹果手机的更新换代，他们总是买最新的，哪怕前一个手机刚买来不久。也经常听他们讲一些国外最新的科技产品想要尝试，可惜中国还没有发布，所以我想如果新型的新闻服务在新科技产品上出现，我相信他们肯定愿意尝试。"（Z女，30岁）

2. 追随者——观察市场反应，愿意在适当的时候采纳新的新闻服务

大部分追随者都会强调"按需购买"，体现出这一类型受众对于新闻媒介消费相对务实和保守的态度。

"技术本身并不重要，因为只是终端而已。我算是追随者，会根据自己的需要来购买，是比较理性的，不会盲目追风。对于看新闻而言，最重要的还是要符合我当前的生活方式和生活节奏，符合我的阅读习惯，我会选取最适应的那种。"（C女，27岁）

3. 迟钝者——对新的新闻服务不感兴趣

"我自己不喜欢追这些，但也不反对别人买，我很懒，只要基本功能够了就行，实用最重要。"（W男，32岁）

"我觉得用手机看新闻、玩游戏等行为是年轻人赶时髦的一种行为，对我而言并不需要，不必要。"（L男，56岁）

综上，受众的科技创新特性既反映传统新闻媒体使用者坚持使用旧媒体的部分心理原因，也是未来许多新型新闻服务技术被选择和不被选择的受众心理机制之一。

第三节　资　源　特　征

资源特征主要指的是信息资源的可获得性、信息质量以及媒介渠道的特点。(T. D. Wilson，1996)本书将信息行为论中的资源特征要素扩展到新闻信息行为领域，它们分别为：新闻可获得性、新闻内容质量、新闻界面交互。

一、新闻可获得性

"新闻可获得性"指新闻获取的方便程度，主要指受众为获取新闻而花费金钱和精力的程度。

在新闻可获得性方面，受众访谈显示了以下两条规律：首先，"新闻可获得性"影响受众的新闻信息服务选择；其次，"新闻可获得性"不是一个绝对的客观指标，它具有主观性。

1. 新闻可获得性影响受众新闻媒介选择

通过报纸获取新闻需要去报亭购买，或者去邮局订购；电视需要在有电视机的场合才能观看；手机需要订阅手机报或者开通移动网络才可以获取新闻；电脑（台式与平板）需要联网才能获取信息；而对于智能手机和平板电脑上的新闻应用而言，还必须去网上服务商店进行下载（见图4-3）。由此，在不同的新闻信息服务终端，人们对于获取新闻所付出的金钱和精力是不同的。当人们获取新闻的付出大于其新闻需求时，人们就不愿意使用该媒介去获取新闻。

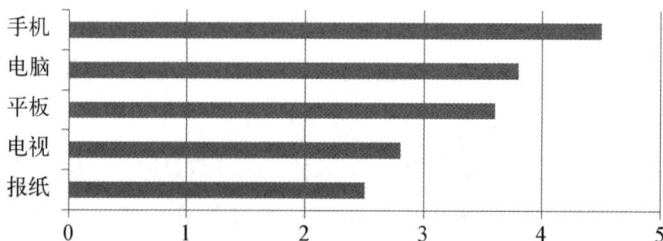

图4-3　不同新闻媒介的可获得性评分

以报纸为例（见表 4-2）：49 名受访者中，32 名受众不使用报纸获取新闻，在不使用报纸的受访者中，91.0％的受众认为他们不使用报纸的原因是获取不方便。"平时不看报，要花费时间和钱，而且要跑到特定地点去买，不方便。"（C 男，29 岁）而即便在 17 位使用报纸的受访者中，82.0％的报纸使用者也是因为单位订阅或免费赠送报纸才看。"单位有人订阅环球时报，每天工作间隙，无事可做时会浏览。自己不会去买，属于可有可无。"（H 女，28 岁）使用者中仅有 18.0％的报纸使用者是自己或家人主动订阅或者购买的，而这类受众在总体被访人数中的比例仅为 6.0％。

表 4-2　深度访谈中对于使用与不使用报纸的原因归纳

	使用的原因	不使用的原因
报刊	内容有深度（15 人）	购买不便（29 人）
	翻阅方便（8 人）	性价比低（20 人）
	权威专业（8 人）	时效性差（13 人）
	已养成阅读习惯（5 人）	信息失真（10 人）
	家庭订阅（7 人）	字太小（8 人）
	单位订阅（12 人）	不环保（2 人）

可获得性差已经成为人们不使用报纸获取新闻的首要因素。电视的情况也有些类似，因为电视一般都是在家庭环境中才存在。因此，传统媒体在可获得性方面要落后于新媒体。

而在新媒体方面，台式电脑和手机比较：手机的移动性更强，获取方式更丰富，这使得其"新闻可获得性"要高于台式电脑。

在 2021 年 6 月 CNNIC 最新发布的第 48 次《中国互联网络发展状况统计报告》显示，网民上网设备中，手机使用率达 99.6％，远超越传统电脑端整体 30.8％的使用率。且手机新闻可获得的方式更加丰富，手机报、手机 web、手机新闻 APP、手机微博、手机微信等，而电脑端通常只有通过网页。

"手机上随时想起来就可以看，甚至玩微信的时候你不想看，也会经常有人发新闻链接，还有很容易看到腾讯新闻更新，电脑上没那么频繁，

一般上班或在家开电脑时浏览一下就够了。"（G女，32岁）

"手机、钱包、钥匙，这是出门必备物品，而且我随时随地都在用手机，经常走路都在用，所以看新闻也在手机上，iPad不会经常随身携带，放在家里用多，偶尔出差看视频、杂志用用。"（W女，35岁）

"我看新闻主要在上班地铁上用手机浏览一下标题，虽然iPad比笔记本电脑轻薄很多，但背个iPad在身上还是嫌重。"（C女，19岁）

2. 新闻可获得性是一个主客观相结合的指标

新闻可获得性不是绝对客观的，有一定的主观性成分，它与受众本身对新媒体技术的接受能力、使用能力、使用习惯有很大的关联性。深度访谈现实，对于大多数传统媒体使用者而言，传统媒体比新媒体看新闻省钱又省力，这也是传统媒体仍然有受众市场的原因。本研究以报纸使用为例，来说明新闻可获得性的主观影响。

单独计算17位报纸使用者与32位不使用报纸的受访者对报纸的可获得性评分（见图4-4），发现：报纸使用者对报纸新闻可获得性的评分远高于不使用报纸者评分。

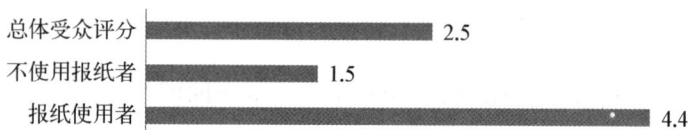

图4-4　报纸新闻可获得性评分

究其原因，报纸使用者与不使用者对报纸对"新闻可获得性"的感知不同：

"我没有智能手机，也没有这个需要，打开报纸和电视就可以接触新闻，手机还要开通网络，我也不知道怎么才能看，好像很复杂。"（W女，50岁）

"报纸最大的好处是翻阅起来非常方便，一目十行，能很快地浏览整版的信息，电子阅读是通过链接打开，要经过一番筛选标题，再点击进去，才知道新闻内容如何，操作相对烦琐。"（L女，32岁）

"纸质阅读效率更高，一眼扫过去，可以看很多版块。电脑和手机一

般都是标题链接，点进去才能看到全文。"（S男，20岁）

二、新闻内容质量

"新闻内容质量"主要指新闻信息内容的品质。在新闻内容质量方面，真实性、丰富性、时新性、权威性、趣味性被普遍认为是衡量新闻内容价值的重要因素。（李荣良，2004；沈南，2004；张明宇，2007）在为什么使用/不使用某种新闻媒介的访谈问题中，真实、丰富、更新速度、权威性是被受众普遍提及的影响因素，趣味性则很少被提到，而普遍提到的是兴趣相关性，因此本书的新闻内容质量指的是：真实性、丰富性、时新性、权威性、兴趣性。

1. 真实性

新闻的真实性对受众新闻信息服务选择有影响力，但不是绝对的。对一些受众而言，"真实性"并不是影响其进行新闻信息服务选择的关键因素，但总体的趋势是：为了获得更加真实的信息，受众更愿意综合使用不同的新闻信息平台。

以下通过受众的真实回答来呈现不同受众所持有不同态度，主要是四个代表性观点：

观点一认为传统媒体的真实性比网络新闻高。

"我觉得报纸的信息非常真实，因为是专业机构印刷的。微博上的信息随便什么人都能发，很杂。"（L女，32岁）

"电视上的新闻肯定是最真实的，毕竟是公办的，网上的新闻很多是谣言，说来说去，也不知道什么是真的，相对还是相信电视、报纸上最终报出来的信息。"（C女，55岁）

"报纸的'可信度'会比较高。微博能感受到信息的'关注度'，知道现在到底是一个什么情况，什么事情比较受关注，但是可信度要去再考证一下。"（R男，19岁）

观点二认为网络新闻的真实性要高于传统媒体。

"微博新闻有一些是主流媒体、官方媒体上没有的，有评论，更接近

事实真相，比如一些群体性事件……微博上，有一些传统媒体不发的信息相对而言，微博披露现象的新闻更多。"（C男，27岁）

"我觉得微博更可信，电视新闻不真实。由专业媒体机构做出的新闻都不能全信，很多都是经过加工的，相对而言微博这种草根新闻真实一些。"（M女，32岁）

"网上的新闻更加客观吧，因为有群众的评论，可以帮助我们判断。电视新闻不能看评论。"（H女，29岁）

"有一句话很有意思，'看一天微博的创伤，要用七天看《新闻联播》补回去'。"（C女，29岁）

观点三认为新媒体细分中，门户网站比微博新闻相对真实规范。

"微博虽然信息多，但是参差不齐，夹杂了很多乱七八糟的信息，优点是贴近老百姓的生活，言论相对自由，缺点是不如门户网站等专业媒体做得规范。看微博里的新闻评论，什么意见都有，就是为了娱乐。"（C女，29岁）

观点四认为所有信息源的真实性都差不多。

"我认为可信度和媒介形式没关系。新闻都是经过媒体机构筛选的，所以什么媒介渠道并不重要，都不是完全可信。尤其现在虽然有很多的媒介终端，但是都是相同的新闻信息源，内容都一样，甚至很多都重复。"（Z女，31岁）

"新闻源一样，可信度也差不多。对于可信度我并不是特别在意，因为现在的新闻内容都比较同质，只是报道尺度的问题，跟媒介的形式没关系。"（G男，29岁）

观点五认为多元化的信息获取渠道使得受众可以接触更真实的新闻。

有一些政治新闻，很多国内政治性新闻有一定的滞后性要过一段时间才知道或者被证实，因为好奇心驱使，我就会去一些国外新闻网站去搜索相关信息。"（J女，20岁）

"贴吧、天涯、微博都会用。贴吧有时会有正常渠道获得不了的，比如要翻墙得到的信息之类。"（J男，20岁）

"我认为很多微博上的信息真假难辨，不能称之为新闻，因为对于事实真相而言，它会缺失大量信息，违背了新闻真实性的原则。但有了微博评论以后，这些缺失的信息会逐步完整，最后这则新闻在大家的评论、质疑、完善下，减少了不确定性，还原事实，接近真相。很多记者会通过整理、理顺这些信息，写出一个好新闻。"（C 男，25 岁）

2. 丰富性

丰富性是影响受众新闻信息服务选择的重要因素。由于信息数字化技术的出现，新媒体新闻的丰富性优于传统媒体，而在新媒体的进一步细分中，电脑网页相比于移动端新闻 APP 可以提供更加丰富的链接和更加全面深入的信息内容，微博等社交化媒体的新闻信息提供则体现出短、快、杂、多的特点。

（1）网络新闻的丰富性优于传统媒体新闻。

"因为报纸的形式决定了它的内容是静止的，你想要获得更多信息很困难。但是电脑提供了搜索功能，信息在服务器上，对于你想了解的内容，一般都能在网上找到答案，尤其是传统新闻媒体里涉及的内容，在网上都能找到，而且可以获得与之相关的更多信息，更深入也更丰富。"（L 女，32 岁）

"一般不看电视新闻，只有特别重大的新闻事件才会打开电视看，因为电脑里信息资源太丰富了，电视不能随时看想看的内容，太被动，获取效率低。"（C 男，27 岁）

（2）24 小时候滚动播放的专业新闻电视频道内容丰富全面。

"我双休日一定会看电视新闻，主要看 CCTV13，有整点新闻，而且会重复播放，内容很综合，你会觉得获得资讯丰富，而且不累。"（Z 女，30 岁）

"在家会把新闻频道打开，一边做事一边可以看新闻，24 小时滚动播的新闻，也不会在意错过什么，信息量也挺大的。"（P 女，30 岁）

（3）电脑端可以提供比手机端更加有深度的新闻信息。

"我觉得只要知道这件事情就可以了，深入的话，电脑上会看，手机上就知道有这些信息就好。"（F 女，21 岁）

"如果要用电脑，还有一个情况就是想探究一个新闻更深入更多的信息时，会用电脑搜索。因为电脑提供的信息很全，而且点开链接非常方

便。"（Z女，21岁）

"手机上的新闻，文字量都比较少，平时只是浏览新闻大概的话，标题也够了，如果需要看更深度的，会转向互联网。"（C男，27岁）

（4）社交化媒体新闻提供滚动快、文字少、信息杂，内容不深入。

"我觉得虽然微博看新闻可能有短、杂、覆盖快的缺点，字数限制也是一个问题，但是它既然是要追求这种即时、快捷的特色，那肯定要在其他方面有所牺牲的。如果又要保持内容的详细，又要保持随时上传，还是比较难以做到。"（J男，20岁）

"微博是最常用的，每天都会看多次……缺点就是内容不够深入。"（R男，19岁）

3.时新性

时新性是由新旧媒体的不同技术特征决定的，数字媒体的信息传播速度快于纸质印刷媒体，由此，时新性成为受众倾向于使用新媒体浏览新闻的最主要原因之一。而在新媒体新闻信息服务细分中，手机微博等移动社交新闻APP的时新性最强，它们既利用了手机新闻随时随地获取新闻的特性，又利用人际传播进行快速扩散。

"手机上获取新闻随时随地很方便、很快、很及时，有主动选择性。"（R男，19岁）

"我知道微博的新闻有一个优点，就是特别快，有很多新闻信息在专业新闻机构还来不及报道的时候，微博上会有。比如某些重大事件，有时会先在微博里转起来，我的朋友通过QQ把微博里的信息发给我，第一时间就了解了这个信息，但通常只有一两句话。报纸、电视还有网上的专业新闻就要等到第二天，但也会更详细些。以后的几天，我就会用电脑搜索，看看有没有新进展。"（C女，29岁）

4.权威性

传统媒体的权威性虽然在下降，但仍受大部分受众的肯定，在重大新闻上，传统媒体的信息依然最受关注。其原因一是由于其官方的权威性；二是由于在重大新闻播报方面，充分掌握信息资源；三是由于电视直播技术的先进性，比如卫星直播等技术等运用，信息展现更加真实全面。自媒体的舆论热度对官方媒体发布更可靠的新闻起助推作用。

"一般不看，只有特别重大的新闻事件才会打开电视看。"（C男，27岁）

"一般有大事件发生还是会选择第一时间看一下电视。比如地震、马航客机失事事件的新闻，电视新闻还是有权威性。"（T女，36岁）

"朝闻天下、新闻联播、晚间新闻每天看。因为我是建筑行业，这个行业受政策的影响很大，所以我关注官方媒体的新闻，而且觉得很权威。微博上都是小市民的观点，很杂乱。"（Z男，23岁）

"官方媒体相对而言是权威可靠的，门户网站主要看一下新华网……关注新华社一类的权威信息。微博虽然有点良莠并存，但随着辟谣制度的产生和完善，人们获得真实新闻的可能性在增加，尤其是一些热点事件，人们的情感和探究欲望增加，会引起主流媒体的注意，重要性程度升级后，会对事件的发展起到推动作用。"（S女，27岁）

5. 趣味性

是否能够提供高兴趣相关度的新闻是受众对新闻信息内容质量方面最为关注的层面之一。"兴趣"是受众新闻需求的起点，新媒体新闻信息服务可以实现新闻的个人化定制，这是传统媒体无法实现的，这使得新媒体新闻比传统媒体新闻更有吸引力。

"在微博上我有专门关注新闻相关的内容，比如新浪头条、新浪体育等，还有我所在的新闻业、中国认证协会微博，除了这些，还有很多不固定，这段时间我关注这一批，看了一段时间后，有些没意思的会删掉，重新换一批。微博信息量很大，也很随机。"（G男，29岁）

"手机新闻推送我有时觉得烦，但是如果内容是我感兴趣的，就不会。因为喜欢科技类新闻，我手机装了一个果壳科技的客户端，我觉得很好，经常会看一些专题……我还有一个微信的插件，它会不定时地推送新闻，我觉得这份新闻内容比较宽泛，更新快，比较重要的内容都会有，但就是没有个人特别感兴趣的内容。"（R男，20岁）

"内容有时候和技术一样重要，我退订了搜狐的手机报，原因就是内容太烂了，发的信息质量不高，和自己又不相关。我希望用自主选择订阅的那种形式，关注自己感兴趣的新闻。新媒体我觉得很好，给我们很多选择的空间。如果能把内容分级做得很细，自主选择性更高、质量更好，我会多用新技术阅读新闻。"（T女，36岁）

三、新闻界面交互

"新闻界面交互"因素是指受众与新闻媒介软硬件界面之间的互动性。在界面交互设计中，"有用性""易用性"和"乐用性"是主要的衡量指标。本研究对于受众访谈资料中涉及受众感知到界面交互性的词汇进行了归纳，提取出影响新闻信息服务技术最主要的四大影响要素：① 有用性：可参与性② 获取效率；③ 易用性：操作简易性；④ 乐用性：视觉舒适度。

1. 可参与性

在上一章的全媒体新闻信息行为持证分析一节的研究中，我们统计发现，受众最频繁的新闻参与行为是"新闻转发"（25.9%），其次是"新闻评论"（19.3%），最后是"新闻发布"（11.0%）；还有近三成的受众并不喜欢参与新闻互动（见图4-5）。

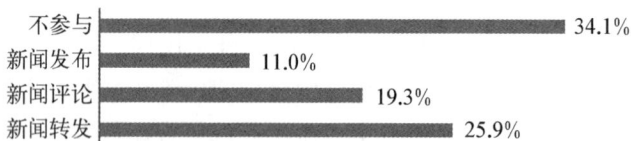

图 4-5　受众新闻参与行为类型分布

深度访谈中发现可参与性对受众新闻媒介的选择产生影响。82.0%的受访者表示更喜欢有新闻评论功能的新闻媒介平台，10.0%的受访者表示无所谓，8.0%的受访者不喜欢新闻评论功能。那些不参与新闻互动的受众并不否认新闻参与性对于媒介选择的重要性，很多受访者表示他们虽然不喜欢评论，但是也喜欢看到新闻评论。

受众喜欢新闻媒介可参与的原因主要有三方面：

（1）帮助受众获得更丰富的信息。

（2）提供看新闻的多元的视角。

（3）满足受众娱乐心理。

"如果是某些争议性事件的话……他们会无形中形成正方和反方，我认为看他们的评论很有趣。虽然有时候会让你觉得很主观或者过激了，但我会比较尊重他们的观点，他们的看法对我自己有很大的帮助。自己就不会从一个狭窄的视角来看某一个事件。"（X女，20岁）

"我对事实本身并不追究，我看新闻的乐趣是关注不同的观点，微博和网络新闻中有评论功能，提供了这个方便。订阅《人民日报》主要目的是想看看主流官方媒体的观点。我每天会大量地看手机新闻，以及评论，我希望看到不同的观点。微博上的草根新闻中负面信息比较多，而官方新闻会比较正统，所以我要比较各种观点。"（J男，31岁）

"微博提供了评论功能，你能看到各种观点，从而使你有更多的信息量去自己判断。"（P女，30岁）

"看微博新闻里的评论，什么意见都有，就是为了娱乐。"（K女，29岁）

"新闻在大家的评论、质疑、完善下，减少了不确定性，还原事实，接近真相。"（C男，25岁）

2. 获取效率

新闻界面获取效率影响受众选择，但获取效率高低受到受众感知、习惯和使用经验等个体差异的影响。

（1）对于传统媒体使用者而言，已经形成了较为固定的新闻收看频道和时间，他们认为集中时间看新闻比较有效率；而对大多数新媒体使用者而言，定点收看则是没有效率的体现。

"电视看新闻太没效率，很多广告，又不能自由选择，必须定点收看。"（M女，32岁）

"每天起床洗漱时听一下广播新闻，回家吃晚饭的时间看一下新闻联播，在这些时间段里面就集中了解了当天发生的国内外大事，平时工作生活比较忙，没有什么闲散的时间再去手机电脑上看新闻。"（L女，56岁）

（2）对于同样的新媒体端新闻阅读，具有不同使用习惯的受众也对获取效率有不同认知。

有人认为电脑新闻获取效率更高，因为电脑可以同时收看多个新闻网页，有利于高效率阅读：

"我喜欢用电脑看新闻，是因为我可以同时打开十几个页面，看起来很有效率。手机只能是零碎的看看。"（W女，28岁）

"如果要用电脑，还有一个情况就是想探究一个新闻更深入更多的信息时，会用电脑搜索。因为电脑提供的信息很全，而且点开链接非常方便。不像手机的界面，导航功能不好用，获取同一个新闻，电脑的效率更高。"（Z女，31岁）

有人则认为相比电脑端大量的新闻链接和跳转会影响阅读效率，手机新闻信息接入更方便：

"我觉得在电脑上看更不集中，你会从一个信息很快跳转到另一个，不会专注，如果在手机上还会思想集中一点，会把一篇新闻看完整……反而我觉得某些方面手机会更好用。比如那些APP，直接可以上，很方便。"（R男，22岁）

3. 操作简易性

操作简易是重要的受众界面体验要素，搜索、下载、点击、输入、翻页等界面操作功能影响新媒体的新闻媒介选择和使用。

"说到搜索新闻，手机和电脑两种方式比较，手机输入确实会影响，不如电脑方便；网页设计也是，通常都是针对电脑设计的版面，虽然有改动，但没有专门针对手机小屏幕的设计；多窗口切换不如电脑界面。"（C男，27岁）

"电脑新闻的优点就是信息量大，屏幕大，点击起来方便、快速，相比起来，手机屏幕太小，翻页也不方便，有电脑的时候就不用手机。"（H男，32岁）

4. 视觉舒适度

（1）纸质媒体与电子媒体的屏幕技术差异影响受众新闻媒介选择。

1）纸面阅读舒适度高是传统报刊仍受欢迎的主要原因之一。"我挺喜欢传统的纸质媒体，但也不排斥新的电子技术。因为现在的工作学习天天离不开电脑手机，所以我们不得不适应这些技术。事实上，新技术也给我们的生活带来麻烦，电脑有辐射，对眼睛损害大，手机要开通网络，下载各种应用，看时间长了还会担心没电等。而纸质媒介使用起来很简单，可以随便看，印刷字体看起来又舒服，读书看报时的氛围和看电子屏幕不一样，相对要轻松，不那么紧张。"（L女，32岁）

2）电子屏幕阅读容易造成阅读焦虑、视觉疲乏等消极作用。"我对电子媒体有一种焦虑感，因为这是一个虚拟环境。当我整天使用电子媒体结束后，会有一种空虚感。我会让自己保持和现实的人社交，去做适量的运动，这样会让我有存在感。"（C男，27岁）

"虽然电脑上信息很全面，但工作中看了一天电脑，眼睛比较疲劳，回家就不想再用电脑，喜欢用轻松的方式获取信息。反而喜欢纸质的书、杂志。"（Z男，44岁）

（2）屏幕大小是影响新闻信息服务视觉舒适度的重要因素。

1）电视的大屏幕优势给受众带来轻松的新闻获取体验。"虽然是智能机，但是仍然觉得屏幕太小，工作时有电脑，回家了就想休息，不会用这么费眼的小屏幕再看东西。"（H女，29岁）

"工作的时候接触电脑很多，辐射也大，休息日就希望尽量少接触电脑。电视机的距离毕竟比较远，辐射没那么大，而且不用盯着看，偶尔瞄一眼，听听声音就可以看新闻，很轻松。"（C女，28岁）

"每天回家吃饭的时候就会打开电视。回家就是为了休息，电视打开就可以看，不需要自己选择、点击，屏幕又大，又可以舒服的姿势看，随意轻松。"（C女，29岁）

2）平板电脑屏幕尺寸上的优势决定其界面视觉体验高于手机屏幕，对同时拥有手机和平板电脑的受众而言，平板电脑的出现对于手机端的新闻阅读产生替代作用。本次调研中，虽然手机拥有率为100%，媒介获得性很高，但受众使用手机用于新闻阅读的比率是64%，而平板电脑的拥有率虽仅为6%，但其作为新闻信息获取终端的比率却是100%。

"自从我有了iPad，就会减少使用手机看新闻。手机上虽然也可以安装新闻客户端，但是，手机打开图片的时间很长，流量大，很费钱，平板电脑用无线网络，和台式机一样不担心流量的问题，既可以像手机一样移

动性好，同时屏幕尺寸更大，视觉感受更好。"（Z 女，31 岁）

"手机字比较小，有 iPad 以后就不大用来阅读东西，平时主要就是即时通信功能，新闻都在 iPad 上浏览。"（Z 女，52 岁）

"平时看新闻 iPad 用得最多，手机只是出去的时候带在身上，偶尔会看一下，手机的字太小，iPad 的字体可以调，不用找眼镜，很方便。"（Z 女，62 岁）

"手机上的新闻，打开图片会慢，图文结合的话，文字又太小……我很喜欢用 iPad 看图片新闻，图片大，又清晰，文字简明扼要。"（C 男，28 岁）

第四节　人 际 影 响

一、人际影响含义

"人际影响"指的是受众选择和使用新闻媒介时受到现实人际交往的影响。

在传播学有限效果论领域，早期的研究者们在探索"传播流程"的过程中，发现了"两级传播模式"，也就是说在信息传播过程中，受众的行为会受到他人的影响，影响者为"意见领袖"，被影响者为"追随者"。

在创新科技接受领域，罗杰斯的创新扩散理论正是传播学中"两级传播"模式的演绎。他将受众接受新事物的过程看作是一个从认知到决定的过程。他指出人际影响在决策过程中起到很重要的作用。

在情报学信息行为研究领域，信息行为研究奠基性人物威尔逊在其 1981 年提出的信息行为模型中，将"人际障碍"作为影响受众信息行为的最重要三要素之一，并在 1996 年的信息行为修正模型中，明确指出"人际关系"是影响受众信息行为的重要因素。

二、人际关系影响受众新闻媒介选择的原因

现实生活中的人际关系影响受众新闻媒介选择。主要原因有三个

方面：

1. 跟风赶潮流

"我周围事实上大部分都是智能手机受众，80％以上都会用手机看新闻。用手机上人人、QQ什么一大堆的。周围也有几个同学是赶潮流，觉得这是一种时尚。"（X女，20岁）

"我现在为了小孩没有去上班，所以在家里用用老型号的手机，不贵也够用，如果明年去上班，我就要买好一点的手机，最主要是要看周围同事都用好手机，你如果用一个很旧的，会觉得没有面子啊。"（P女，30岁）

2. 受家庭成员新闻媒介使用习惯有意或无意的影响

"电视新闻是被动收看，因为家里有老人，会在固定时间看'新闻联播'，常会看。空闲在家时，也会一边用电脑，一边用眼睛瞄几眼电视，因为笔记本电脑放在客厅。"（J女，28岁）

"父母会在家里看，所以偶尔会看，不会主动去看。"（W男，26岁）

"我觉得看报纸是一种非常好的阅读习惯，我看报纸的习惯就是受父母的影响，现在也还在家里订阅报纸，我现在也会培养自己的小孩养成看报纸的兴趣，现在电子产品很多，一方面保护孩子眼睛，另一方面也是培养一种阅读素养。"（Z女，38岁）

"我原来不会用手机看新闻，最早是我儿子教我怎么下载，怎么操作，现在觉得很方便。"（W女，54岁）

3. 新闻获取与分享促进现实人际交往密切相关

"我的手机新闻渠道是微博，常常会有朋友@我一些跟我相关的新闻信息，比如食品安全类的新闻，这些新闻都是和自己实际生活相关的。我也会转发实用的新闻信息给朋友。这种使用新闻的方式很好，让有用的信息可以分享。"（Z女，31岁）

"我每天大概浏览一下微博里的新闻头条，这种方式很方便得到一些有趣又受大家关注的新闻热点，这样每天和别人聊天就不会没话题

了。"（W 女，28 岁）

第五节　使用情境

一、新闻使用情境

指受众使用新闻时所处的特定时间、空间及任务环境。

根据梅罗维茨的媒介情境理论，受众行为与媒介情境相互塑造。新的媒介环境影响受众产生新的行为方式，而受众的行为方式又影响新媒介环境的变化。在当下媒介融合多元而快速的全媒体环境中，不同的媒介使用方式与不同的情境之间是相互对应的，情境已经成为影响人们新闻媒介选择与使用的重要因素。各个媒介的使用情境不同，使受众的新闻获取在日常的各个情境中相互补充。

1. 从新闻阅读的整体情境氛围来看

报纸与电视新闻的阅读情境最为轻松，尤其电视新闻的伴随性非常突出，电视屏幕大而有一定距离，视频为主的媒介形式使得收看电视新闻时受众最为轻松；手机、电脑端的新闻阅读时屏幕小，且新闻以文字性为主，视觉相对集中紧张；平板电脑的视觉阅读环境较手机电脑要宽松，图片新闻或杂志性新闻更受欢迎，视觉舒适度高。

2. 从新闻阅读的时间地点来看

报纸的阅读地点根据频繁度排序依次为家庭、单位和报亭，时间比较集中于在单位以及家中休闲的时间段；电视新闻收看的地点主要是家，饭桌、客厅是家人交往最为频繁的场所，电视新闻的收看与家庭生活密切相关，也因此，电视新闻收看的时间主要是受众在家休息的时间：吃饭时、晚饭后休息时以及周末。家庭成员的新闻获取偏好相互影响，比如本来不看电视新闻的人会因为家人的偏好而一起看电视新闻，并且有比较一致的电视新闻频道选择习惯；电脑新闻获取最频繁的地点也是家，其次是工作场所，但电脑屏幕的局限性和电脑使用的个人性，使得电脑虽然与电视一样已经成为中国家庭普及的家庭电子设备，但其新闻不像电视新闻一样具有较强的人际影响性，电脑的工作关联性是所有媒体中最强的，因此许多受众养成了在上班开机时浏览一遍相关新闻的习惯；手机新闻和平板电脑新闻最常被使用的场所依次是家、交通工具和工作场所，移动新闻端的在交通工具上的使用格外频繁，是否能够连接免费 Wi-Fi 也是很重要的地点考虑要素。

3. 从新闻使用的任务环境来看

报刊的任务目标性最弱，受众只能翻阅而不能进行主动检索；电视新闻可以选择不同频道；电脑新闻最为丰富，可以检索、浏览、参与互动。对于主动新闻获取者，通常会有个人较为固定的新闻源，电脑弹窗成为被动性新闻获取最主要的渠道；手机新闻比较浓缩，许多受众会在手机上看到感兴趣的简要新闻后，再去电脑端搜索更详细的相关信息。而由于手机社交媒体与现实社交情境越来越融合，在手机社交媒体上分享和讨论新闻也更为频繁。

二、不同媒介渠道的使用情境特点

本书通过对深度访谈资料进行整理，将每种媒介的使用情境关键词进行归纳，并列举代表性情境。

1. 报刊新闻的情境关键词：家、单位、翻阅、休闲

"我喜欢拿在手上翻书的感觉，可以用手画，可以用手指，而且有重量，感觉很实在。"（X 女，20 岁）

"单位传达室有（报纸）的话，会顺手拿来打发时间。"（C 男，27 岁）

"单位有人订阅《环球时报》，每天工作间隙，无事可做时会浏览。"（H 女，28 岁）

"家里因为父母单位里订了五份报纸，在时间很空闲的时候，和上厕所的时候会翻出来看看，但并不是我主要的看新闻方式。"（H 女，27 岁）

2. 电视新闻的情境关键词：家庭、周末、吃饭、伴随

"我喜欢吃饭的时候看电视，但又不知道看什么，所以把央视新闻打开放着。"（S男，20岁）

"（电视新闻）吃饭的时候会当背景音，一直打开着，不会专注地去看。"（W男，30岁）

"看电视新闻都是一边做其他事情一边看。"（H男，32岁）

"我平时不看电视新闻，只有在周末的时候，会打开电视看CCTV13，主要用来了解时事。这是一个全天候滚动播放的新闻频道，这样我只要在家里，可以一边做事，一边听或者看新闻，有兴趣的新闻会停下来关注，大多数时候是听电视播放的声音而已。"（Z女，31岁）

3. 电脑新闻的情境关键词：家、单位、开机浏览、弹窗、搜索

"每天上班按照惯例登录MSN，这时候会有弹出的新闻窗，我会依次浏览下各个版块。"（W女，28岁）

"（看新闻）最主要的途径就是QQ的弹窗，我上班第一件事情就是开机以后把腾讯新闻框里的新闻浏览一遍。"（C女，28岁）

"想探究一个新闻更深入更多的信息时，会用电脑搜索。"（Z女，30岁）

"最常使用电脑看新闻的方式是被动的，如迅雷、QQ等自动弹出的窗口，偶尔也会用门户和微博看。"（C男，27岁）

4. 移动端新闻的情境关键词：随时随地、Wi-Fi、零碎时间、标题浏览、分享

"手机和电脑之间相互补充，手机可以随时随地看，堵车的时候，等人的时候，晚上睡觉前在床上的时候，甚至上厕所的时候都会看，而电脑是在工作的时候，在家的时候，并不冲突。"（C男，27岁）

"手机新闻是见缝插针式的，因为大量的时间已被其他媒体占据。"（C男，25岁）

"手机新闻早晚报，彩信形式，每天定点发送，一般只看标题，有兴趣的内容会点开看一下。"（W女，36岁）

"手机报篇幅有限，只能提供5W的关键要素，对一些新闻而言这种程度够了，有很多会有吊胃口的感觉。"（C女，27岁）

"手机要消耗流量，用手机浏览新闻首先会先连上Wi-Fi。"（N男，16岁）

"手机新闻不仅可以随时看，而且可以随时转，看到与朋友工作生活有关的新闻，会转发或者@一下，举手之劳。有些新闻想要听听其他人的意见，也会转发到群里大家即时讨论讨论。"（W男，21岁）

5. 平板电脑新闻和手机的使用情境非常相似，但有三点细微差别

（1）由于屏幕更大更清晰，平板电脑端的图片新闻比手机端受欢迎；

（2）用手机浏览新闻的私人性比iPad更强，iPad家人共用情况较普遍；

（3）如果家里有iPad，家用手机看新闻会相应减少。

"手机上的新闻，打开图片慢，图文结合的话，文字又太小，所以还是偏向纯文字，便于快速浏览。手机视频内容现在很局限，很少接触到。喜欢用iPad看图片新闻。"（W女，28岁）

"我在平板电脑上装了一个图片新闻浏览器，这是一种电子杂志新闻，图片很大很精美，新闻文字就标注在图片上，很直观吸引人。手机上虽然也可以安装这种客户端，但是手机打开图片的时间很长，流量大，很费钱，平板电脑用无线网络，和台式机一样不担心流量的问题，既可以像手机一样移动性好，同时屏幕尺寸更大，视觉感受更好。"（Z女，30岁）

"工作有电脑，屏幕大，操作方便，我更愿意用电脑，下班回家，如果不开车，坐公交会用手机看新闻，回家有iPad，手机也用得少……手机都是自己用自己的，iPad经常和家人共用，有时候用过以后，会发现自己常用的新闻APP找不到了，可能被重新归类到一个新的文件夹里。"（T女，36岁）

第六节　新闻消费

"新闻消费"因素是指受众为了获取新闻付出的经济代价。

新闻消费涉及的主要费用概括为三个方面：媒介购买费用、流量费用

和新闻费用。而影响受众新闻消费背后的主要因素是性价比的考虑以及新闻支付意愿。

一、性价比

受众消费新闻媒介时会综合考虑性价比，新闻消费性价比涉及的主要方面是设备购买、流量消耗、可替代性和信息利用率。

1. 媒介购买

新闻媒介消费的性价比考虑在购买媒介设备时就发生了，部分受众不使用新媒体看新闻是因为考虑经济因素。

"我本身不追求新技术，但也不守旧。我会考虑性价比，如果新媒介技术确实能够提升我的生活品质，我会考虑购买，如果没有实用性，只是为了时尚潮流，我不会一味追求。手机我觉得主要用来联络，就没买贵的智能机，是很普通的低端机。但我会买 iPad，因为方便携带，屏幕大，又适合全家人玩，尤其给小孩玩可以开发智力，同时弥补了低端手机无法实现的许多应用功能，所以我认为是值得购买的。"（T 女，36 岁）

"我没有智能手机，平时通过电脑和报纸获取新闻，如果从获取信息快速方便角度考虑，我还是需要一个智能手机，这样和同学说起什么，可以马上通过手机搜索，但如果从经济上考虑，目前还是没有必要买的。会有折中考虑，会是一个无奈之举。"（X 女，20 岁）

2. 流量消耗

上一章的量化分析结果表明有 44.5% 的受众会有流量费用的顾虑，手机使用者的流量费用顾虑（47.7%）要稍高于平板使用者（44%）。同等条件下，受众会选择电脑而非移动端浏览新闻的原因之一就是上网流量需要收费。

"自从买了 iPad，在家看新闻就不用手机了……手机打开图片的时间很长，流量大，很费钱，平板电脑用无线网络，和台式机一样不担心流量的问题，既可以像手机一样移动性好，同时屏幕尺寸更大，视觉感受更

好。"（Z女，30岁）

"有 Wi-Fi 的地方才会开手机网络刷刷微博看新闻，否则费流量。"（W女，21岁）

"订阅了手机报，每天在上班路上看看。基本不用 wap 看新闻，因为流量大。"（C女，27岁）

"手机视频新闻主要是网速问题，打开太慢，流量很大，不会使用。"（T女，36岁）

3. 可替代性

如图 4-6 所示，在受众不使用报纸新闻的原因列表中，"性价比低"是继"可获得性差"之后的第二大影响受众选择的原因。造成性价比低的最主要原因是：新闻信息的同质化降低了付费新闻的价值，网络免费新闻造成了纸质新闻的高替代性。

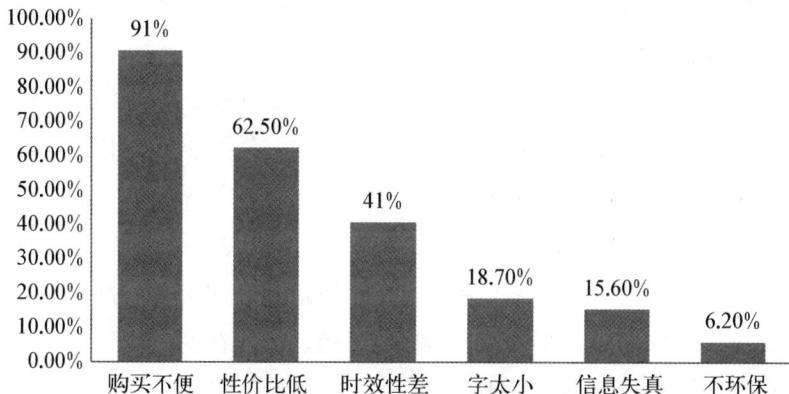

图 4-6　受众不使用报纸新闻的原因

"报纸不环保，十分钟可看完的内容还要钱，在网上都有。"（J女，28岁）

"报纸看完新闻就扔掉了，手机电脑上的信息是无限的。"（W男，26岁）

"报纸新闻只是没事的时候翻翻，主要反映主流观点，网络新闻可以看到评论，一些重要性的新闻会看到各种观点讨论。"（Z女，31岁）

"有些报纸我即便有了手机还是会买的，比如《参考消息》，因为它现在还没有网络版。类似《上海快讯》这类的手机报，这些信息我完全可以从网络上看到。而且对于我这种每天都会花一些时间获取新闻的人，我觉得没有必要花钱在手机报上。"（X女，20岁）

4. 信息利用率

新闻信息利用率反映了新闻信息的再利用价值，包括信息的复制、储存、搜索、转发、评论等，对受众而言，传统媒体的新闻被阅读完以后就完成了其使用价值，这使得其再利用价值比新媒体新闻要低得多。信息利用率是造成传统媒体性价比低的重要原因。

"有时候在报纸上看到一个感兴趣的新闻，过一段时间想要了解更多信息，报纸扔掉就找不到了，但网上不仅能找到那篇报道，甚至还会得到更多相关信息。电脑就像一个数据库，可以储存和检索新闻，很久以后这些信息都还在。"（D女，16岁）

"报纸看完就扔掉，一点也不环保，现在提倡无纸化办公，新闻信息能够上网看就不要买报纸。"（J女，28岁）

"我们搞建筑的对政策很关注……有时候在电视上看到一个新闻，觉得非常有用，但电视新闻播完就没有了，有些信息想要利用一下也记不住，但是只要记住一些关键词，就可以到网上找到这条新闻。"（Z，23岁）

"学校有发报纸，有时候会和同学谈论到报纸上的新闻，有人没看过的话，直接用手机一搜索就了解了，除非报纸刚好在手边，否则不大会去把那份报纸再找出来。现在报纸都有电子版，都能在网上找到原文，还能收到很多意想不到的相关信息。"（H女，20岁）

"我最近关注了一个'温州草根新闻网'，都是我们当地发生的一些有意思的新闻，看到很好玩或者有用的新闻，一般都是第一时间转发给朋友或者群。本地的报纸很少看到，这些本地消息收集起来对当地人很实用，传播又快。"（C女，19岁）

二、新闻付费意愿

访谈显示受众不使用报纸和不使用手机报的原因中，付费因素位居前列。

受众深度访谈就新闻付费意愿进行了深入的调查。访谈中，77.5%的受众对新闻付费持"不免费就不使用"的态度。在大量新闻同质化，并且网络提供免费新闻的情况下，不使用付费新闻服务的选择是很自然的。但不可否认，报纸和手机报仍有受众市场，英国2012年的数字新闻调查显示：在英国，仅有1%的受众愿意为数字新闻付费，70%的受众仍会每个星期购买报纸。

20.5%的受众认为对于高质量的新闻服务可以接受合理收费，还有4%个别受众提出接受网络新闻收费，以维持新闻从业人员的收入水准。这意味着，不仅传统的收费新闻依旧有受众市场，而且如果将来新闻开始实施新闻付费制度，不同新闻付费意愿将影响受众的新闻媒介选择。

在未来数字新闻付费意愿方面，本书在数字新闻付费调查中发现：尽管72.5%的中国受众对未来的数字化新闻付费仍无兴趣，但还有27.5%的受众表示对于自己喜欢的数字新闻资源会愿意付费，而且这个比例比正在使用付费新闻的受众比例（13.5%）高出了14%，未来付费数字新闻的增加可期。

1. 对于持有"不免费不使用"态度的受众而言，他们会排斥付费新闻而选择免费的新闻服务。

"网络新闻不都是免费的吗？为什么要付费？如果以后新闻分出付费和不付费，我会选择免费的新闻。"（K女，29岁）

"我的手机报是移动套餐赠送的，如果要收费，我就不要了。"（W男，45岁）

"现在网上信息传播太快了，很多有版权的书都在网上可以找到免费的电子版，更何况新闻？新闻收费不现实，我也不会为新闻去花钱。"（Y男，31岁）

2. 对于持有"愿意为高质量的新闻付费""接受网络新闻付费"态度的受众而言，他们会根据自己的经济能力、兴趣偏好和对品质的判断，来选择自己认可的新闻服务。

"新闻在传播中会产生一些影响力，获得新闻的渠道也越来越多，而

且也很容易得到。除非，它提供的信息是你感兴趣的，质量很高，是经过很精细加工筛选的，我可能会考虑的。"（R男，20岁）

"手机很多应用也分收费和免费，收费的质量更高一些，手机新闻APP收费也可以接受，但里面阅读内容最好不要收费吧……苹果商店里最便宜的收费应用是六元，我可以接受。"（G女，20岁）

"现在还是需要一些有深度的新闻，记者要写一篇深度报道也很花精力的，如果大家都看免费新闻，到时候没人干这个行业了，所以我也挺理解国外一些报业实行付费墙……我是愿意为有深度的新闻付费的。"（J男，30岁）

第五章
手机新闻信息行为影响因素

本章研究的主要目的是分析受众在采纳融合性新闻媒体时的影响因素和行为机制。智能型、个性化、融合性的新闻获取平台是新闻媒介发展的趋势，手机是目前最新的融合媒介终端之一，是新闻信息获取的重要融合性平台。因此，本研究将以手机作为代表性研究范例，对手机新闻的影响机制进行探索，从而为未来融合性新闻媒介发展，提供可考据的受众观点。

首先，通过对手机信息服务采纳行为研究的梳理，以新闻信息行为理论模型为基础，结合在新媒体采纳行为机制研究中普遍采用的科技接受理论，并以媒介依赖理论、消费者行为理论、创新扩散论等为主要理论依据，从技术感知、内容质量、感知情境、社会影响、消费因素、受众心理、人口特征这七个影响维度中，得到18个关键影响变量，创建手机新闻采纳行为模型。研究对每一个影响因子进行具体的变量定义，探讨变量之间的影响关系，提出相应的理论假设。

其次，基于问卷调查数据，通过信效度检验，重新合并和删减指标问题，其中感知互动性因子与感知融合性因子合并，科技创新性因子与自我效能感因子合并，最终得到除人口特征五要素以外的11个研究自变量。它们分别是感知有用性、感知易用性、感知娱乐性、感知互动融合性、感知新闻质量、主观规范、感知价格、手机依赖性、新闻依赖性、感知情境、科技创新性。在此基础上，重新调整理论假设。

再次，通过AMOS17.0软件对研究变量进行结构方程建模，并通过量化数据和图标直观验证变量之间的相互影响关系，对假设进行验证，重新修正理论模型，得到手机新闻采纳的影响机制路径图。

最后，对实证结果进行解释与讨论，分析手机新闻采纳各因素之间的影响机制，从受众采纳行为视角，为未来融合性新闻媒体平台的发展思路提供有益的策略思考。

第一节　模型构建与假设提出

一、模型构建

1. 模型建构思路

本章重点研究手机新闻采纳行为机制。手机新闻采纳行为研究属于信息行为研究主题的一个微观切入点。手机新闻是指通过手机终端向受众提供的各类新闻信息传播产品与服务，包括手机报、手机 WEB 新闻、手机新闻 APP、手机微博新闻以及各类手机社交软件的新闻服务等。

从口语传播到新媒介传播，信息行为与信息技术的发展变迁始终紧密联系。一项信息技术从最初的发明，到最后融入人们生活，其过程可概括为：启动、采纳、适应、接受、使用、融合六个阶段。（Kwon & Zmud，1987）人与信息技术的互动在不同阶段有不同的特点，本研究以新技术的"采纳"阶段作为切入口，以手机新闻作为研究对象，通过研究手机端各种新闻服务采纳行为，为未来新型融合媒体新闻媒介平台的受众采纳研究提供参考，也为广泛的新媒体新闻服务的改进和创新提供受众视角。

2. 提出影响维度

（1）确定依据：理论＋研究＋访谈。

手机新闻采纳行为影响因素的确定依据有三个方面：一是以威尔逊信息行为理论、科技接受理论、媒介依赖理论、创新扩散理论、消费者行为理论为主要理论依据；二是以新闻信息行为影响因素作为手机新闻采纳影响因素的核心参照基础；三是结合深度访谈中受众对手机新闻使用影响因素的阐述。通过三方面的综合考虑，共同确定影响手机新闻采纳的影响因素。

（2）研究视角：受众可感知体验。

本研究在第四章新闻信息行为影响因素研究中，总结影响维度分别为：新闻信息资源特征（新闻可获得性、内容质量、界面互动性）、社会影响因素、情境因素、消费因素、心理因素与人口特征因素。根据第四章对于新闻可获得性、内容质量、界面互动性的分析发现：这些因素不是客观指标，它们都具有主观性，受众对新闻信息资源特征的主观感知会影响受众新闻信息获取的行为。也就是说，并不是技术本身的优劣，而是受众对技术的体验评价决定受众选择。因此，本书将新闻信息资源特征三要素归纳为"可感知的技术因素"与"可感知的内容质量因素"两大层面。同理，情境因素的主观感受性也很强，本书将其定义为"可感知的情境因素"。将这些因素都转化为可感知因子的测量，能够便于受众在量化问卷回答中根据自身体验进行准确评估，从而保证研究有效性。

在信息行为论中，威尔逊将心理因素、生理因素、社会角色因素并称为个人背景因素。本书将心理因素单独列出来作为一个影响要素，因为面对不同的信息系统，受众的心理特征是不同的，本书根据手机新闻的具体实际，将心理因素分为创新科技性、手机新闻依赖性、自我效能感。而生理特征和社会角色特征则由人口统计学的五变量来反映。

综上，得到影响手机新闻采纳的七个主要影响维度：① 可感知的技术因素；② 可感知的新闻内容质量因素；③ 可感知的情境因素；④ 社会影响因素；⑤ 消费因素；⑥ 心理因素；⑦ 人口特征因素。

3. 模型建构步骤

第一个步确定初始研究变量：首先根据上述七大影响维度，通过查阅大量的手机信息服务采纳研究和相关研究理论参考，提出影响手机新闻采纳的 17 个具体变量。参考对各个变量关系的实证研究，综合实际访谈中受众体验的总结，初步确定各个自变量之间、自变量与应变量之间的相互作用关系，在此基础上创建出"手机新闻采纳行为初始模型"。

第二个步骤是通过问卷调查，收集受众数据，通过 SPSS 软件的因素分析功能，萃取主成分因子。根据数理统计结果，合并相似性影响因子，删除无效因素，最后得到信效度评估后的影响因子，构建出"待验证的手机新闻采纳行为模型"。

二、初始研究变量的确定

表 5-1 归纳了影响受众手机新闻采纳的七大影响维度及对应的 18 个初始研究变量。下文将详细论述每一个初始研究变量提出的理论依据、以往研究参考、受众访谈相关信息。

表 5-1　手机新闻影响维度及对应初始研究变量

影　响　维　度	初始研究变量
1. 可感知的技术因素	感知有用性（PU）
	感知易用性（PE）
	感知娱乐性（PENJ）
	感知互动性（PI）
	感知融合性（PMC）
2. 可感知的内容质量因素	感知信息质量（PIQ）
3. 可感知的情境因素	感知情境（UC）
4. 社会影响因素	主观规范（SN）
5. 消费因素	感知价格（PMV）
6. 心理因素	新闻依赖性（NR）
	手机依赖性（MR）
	自我效能感（SE）
	科技创新性（TI）
7. 人口特征因素	性别、年龄、职业、学历、收入

1. 可感知的技术因素

在国内外的新媒体采纳行为影响因素研究中，TAM 被普遍采用来验证新媒体信息科技中技术因素的影响作用。同时，各领域的科技采纳研究都会根据具体研究对象和情境来增加 TAM 模型变量。有研究者就概括了TAM 模型的四种主要修订方法，即增加前置变量、增加其他理论提供的因素、增加背景因素、增加结果测量。（King & Hu，2006）TAM 模型作为新科技接受研究领域的经典理论模型，亦需要在融合性的媒介技术环境中进行进一步的验证和修订。基于此，除了感知有用性、感知易用性变量以外，本研究模型还额外增加了感知娱乐性、感知互动性与感知融合性三个影响因子（见图 5-1）。

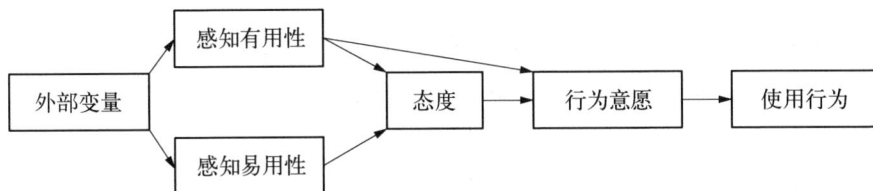

图 5-1　科技接受模型（Davis et al. 1989）

（1）感知有用性。

（2）易用性。

模型中的感知有用性与感知易用性因子，是最经典的核心变量，其对采纳意愿的影响力在绝大多数科技采纳研究中得到证实。因为"有用"和"易用"涵盖了受众对新技术采纳最基本的体验，手机新闻也不例外。

（3）感知娱乐性。

除感知有用性、感知易用性以外，在新媒体应用服务采纳影响因素研究中，"感知娱乐性"是被频繁验证的研究变量。在线消费行为研究（冯新民，王建东，2009）、手机增值服务购买的影响因素研究（Hill Sally Rao，Troshani Indrit，2010）、手机 3G 采纳研究（Liao Chun-Hsiung，Tsou Chun-Wang，Huang Ming-Feng；2007）、手机电视的使用影响因素研究（张莹，2009；何栋，2010；巢乃鹏，孙洁，2012）、手机阅读业务采纳行为研究（熊婷婷，2010）等，都将感知娱乐性作为预测变量置入

TAM 扩展模型之中。

针对手机新闻而言，"感知娱乐性"也是一个影响手机新闻采纳行为比较重要的因素。因为手机作为集成化的个人智能信息处理终端，其休闲娱乐功能是受众日常使用手机最常用的五大功能之一（其他四类分别为通信联系、网络应用、工具扩展和个人管理）。（沈勇，2009）人们会利用碎片化的时间来使用手机娱乐以消磨时间，而阅读新闻本身也被部分受众视为娱乐休闲活动。深度访谈中就有受众指出："有时候就是太无聊，比如坐地铁去上班的路上，就会打开手机看看新闻。"（H 女，28 岁）另外有许多手机新闻应用本身也具有娱乐性，比如"我手机里有汤姆猫播新闻的APP，汤姆猫是个卡通的新闻主持人，她不仅可以播新闻，还有许多娱乐互动功能"（G 女，30 岁）。此外新闻内容本身的娱乐性也成是部分受众的兴趣所在："一般政治性的新闻我不感兴趣，我比较喜欢就看轻松点的娱乐八卦新闻，用手机微博、贴吧都可以随时看到明星的新闻动态。"（Z 女，22 岁）

由此，本研究将感知娱乐性作为技术感知因素之一。

（4）感知互动性。

莱纳（2008）指出新媒体的一个中心特征是它的互动性，当前大部分关于媒介互动性的定量研究都偏向技术性，然而媒体的选择和使用在相当程度上是依赖于受众怎样看待媒体，因此"可感知的互动"研究需要得到重视。

感知互动性包含两层含义：一是"受众可感知的互动"，而不是单纯的"技术性互动"，也就是说，可感知的互动性立足点是受众对技术的体验，而不是技术交互特性本身；二是这里的"互动"既包含了技术范畴的互动性，也包含了人际交流层面的互动体验。

在传播学研究领域，媒介等价理论认为，媒介与真实生活是等价的，人机关系其实是新的人人关系。偏向技术属性的"交互"概念已经不足以解释"互动"的概念。一方面，科技以人为本，随着信息科技的发展，对受众本身的关注显得日益重要，媒介研究、交互研究都已经从单纯的技术视角转向受众体验视角；另一方面，随着社会化媒体的兴盛，媒介本身的社会属性得到彰显，互动的内涵应从单纯的人机技术层面拓展到包含技术交互、人际交流、受众体验等多元化的层面。

手机新闻相比于传统媒体而言，其优势就在于丰富多维的互动性。深度访谈中，"互动性强"是受众对手机新闻最突出的评价。

"手机新闻的界面互动不错，比电脑上看新闻更简洁舒服，版块设置很明显，点击翻阅起来很轻松。"（J男，31岁）

"用手机可以随时看到新闻更新，想参与评论也很方便，和电脑差不多。"（R男，22岁）

"我喜欢通过手机微博看新闻，因为可以看到实时更新的评论，对新闻事件的了解更加真实。有时评论里还会爆料，引起更多人讨论，甚至扭转权威媒体的立场，评论本身也变成新的新闻。"（L男，20岁）

"通过手机看新闻，能看到大众的评论，有正面有反面，不同的立场可以参考，就能更客观地看待发生的新闻事件……有时候，针对某个人的评论，其他人也会对这个评论进行评论，这种互动可以让你不被一边倒的声音影响，可以帮助自己的判别信息真伪。"（C女，24岁）

感知互动性变量在一般的媒介采纳行为研究中很少出现，因为许多研究都将互动性的因子问题包含在了感知有用与感知易用的因子问题里。而本研究中综合访谈的一手资料表明，在研究手机新闻采纳时，有必要将"感知互动性"作为单独的因子，提炼出来进行验证。因为手机新闻的互动性特性非常突出，它既包含手机新闻界面的技术互动性，也包含手机新闻双向传播的传授互动性，还包含了通过手机新闻技术平台实现的人际交流互动性。在新闻信息服务采纳机制中，感知互动性是需待验证的重要因素。

因此，本研究借鉴前人对媒介互动感知测量的研究（Newhagen et al., 1995；McMillan，2002；Liu & Shrum，2002），在此理论基础上，结合手机新闻使用的实际访谈资料，将感知互动性测量要点具体设定为感知表现力、感知可操控性、感知响应性、双向交流性、人际交流性五个层面。

（5）感知融合性。

融合性是以手机为代表的融合性新闻媒体的最突出特性之一，本研究的最终目的就是为了探索影响融合性新闻媒体受众采纳行为机制，因此，有必要将融合性变量单独提取出来进行理论验证。

刘强（2011）在《融合媒体的受众采纳行为研究》一文中，对感知媒体融合性做了解读，认为媒介融合性意味着受众可以随时随地、无限量地接受和处理多种形式的信息。他将感知媒体融合性定义为：在使用融合媒体时，受众感受到的接受和处理媒介信息的自由程度。并将感知媒体融合性变量作为 TAM 模型的扩展变量，进行验证。研究结果显示，感知融合性对感知易用性、感知娱乐性、有用性有显著的正面影响作用，从而间接影响融合媒介的使用意愿。

对于手机新闻信息行为而言，感知融合性体现了多种融合特性，这在深度访谈中也被频繁提及。

1）时空融合：可以随时随地看新闻。

"只要有网络，手机看新闻可以随时随地进行，这点比电脑还方便。"（S 男，47 岁）

"我经常在睡觉之前拿手机浏览一下新闻，躺着看、坐着看，什么姿势都可以，很自由，这时候电脑就显得没那么方便了。"（C 男，27 岁）

2）多任务融合：新闻与其他信息功能之间的多任务同时操作。

"我在上班路上，常常一边在耳机里听手机播音乐，一边浏览新闻。"（P 女，30 岁）

"现在朋友们都有微信，微信里也有新闻，有时候不是特意看新闻，但打开微信，首先看到一些热门头条，就会点进去看，看的过程中随时可以联系朋友，界面之间切换很方便。手机把许多功能整合在一起，这点真的很强大。"（C 女，24 岁）

3）多媒体融合：通过一个媒介终端，即可自由获取多渠道、多种信息表现形式的新闻信息。

"用手机看新闻就不需要再买报纸或专门用电脑上网看新闻，报纸里的新闻、电脑上的新闻内容其实都差不多，比较重大热门的新闻，手机新闻里也肯定有。"（Z 女，31 岁）

"现在基本上都是智能手机，功能越来越先进，只要能上网，基本上电脑上有的，手机里也有。除了一般的文字新闻报道、图片新闻、视频新闻也可以看到。"（R 男，19 岁）

4）兴趣融合：可实现新闻定制功能，符合自身个人化信息需求。

"我手机里安装了蜜蜂新闻 APP，它可以根据我的需要，选择摘录我感兴趣的媒体的新闻信息，这样我不需要登录不同的网站去看，也不用安装一大堆 APP。"（Z 男，23 岁）

"我的新闻很多是通过微博看的，现在许多媒体都有微博，我自己比较喜欢的是'头条新闻''南方周末''新京报'等，还可以根据类别自己分类，比如我对财经类和科技类新闻比较感兴趣，就可以设置专门的媒体分类。而且过一段时间，还可以换一批关注。"（G 女，30 岁）

综上理论、文献及访谈所得，本研究提出感知融合性变量，尝试探索该变量对手机新闻采纳行为的影响机制。

2. 可感知的内容质量因素

内容和技术是手机新闻最基本的两个构成要素。尤其对于新闻产品而言，内容是新闻类产品的核心竞争力之一。在 TAM 修订模型中，研究者将感知新闻质量因子作为其应用背景（application context）的核心变量，并验证了感知新闻质量对采纳意愿有正向影响作用；在价值期望理论中，感知新闻质量也被认为是满足受众期望的重要因素。

在手机新闻采纳相关的前人研究中，感知新闻质量因子被证实对手机新闻采纳行为意愿有间接影响。张志烹，陈渝（2011）在《手机报服务继续使用行为影响因素实证研究》使用价值期望模型，对手机报的继续使用意愿进行影响因素分析，发现感知的新闻质量直接影响感知有用性，感知有用性则直接影响采纳意愿。李喜根（2008）在研究新闻信息有关的因素对运用手机获取新闻的影响时，提出"感知信息价值因子"，其定义接近本书的"感知新闻内容质量"因子。研究亦证明信息质量因子并非直接影响作用，而是通过感知有用性因子对手机新闻采纳产生间接影响作用。作者认为，这可能是由于受众通过手机获取的新闻信息内容也可以通过其他媒介获取，因此不存在信息质量上的差异，也就无法验证"手机新闻信息质量越好，采纳意愿越高"的假设。

麦克卢汉在《理解媒介》一书中曾经指出，媒介的信息内容给人类社会生活带来的影响程度与媒介形式比起来，犹如是原子弹的弹壳上所刻的文字，他用此比喻来阐明媒介技术变革所产生的影响力要远远胜过内容的优劣。而在新闻传播领域，"内容为王"的呼声一直没有停止过。在新媒介技术不断发展的今天，作为融合性新媒介代表的手机新闻，其新闻信息质量与新闻媒介技术采纳之间的关系仍有待考察。

在受众访谈中，在比较手机新闻与其他媒介新闻的信息质量时，受访者的看法不一。有些受众认为手机新闻的信息质量和其他媒介一样：

"提供新闻的媒体机构就是那几个，只是内容投放的渠道不一样，我觉得手机新闻内容和其他媒介上的差异不大，使用手机浏览新闻是因为它方便，而不是它的内容特别好。"（C 男，28 岁）

也有人认为手机新闻内容比较好：

"我只用手机看新闻，我觉得手机新闻简洁清楚，大部分时候我们都只要看新闻的主题，浏览一下概要就行了，手机新闻的内容完全可以满足我的需求。"（J 男，31 岁）

还有人认为手机新闻质量比较差：

"常常有文不对题的情况。"（P 女，30 岁）

"和其他新闻媒介比起来，内容不全面，常常有标题党的嫌疑。"（J 男，20 岁）

"手机新闻的内容比较短，有些几句话就是一个新闻，不严谨。最好有一个摘要，再给出全文链接，这种形式比较好。"（W 女，28 岁）

由此，可感知新闻质量优劣是否是影响手机新闻的采纳的显著变量，还有待研究进一步探索。

3. 可感知的情境因素

根据梅罗维茨的媒介情境理论，受众行为与媒介情境相互塑造：新的媒介环境影响受众产生新的行为方式，而受众的行为方式又影响新媒介环境的变化。在当下媒介融合多元而快速的全媒体环境中，不同的媒介使用方式与不同的情境之间是相互对应的，情境已经成为影响人们的媒介选择与使用的重要因素。

在深度访谈中，情境因素却被大多数人认为是影响其选择手机作为新闻获取渠道的理由。

"在有电脑的情况下，我不会使用手机阅读新闻，只有在电脑不在身边的时候，我才会使用手机阅读新闻。"（W 男，35 岁）

"我一般在无聊等待的时候看手机新闻，比如上班地铁路上有很长一段时间，就可以看新闻来打发，顺便也了解了当天的时事。"（M 女，42 岁）

"在比较零碎的时间，比如排队的时候、等车的时候，会把手机新闻拿出来浏览一下有没有更新的信息。"（G 男，29 岁）

"有电视的情况下，会看电视新闻，毕竟电视机的屏幕大，电视新闻都是画面，而看视频新闻手机网络还不给力。"（R 男，19 岁）

也就是说，受众在自己认为适合的情境中使用手机阅读新闻。本书将感知情境因子作为环境因素纳入模型中，进行进一步的验证分析。

4. 社会影响因素

在传播学有限效果论领域，早期的研究者们在探索"传播流程"的过程中，发现了"两级传播模式"，也就是说在信息传播过程中，受众的行为会受到他人的影响，影响者为"意见领袖"，被影响者为"追随者"。

在创新科技接受领域，罗杰斯的创新扩散理论正是传播学"两级传播"模式的演绎。他将受众接受新事物的过程看作是一个从认知到决定的过程。他指出人际关系在决策的过程中起到很重要的影响作用。

在情报学信息行为研究领域，信息行为研究奠基性人物威尔逊在其1981年提出的信息行为模型中，将"人际障碍"作为影响受众信息行为的最重要三要素之一，并在1996年的信息行为修正模型中，明确指出"人际关系"是影响受众信息行为的重要因素。

在行为理论研究中，人际影响被纳入"主观规范"因子。研究者把受众在感受到社会群体的压力后对行为意愿产生的影响作用大小定义为主观规范。菲什拜因和阿耶兹（Fishbein & Ajzen，1975）在理性行为理论（Theory of Reasoned Action）中指出受众感受到的社会人际压力对其行为意愿有正向影响。戴维斯（Davis，1992）在 TAM2 模型研究中也指出，人们采纳某项新科技，并不一定由于某项新科技好用或有用，也可能受到其他激励因素的影响，这些外部变量值得在未来的拓展研究中进行讨论，这其中就包括"主观规范"因子。

在访谈中，人际影响的作用并没有被提及很多。大部分人手机新闻使用者已经忘记当初第一次用手机新闻时是受谁的影响。有部分受众是通过手机短信的推介而试用手机新闻功能，还有一些受众认为人际影响不是采纳的主要影响。

"我不喜欢看新闻，别人用什么媒介对我没影响，因为不需要。"（S女，16岁）

"看手机新闻不像用 QQ，自己用不用和别人关系不大。"（Z男，18岁）

那么，人际影响究竟是否影响手机新闻采纳？本研究可对理论与实际访谈观点做一检验。

5. 消费因素

消费因素影响媒介采纳，即受众对信息服务的感知价格影响受众对媒介的选择。门罗和克里斯南（Monroe & Krishnan，1985）认为通常情况下，受众购买产品或服务时，其希望获得的收益高于商品价格时，交易才会发生。也就是说当人们感觉产品质量或功能带来的价值高于其付出的价格，才会促成消费意愿。手机新闻作为媒介消费产品之一，需要考虑受众的经济费用接受程度。

在访谈中，受众对于手机新闻的收费也有许多的考虑，对采纳形成一定影响。

有一些受众对于目前手机新闻的收费情况比较接受，认为手机新闻的价格合理是他们选择手机新闻的原因。

"报纸需要付费，虽然是几块钱，但看完就变成废纸，而用手机上网看新闻不花钱，还很环保，所以两者比较，我肯定会选择用手机看新闻。"（J女，28岁）

"报纸上的新闻现在在手机上都能看到，传统媒体在微博上也都有发布端，不花钱就可以看到很丰富的新闻信息，这点是手机新闻的优势。"（C男，25岁）

"新闻类的 APP 如果将来收费，我能接受的价格是 0.99 美元，就是现在 APPLE STORE 里最便宜的价格。"（S 女，22 岁）

也有部分受众对费用存在担忧，因为手机新闻本身并不产生费用，但浏览新闻时的流量会造成费用，受众的采纳会受到对流量费用担忧的制约：

"没有 Wi-Fi，我就很少看手机新闻，如果看的话，我也会经常查一下流量有没有超支，因为超过包月的套餐规定的流量费用后，收费比较高。"（G 女，22 岁）

"我会使用节约流量的模式，这样通过手机打开网页，系统会自动帮你过滤容量大的图片，看手机新闻就比较省（流量）。"（J 女，24 岁）

另一部分受众对于收费非常敏感，不使用收费的手机新闻：

"费用一定会考虑，不免费不用。"（L 男士，21 岁）

"手机报有免费试用的时候用过，过了免费期，就不用了。"（W 女，54 岁）

综上，无论是理论上、前人的研究还是实际访谈，消费因素都是影响采纳的一个重要因素，因此本研究将感知价格作为消费因素纳入手机新闻采纳行为模型。

6. 心理因素

(1) 科技创新性。

创新扩散理论解释了人们为什么接受技术创新，以及在这个过程中哪些因素发挥作用？（罗杰斯，1986）该理论认为在这些因素中，创新的感知特征在接受决策中起到了重要作用。（罗杰斯，2003）已有的文献表明科技创新性因子在新媒介采纳领域已被频繁验证。包括电子支付（Kim Changsu；Mirusmonov Mirsobit；Lee，2010）、在线网络消费（冯新民，王建东，2009）、手机 3G（董方，2010）以及网络电视（刘强，2011）。研究表明受众对新科技接受的积极性越强，其采用这项科技的意愿就越强烈。

在受众访谈中，并不能非常直接地看出受众新科技接受积极性与实际采纳之间是否存在比较明显的关联，大部分人认为自己的科技创新性并不高，但他们也是手机新闻的使用者；但是对新科技接受积极程度低的人群，其不采纳手机新闻的概率非常高，对新科技接受越不积极越不采纳手机新闻的关系体现比较明显。尤其在一些老年受众中，这种情况比较多见。

"报纸、电视打开就可以看新闻，手机这种新科技不知道怎么操作。"（C1男，56岁）

"新科技无非还是用来看新闻，我们还是老传统，看看电视新闻也够了。"（C男，56岁）

"手机新闻是新花样，我们退休了，多数时间在家，也不追求这些新功能，眼睛也老花了，电视、报纸新闻看看就好了。"（C女，55岁）

"手机主要用来打电话，我们这个年龄的人，很多人短信都不会发，手机看新闻就更不会用了。"（Z女，51岁）

综上所述，对新科技接受的积极程度在一些人群里比较明显地影响其对手机新闻的采纳，而对于大多数人面对不断更新发展的融合性新闻媒介技术，其科技创新性特征是否影响采纳需待验证。本书特将此因子置入受众心理因素加以考察。

（2）手机新闻依赖性。

媒介依赖理论认为，人们依赖媒介信息来满足特定需求，实现特定目标。龚新琼（2011）在《关系·冲突·整合——理解媒介依赖理论的三个维度》中指出媒介依赖理论的实质是聚焦"媒介依赖性"与"媒介重要性"之间的关联，即一个人越依赖某一种媒介，那么这种媒介对他而言就越重要，他就越倾向于使用这种媒介。本书尝试将这个假设进一步推演：一个人越依赖某一种媒介，就越倾向于使用这个媒介的某种功能，即越依赖手机，其使用手机新闻应用的概率就越大。

手机已日益成为人们日常生活和工作中不可或缺的个人智能信息终端，许多新媒体研究已经注意到媒介依赖对于媒介使用的影响。大学生对于手机上网形成了一定程度的依赖。64.0%的学生平均每天的手机上网时间不超过1.5小时，上网时长1.5～3小时的学生比例达22.5%，3小时以上的学生比例占13.0%。而聊天交友、娱乐消遣、获取新闻资讯是大学生手机上网最常使用的功能。（周楚莉，2011）根据艾瑞咨询2011～2012年度手机受众上网行为调查，手机新闻阅读行为在手机上网行为中排第三位。而手机新闻作为受众最频繁使用的手机网络应用，其应用功能的采纳与手机依赖之间是否存在着密切关系，需待验证。

在实际的访谈中，我们发现手机使用成为日常习惯，这种媒介使用惯性会引起部分受众使用同样的媒介来获取新闻。

"手机、钱包、钥匙已经是出门随身携带的必需品，既然随身携带的手机可以看新闻，为什么还要买报纸呢?"（W男，47岁）

"无聊的时候会时不时地拿出手机看看，已经成为一种习惯，手机新闻刚好可以打发时间。"（C女，19岁）

李喜根（2008）根据媒介依赖理论，提出"新闻亲和力"因子，该研究结果表明，新闻亲和力因子对于受众采纳手机作为新型新闻信息获取终端的行为并不产生明显作用。手机作为新闻终端，其内容丰富度和信息呈现方式都还没有办法满足受众的基本需求，因此，这种限制使得新闻依赖和新闻获取因素并不能直接促成手机新闻的使用。但李喜根的研究成果发表于2008年，那时候的智能手机普及率远没有现在高，新闻信息服务功能也没有现在强大多元，他提到的"内容丰富度"和"信息呈现方式"的限制需要被重新审视。因此，本书认为有必要重新考察这种依赖特性与采纳行为意愿之间的关系。

综上分析，本书在新闻信息行为模型中提出两个层面的依赖：

首先，内容层面的新闻依赖——"新闻依赖因素"。受众的新闻依赖程度影响行为意愿，即受众对新闻的需求强，其采纳手机新闻的意愿越强烈。

其次，形式层面的媒介依赖——"手机依赖因素"。受众对新媒介技术的依赖程度影响行为意愿，即受众手机终端越依赖，其采纳手机新闻的意愿越强烈。

（3）自我效能感。

自我效能感的研究最早源于维杜拉（1977）提出的社会认知理论（Social Cognitive Theory）。在计划行为理论中（Theory of Reasoned Action，TRA），它指的是个人对自己多有用采取某项行为的资源、机会或阻碍多寡的认知（Perdersen，2003）。简单说，就是个人对自我行为能力的一种综合判断。

手机作为智能化的个人信息处理终端，它是集成性的多功能媒体，受众对手机的使用行为包括了通信联系、网络应用、休闲娱乐、工具扩展和个人管理五大类型。其中，手机新闻属于网络应用功能。沈勇（2009）分别对五大手机功能的受众使用进行影响因素分析，研究结果显示"信息需求"和"自我效能"直接影响手机网络应用的使用。而手机新闻只是数百种手机网络应用功能中的一种，本书试图验证自我效能因子对手机新闻这一具体的网络应用的影响作用如何。

在访谈中，自我效能感的年龄差异比较明显，被问到不使用手机阅读新闻的原因时，对于大多数年轻人来说，电脑、手机界面很容易上手并不是主要原因。而对于年纪较长的受访者，则涉及自我效能感问题较普遍——他们在学习使用新的软件时，表现出了对自我能力的不自信。

"我手机里没有看新闻的软件，我不知道怎么下载，从哪里下载，这个操作太复杂了。"（C男，56岁）

当然，也有部分年长者对新媒体科技的使用表现出自信心，以及有很强的适应能力：

"我都用坏好几个iPad了，对这些电子产品我还是很容易接受，没什么困难。"（Z女，62岁）

"我使用这些（新媒介）和年轻人没什么区别，我周围的年轻朋友都觉得我很潮，完全跟他们没代沟。"（Z女，52岁）

综上，本书将使用手机新闻的自我效能感纳入整合模型，与科技创新性、新闻依赖性、手机依赖性三个变量一起，共同构成影响手机新闻采纳行为模型的心理因素部分。

7. 人口特征因素

在个人背景相关因素中，性别和年龄代表了受众的主要生理特征，而职业、学历、收入则反映了受众的社会经济地位。本研究将五个人口统计学变量作为外部变量，使用差异检验的方法来验证受众的生理因素、教育程度以及社会经济地位对于手机新闻采纳而言是否存在显著性差异。

综上所述，本书确定了初始研究模型（见图5-2）。

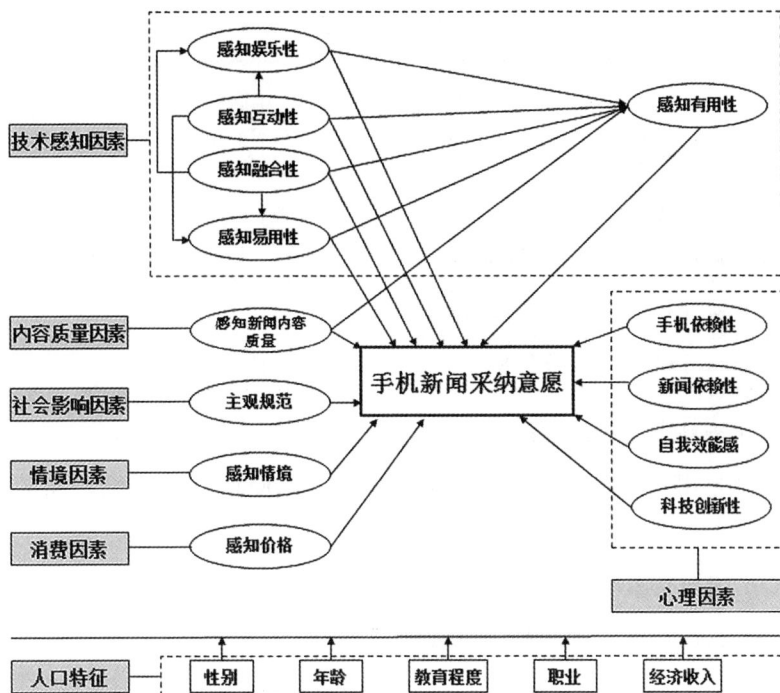

图 5 - 2　手机新闻采纳初始研究模型图

三、变量定义

1. 感知有用性（perceived usefulness）

（1）感知有用性的因子定义。

戴维斯（Davis，1989）在 TAM 中将感知有用性定义为：使受众相信使用特定的技术对其工作效率的提高程度。感知有用性的本书定义为：通过手机获取和使用新闻信息的效率提升程度。

（2）感知有用性因子问题。

感知有用性因子问题如表 5 - 2 所示。

2. 感知易用性（perceived ease of use）

（1）感知易用性的因子定义。

在 TAM 技术接受模型中，感知的易用性被定义为：使受众相信使用

表 5-2　感知有用性因子问题

问　　题	参 考 文 献
使用手机新闻能让我更快地获取新闻	Davies（1989） Venkatesh & Davis（2000） 熊婷婷（2010）
使用手机新闻能增加我的新闻阅读量	
使用手机新闻能够增加我获取新闻的效率	
使用手机新闻让我获取新闻更加方便简单	
总体而言，使用手机新闻很有用	

某种技术而减少努力的程度。

感知易用性的本书定义为：受众感知自己操作使用手机新闻的容易程度。

（2）感知易用性的因子问题。

感知易用性的因子问题，如表 5-3 所示。

表 5-3　感知易用性因子问题

问　　题	参 考 文 献
学习操作手机新闻是容易的	Davies（1989） Venkatesh & Davis（2000）
手机新闻的操作是明确的，易理解的	
使用手机新闻时，我发现要实现我想做的操作是容易的	
总体而言，使用手机新闻是简单的	

3. 感知娱乐性（perceived enjoyment）

（1）感知娱乐性的因子定义。

戴维斯在研究受众使用电脑的内外部动机时，将感知有用性归纳为外部性动机，而将感知娱乐性纳入内部性动机。感知的娱乐性被定义为：受众对一项技术创新本身所获得的愉悦程度。（Davis，Bagozzi & Warshaw，1992）

感知娱乐性的本书定义为：受众使用手机新闻时的愉悦程度。

（2）感知娱乐性的因子问题。

感知娱乐性的因子问题，如表 5-4 所示。

表 5-4　感知娱乐性因子问题

问　　　题	参 考 文 献
使用手机新闻是一种享受	Davis（1989） Davis，Bagozzi & Warshaw（1992）
使用手机新闻的过程让人开心	
我对使用手机新闻感到有趣	

4. 感知互动性（perceived interactivity）

（1）感知互动性的因子定义。

纽哈根等（Newhagen et al.，1995）在关于 EMAIL 的互动研究中首次提出了感知互动性（perceived interactivity）的概念，用以测量人们所期待的邮件的效率。此后，武（Wu，1999）将可感知的互动性研究拓展到网站市场效率主题中。武（Wu，2006）在研究网站交互时，从技术的角度将感知互动定义为个人使用者在与网站的互动过程中，对双方交流方式的感知以及控制程度的心理感受。

"可感知的互动性"与"技术性互动"的研究是有区别的。例如，一个网页的设计中，"速度"是交互性的一个测量维度。技术人员将导航条上按钮的反馈速度设计为特别快的技术级别，从技术视角看，这个导航条按钮的互动性是高的。然而，从受众视角来看，如果这个速度低于他的期待，那么他所感知的互动性就是低的。感知的互动性因子测量的是受众对于手机新闻互动性的感知。

综合以上文献参考，本书确定"可感知互动性"的定义为：受众感知的手机新闻的互动程度。此处的互动程度包括技术维度的人机交互程度，也包括社交维度的人人互动程度。

（2）感知互动性因子问题。

感知互动的测量问题并不像技术接受模型中的感知有用性、易用性等基本变量一样，已经形成了较为成熟的测量问题。由于互动性的概念外延较广，不同的研究针对研究对象提出互动测量的不同维度。

　　麦克米伦（McMillan，2002）研究"两个网站的互动程度比较"，得到 18 项的量表，概括为三个维度：一是实时性，二是无延时性，三是参与性。刘和斯勒姆（Liu & Shrum，2002）基于三个网站做了同主题研究，确定了可感知互动的三个维度：一是主动控制，二是相互作用，三是同时发生，每个维度对应 12 个元素，最后精炼成 15 个因子问题。莱纳（2008）用 GOOGLE 获得人们认为互动性最强的 100 种媒介信息服务，并将这些服务概括为互动的六个方面：一是个人信息，二是数据信息，三是娱乐，四是实用技术，五是商务，六是人际交流。以此为基础研究对象，获得了可感知互动的 11 个维度：一是时间自由性，二是省力，三是速度，四是移动性，五是实时性，六是选择范围，七是刺激性，八是个人亲近性，九是价格，十是界面表现力，十一是可信度。

　　本研究通过借鉴、比较前人量表，提出适合手机新闻的感知互动因子问题。其中主要包括感知表现力、感知可操控性、感知响应性、双向交流性、人际交流性五个层面（见表 5‑5）。传统的互动性因子问题中，如速度、省力等已经被感知有用性和感知易用性因子包含，故在此不再重复。

表 5‑5　感知互动性因子问题

问　　　题	参 考 文 献
感知表现力	Newhagen et al.（1995） Dominik J. Leiner（2008） McMillan（2002） Gil Son Kimet al.（2008）
手机新闻的界面美观	
手机新闻更能刺激我的新闻阅读	
感知可操控性	
通过手机获取新闻时，我可以控制自己的访问路线	
通过手机获取新闻时，我可以自由选择想要看的新闻内容	
感知响应性	
手机新闻的实时更新很快	
通过手机获取新闻时，我可以快速找到我想要看的新闻	

续表

问　　　　题	参 考 文 献
双向交流性	Newhagen et al.（1995） Dominik J. Leiner（2008） McMillan（2002） Gil Son Kimet al.（2008）
手机新闻提供了双向交流的技术平台	
手机新闻使我很快获得新闻事件的反馈信息	
手机新闻能让我更好地参与新闻的评论、共享	
人际交流性	
手机新闻促进了人与人之间的互动交流	
通过手机新闻，我更容易获得其他人关注的新闻	
通过手机新闻，我和朋友可以相互转发相关新闻	

5. 感知融合性（Perceived Media Convergence）

（1）感知融合性的因子定义。

刘强（2011）在《融合媒体的受众采纳行为研究》一文中首次提出"感知融合性"因子，作为融合媒体采纳模型的前置性变量。他指出："对于传统媒体而言，融合媒体意味着对信息传输条件的限制的解除，融合性意味着对信息传输的限制性条件的解除，包含着时间、空间、数量、方向、形式方面条件限制的消失，意味着媒体可以随时随地、无限量、双向传输多种形式的信息。例如受众可以在使用网络电视的同时，聊天、浏览网页、发邮件、工作和写博客。"（刘强，2011）他将感知融合性定义为，在使用融合媒体中，受众感受到的接受和处理信息的自由程度。

感知融合性的本书定义为：受众在使用手机新闻时，所感受到的接受和处理信息的自由程度。

（2）感知融合性因子问题。

对于手机新闻信息行为而言，"互动"与"融合"这两者都是非常突出的焦点技术感知特性。因此，本书把这两者的定义进行进一步提炼和清晰，将这两个技术感知要素进行了区分化设置，单独进行测量与验证。具体思考如下：

（3）感知互动性变量着重于考察。

1）反馈机制更完善，速度更快，操作更方便。

2）界面表现性更友好舒适。

3）实现双向传播。

4）促进人—人交流。

（4）感知融合性变量着重于考察。

1）即时性，时空融合：随时随地获取新闻。

2）兼容性，多任务融合：新闻与其他信息功能之间的多任务同时操作。

3）集合性，多媒体融合：通过一个媒介终端，即可自由获取多元化渠道的新闻信息。

4）个人性，与个人兴趣融合：可实现新闻定制功能，符合自身个人化信息需求。

综上，根据手机新闻的实际情况，提出感知融合性因子问题（见表5－6）：

表5－6　感知融合性因子问题

问　　　题	参考文献
手机新闻可以实现我随时随地阅读新闻的需要	刘强（2011）
使用手机新闻时，我可以兼顾处理其他信息任务（如聊天、听音乐等）	
通过手机新闻，我可以根据兴趣定制自己喜欢的新闻媒体菜单	
通过手机新闻，可以获得我感兴趣的同主题新闻链接或内容推送	

6. 感知的新闻信息质量

（1）感知的新闻信息质量因子定义。

在手机新闻影响因素的相关研究中，新闻信息质量总是作为不可或缺的内容影响因素被考察。张志烹，陈渝（2011）在《手机报服务继续使用行为影响因素实证研究》一文中，将新闻信息质量的定义为：受众感知手机报服务提供的信息质量高低程度。其中，信息质量的含义包括"信息的丰富程度""真实程度""完整程度"和"容易理解程"。李喜根（2008）在《技术和与新闻信息有关的因素对运用手机获取新闻的影响作用》一文中，提出"可感知的信息价值"因子，指新闻的信息有用性、信息相关性、信息新鲜度、信息简明性。

本书将"可感知的信息质量"定义为：受众所感知的手机新闻的内容质量高低程度。

（2）感知新闻信息质量的因子问题。

新闻信息质量的衡量标准：一是新闻价值的普适性标准，二是手机新闻信息的特点。过去很多的新闻研究已经对新闻价值做了很好的定义：

李荣良（2004）将新闻价值的表现概括为：时新性、重要性、接近性、显著性、趣味性。沈南（2004）认为新闻价值因素的构成为：真实性、时效性、重要性、丰富性。张明宇（2007）将新闻价值的要素概括为：客观性、权威性、时新性、重要性、显著性、接近性和趣味性。

以上文献提及的新闻价值论述是基于所有媒介的一般性新闻价值描述，那么手机新闻与传统媒体新闻的内容价值是否完全相同呢？我们在手机新闻研究文献中发现，手机新闻信息具有自身的特点：汪洋（2005）概括了手机新闻的优势：一是快速、及时、准确、文字简洁、成本低廉、接收率高；二是能提供个性化服务，即针对特定受众提供定制专供信息。张道洲（2011）概括3G新闻资讯服务的五大特点：一是丰富性：从图文到多媒体；二是分享性：从独享到分享；三是互动性：从受众到提供者；四是实时性：从固定到实时；五是无限性：从区域订户到全球订户。王冠辉（2011）总结了新闻早晚报的内容优势：一是针对年轻目标受众，提供符合其口味的新闻；二是突出新闻娱乐性、趣味性，兼顾新闻内容的接近性；三是新闻内容"短、平、快"。崔娜（2010）概括手机新闻内容特色：一是文本短小精悍；二是语言凝练风趣；三是叙事结构简单化。刘威（2007）等人指出，消费者在感官上判断的信息内容质量对消费者行为影响很大。并引用阿诺·沙尔（Arno Scharl，2005）的研究成果，认为较好的手机信息服务营销需满足：一是信息简短；二是具有娱乐性；三是与目标消费者的相关；四是对消费者感官的刺激；五是有奖励和促销信息。

提取上述文献中的手机新闻的特殊性，综合新闻信息价值的基本标准，本书将新闻内容质量影响因素细化为七个指标：丰富度、真实性、完整性、易理解性、趣味性、简明性及相关性（见表5-7）。

表 5-7 感知新闻信息质量的因子问题

问　题	参 考 文 献
信息质量	
手机提供的新闻信息很丰富	
手机提供的新闻信息是真实的	
手机提供的新闻信息全面完整	刘威（2006）
手机提供的新闻信息很有趣	李晓静（2005）
手机提供的新闻信息简单明了	张志烹，陈渝（2011）
手机提供的新闻信息易于理解	
手机提供的新闻信息与我的需求相关度高	

7. 主观规范（subjective norms）

（1）主观规范的因子定义。

在理性行为理论中，主观规范是指个人对于是否采取某项特定行为所感受到的社会压力，亦即在预测他人的行为时，那些对个人的行为决策具有影响力的个人或团体对于个人是否采取某项特定行为所发挥的影响作用大小。（Fishbein & Ajzen，1975）

本书将主观规范定义为：受众在使用手机新闻时感受到的社会影响程度。

（2）主观规范的因子问题。

参考经典的主观规范量表问题，结合手机新闻实际，拟定因子问题如表 5-8 所示。

表 5-8 主观规范的因子问题

问　题	参 考 文 献
我会尝试或继续使用手机新闻，如果：我周围的朋友都在使用手机新闻	Fishbein & Ajzen（1975） Venkatesh & Davis（2000）
对我有影响力的人（老师、上司）认为我应该使用手机新闻	T. D. Wilson（1996） Rogers（2002）

问　　　题	参 考 文 献
对我很重要的人（家人、男女朋友）认为我应该使用手机新闻	
媒体上经常提到或推广手机新闻	

8. 使用情境（use context）

（1）使用情境的因子定义。

信息行为论中也指出了"环境因素"对信息行为的影响作用，威尔逊（1996）在其修正信息行为模型中设置了环境因素的干扰变量，原文对环境因素的探讨主要基于三个方面：一是时间压力，在医疗信息系统使用中，时间紧迫程度往往导致操作者采用自己熟悉的信息系统；二是地理因素，居住在不同区域的群体，他们对于信息系统利用的速度、质量、数量都存在差异；三是国家文化，不同的国家对于创新及其相关信息的扩散是不同的，获取信息的方式也存在差异。

关于情境对于行为意愿产生影响的理论方面，消费者行为理论也为我们提供了可借鉴的情境分类。布列克（Belk，1975）在《情境变量与消费者行为》一文中将受众所处的情境分为五类：

1）物理环境，指受众所处的地理位置、自然环境及场所空间；

2）社会环境，指受众所处的人际、群体及社会环境；

3）时间环境，指受众所处的时间点、时间段；

4）任务环境，指受众所需功能和特定使用的方式；

5）前置状态，指受众在先前状态中造成的结果。

综上情境影响变量，社会环境变量在主观规范因子中已经详细讨论，故不采用，任务环境与前置状态因子与手机新闻使用的关联度不高，故可忽略。另外，本书研究的是中国受众，国家文化的宏观差异留待中外比较研究。

最后，本书中确定的情境因子定义为，受众使用手机新闻时所处的特定时间、空间及任务环境。

（2）使用情境的因子问题。

情境因素在过去的新媒体采纳研究中被讨论的不多，尤其在手机新闻类应用背景下的研究就更少。在《手机娱乐服务的影响因素研究——以中国手机游戏为例》一文中，研究者验证了情境对于手机游戏采纳的正向显著影响作用。（Liu Yong，Li Hongxiu，2011）在与本研究主题比较接近的手机阅读业务采纳行为研究中，研究者证明了使用情境对于手机阅读有正向显著影响作用（熊婷婷，2010）。

参考以上理论，根据前期的深度访谈，针对手机新闻信息行为发生频率较高的具体时间、空间及任务情境，本书拟定四个指标问题（见表5‑9）。

表 5‑9   使用情境的因子问题

问　　题	参 考 文 献
当我在等待状态时（等人、等车、排队），我会考虑使用手机新闻	Figge（2004） Lee & Kim（2005） 熊婷婷（2010） Liu Yong & Li Hongxiu（2011）
当我在乘坐交通工具时，我会考虑使用手机新闻	
当我在户外时，我会考虑使用手机新闻	
当我在闲暇并且手边没有纸质报刊和电脑时，我会考虑使用手机新闻	

9. 感知的价格（perceived monetary value）

（1）感知价格的因子定义。

《手机报服务继续使用行为影响因素实证研究》一文提出了费用感知的概念，认为费用感知是指受众对手机报服务费用的接受程度。研究从服务产品优质优价的角度定义费用感知，如果受众认为手机报服务的质量和价格越符合，那么他或她对手机报服务费用的接受程度越高，即费用感知越高。

本书借鉴前人费用感知的定义，将感知价格定义为：受众对所感知到的手机新闻费用的接受程度。

（2）感知价格的因子问题。

张志烹，陈渝（2011）在探索影响手机报继续使用的因素时发现，费用感知对满意和继续使用意愿有正向的影响。高的费用感知表明受众对手机报服务质量和费用的较高认可，即对手机报服务性价比的较高认可，因此他或她对使用手机报服务的体验会更满意，继续使用意愿也会更强烈。

手机新闻目前的收费模式主要有三种：每月订阅手机报收费、基于流量收费、一次性购买手机新闻客户端软件收费。因子问题的设定主要是基于受众感知的新闻服务产品的性价比以及其绝对使用价值（见表 5 - 10）。

表 5 - 10　感知价格的因子问题

问　　　题	参 考 文 献
通过手机获取新闻很划算	Dodds，MoNDoe，Grewal（1991） 熊婷婷（2010）
手机新闻的订阅价格是可以接受的	
使用手机新闻服务所花费的流量费用是可以接受的	
从目前的费用来看，手机新闻具有较高的使用价值	

10. 手机依赖性（mobile phone dependency）

（1）手机依赖性的因子定义。

文萌川（2011）将手机依赖分为工作依赖和生活依赖，再将这两类细分为通信联系依赖、网络应用依赖、休闲娱乐依赖、工具扩展依赖、个人助理依赖，研究分析了这些功能依赖与手机使用之间的影响关系。他制作了手机依赖测量量表，以测量数值来代表手机依赖程度，分值高的依赖程度高，反之则低。该研究中定义的手机依赖并不等同于网络上瘾，它指的是人们离不开手机的程度。本研究中的手机依赖也指的是人们正常对手机的使用需求，并不特指上瘾性的依赖，也不具体局限于某一种手机功能。

本书将手机依赖定义为：受众在生活、工作中对手机媒介的依赖程度。

（2）手机依赖性的因子问题。

手机依赖在已有手机使用研究文献中有比较成熟的量表，本书参考已有文献，拟定问题如表5-11所示。

表5-11   手机依赖性的因子问题

问　　　　题	参　考　文　献
我的工作、生活离不开手机	周楚莉（2011） 文萌川（2011） 旷洁（2013）
全天没有电话和短信会感觉无聊	
有空就会拿出手机摆弄	
手机信号不好时会烦躁不安	
没有带手机时会想方设法拿回手机	
因为手机不在身边而担心丧失重要信息	

11. 新闻依赖性（news dependency）

（1）新闻依赖性的因子定义。

李喜根（2008）在探讨新闻信息有关的因素对手机新闻采纳的影响时，提出"新闻亲和力"因子。新闻的亲和力指的是"受众在生活中使用新媒介来获取新闻的依赖程度"，它包含两个层面的含义：一是新闻依赖：受众感知在生活依赖新闻媒体的程度，它关于新闻如何参与并帮助一个人的生活；二是新闻获取：受众从一般媒介上获取的新闻的频率，主要指通过读报纸、看电视新闻和网络新闻三个渠道获得消息的频率。

以上定义主要从"使用行为"角度来考量新闻的依赖性。然而，对于越来越多的依赖新媒介获取信息的受众而言，他们很少使用传统媒介获取新闻，因此，传统媒体的使用指标就没有意义，故而缺乏准确性。但无论是传统媒体使用者，还是新媒体使用者，其新闻依赖性的根本都是基于对新闻的"心理需要"。因此，本书试从心理角度来定义新闻依赖性因子。

新闻依赖性因子体现了受众对于新闻内容的渴望和需要，它与手机依赖性因子一起构成了新闻媒介依赖的内容与形式双重内涵。对于新闻内容的依赖，本书考察的出发点在于受众所感知的生活工作中需求新闻的程度，也就是新闻对于个人生活与工作的重要性程度。

本书的新闻依赖性因子定义为：人们在日常生活和工作中对新闻的心理需求程度。

（2）新闻依赖性的因子问题。

新闻依赖性的因子问题如表 5－12 所示。

表 5－12　新闻媒介依赖性的因子问题

问　　　　题	参 考 文 献
新闻在我日常工作生活中是不可或缺的	李喜根（2008） 张志安（2010）
新闻让我和这个世界保持联系	
新闻是我非常重要的知识、信息来源	
阅读新闻使我有社会归属感	
阅读新闻可以帮助我与他人更好地交流	
新闻对我而言非常重要	

12. 自我效能感（self-efficacy）

（1）自我效能感因子定义。

自我效能概念的首个提出者班杜拉（1977）指出，自我效能是对通过个人能力调动满足特定情境需求的动机、认知资源和行为过程的信念。简单而言，自我效能感是指一个人在多大程度上有信心，相信自己的能力能够达到某些特定的目标。（孙少晶等，2010）

自我效能感的本书定义为：受众利用所拥有的技能和资源去使用手机新闻的自信程度。

（2）自我效能感的因子问题。

自我效能感作为影响人类行为选择的重要心理调节变量，在教育学习、组织绩效、身心健康等领域都有针对性的测量指标。班杜拉（Bandura）指出，建构一个好的自我效能感量表，最重要的条件是对领域相关功能进行周密的概念分析。有关活动领域的知识规定着个人效能的哪方面需要测量。（张鼎昆，1999）

本书借鉴与本研究主题最接近的手机信息服务采纳研究来确定最终的

指标问题（见表5－13），这些研究主要包括对手机微博采纳研究（王菊，2012）、手机网上购物研究（Blanca et al.，2011）、手机短信使用态度研究（Pruthikrai & Patrick，2008）等。

表5－13　自我效能的因子问题

问　　题	参 考 文 献
我自信我能够使用手机来获取新闻资源	Bandura（1977）
对我而言，使用手机获取新闻没有那么难	Ajzen&Driver（1991） Pruthikrai&Patrick（2008）
即便是第一次使用某种手机新闻服务，我也有自信能够很快学会使用	Blanca et al.（2011） 王菊（2012）

13. 科技创新性（technology innovativeness）

（1）科技创新性因子定义。

罗杰斯在创新扩散论中指出，不同的受众接受新事物具有差异性，并根据其对创新事物的接受积极程度，将受众分为五种类型：革新者、前期采用者、前期追随者、后期追随者、迟钝者。在新兴信息技术接受的研究领域，个体差异被证实是影响信息系统成功和技术交互的重要因素。（Agarwal R，Prasad J.，1999）对于新技术的采纳而言，个人创新性是很重要的个体差异，因为具有个人创新性的人对新事物始终保持好奇心，敢于冒险尝试，乐于交流，并积极主动地搜寻有关新思想的信息。深度访谈也表明，具有创新性特质的受众，其接受新科技的意愿更强烈，也很容易成为新科技传播中的意见领袖。

本书对科技创新性的定义为：受众尝试使用手机新闻的意愿和积极程度。

（2）科技创新性因子问题。

科技创新性因子是新技术采纳研究中普遍涉及的重要社会心理因素，许多新媒体采纳行为研究都将个人创新性作为采纳的影响要素。这些研究对象包括手机新闻（李喜根，2008）、网络电视（刘强，2011）、在线网络消费（冯新民，王建东，2009）、手机3G（董方，2010）以及电子支付（Kim Changsu；Mirusmonov Mirsobit；Lee，2010），借鉴前人指标问题，提出科技创新性因子问题如表5－14所示。

表 5-14 科技创新性因子问题

问　　　　题	参 考 文 献
我喜欢追求新科技产品和服务	Lee & Ryu & Kim（2010） Goldsmit et al.（2003） Roehrich（1995） 刘强（2011） 李喜根（2008） 董方（2010）
我喜欢尝试新颖的科技产品与服务	
使用新的技术产品与服务让我觉得很兴奋	
当一种新的技术产品与服务出来时，朋友们都喜欢向我打听	
我比别人更早关注新的技术与服务	
我很可能是朋友中率先使用某种新的技术产品与服务的	

三、研究假设

表 5-15 手机新闻采纳初始研究假设汇总表

序号	初　始　假　设
H1	受众对手机新闻的感知有用性越强，其对手机新闻的采纳意愿越强
H2	受众对手机新闻的感知易用性越强，其对手机新闻的采纳意愿越强
H3	受众对手机新闻的感知易用性越强，其感知的手机新闻信息有用性越强
H4	受众对手机新闻的感知娱乐性越强，其对手机新闻的采纳意愿越强
H5	受众对手机新闻的感知娱乐性越强，其感知的手机新闻信息有用性越强
H6	受众对手机新闻的感知互动性越强，其对手机新闻的采纳意愿越强
H7	受众对手机新闻的感知互动性越强，其感知的手机新闻信息有用性越强
H8	受众对手机新闻的感知互动性越强，其感知的手机新闻信息易用性越强
H9	受众对手机新闻的感知互动性越强，其感知的手机新闻信息娱乐性越强
H10	受众对手机新闻的感知融合性越强，其对手机新闻的采纳意愿越强
H11	受众对手机新闻的感知融合性越强，其感知的手机新闻信息有用性越强
H12	受众对手机新闻的感知融合性越强，其感知的手机新闻信息易用性越强
H13	受众对手机新闻的感知融合性越强，其感知的手机新闻信息娱乐性越强
H14	受众感知的手机新闻的信息质量越强，其对手机新闻的采纳意愿越强

序号	初　始　假　设
H15	受众感知的手机新闻的信息质量越强，其感知的手机新闻信息有用性越强
H16	受众对手机新闻的主观规范认知越强，其对手机新闻的采纳意愿越强
H17	受众对手机新闻的使用情境感知越强，其对手机新闻的采纳意愿越强
H18	受众对手机新闻的费用接受度越强，其对手机新闻的采纳意愿越强
H19	受众对手机依赖的程度越强，其对手机新闻的采纳意愿越强
H20	受众对新闻依赖的程度越强，其对手机新闻的采纳意愿越强
H21	受众对手机新闻的自我效能感越强，其对手机新闻的采纳意愿越强
H22	受众的科技创新性程度越强，其对手机新闻的采纳意愿越强
H23	受众的性别差异显著影响手机新闻采纳意愿
H24	受众的年龄差异显著影响手机新闻采纳意愿
H25	受众的学历差异显著影响手机新闻采纳意愿
H26	受众的职业差异显著影响手机新闻采纳意愿
H27	受众的收入水平差异显著影响手机新闻采纳意愿

1. TAM 的相关假设

从手机信息服务采纳的中外文献列表中就可以看到，TAM 的有效性在手机信息服务采纳研究中被广泛地验证。其中 17 篇相关主题外文文献中，13 篇使用了 TAM，22 篇中文文献中，13 篇使用 TAM。从 TAM（Davis，1989）及其修订模型 TAM2（Venkatesh & Davis，2000），感知有用性与感知易用性一直以来，都是科技接受理论的基础核心变量。感知有用性与感知易用性共同决定了使用态度及行为意愿，同时感知易用性还会正向影响感知有用性。在绝大多数的手机信息服务采纳研究中都验证了感知有用性与感知易用性对行为意愿的正向显著影响作用，以及感知易用性对感知有用性的正向加强作用。

综上，本研究提出假设：

H1：受众对手机新闻的感知有用性越高，其对手机新闻的采纳意愿越高。

H2：受众对手机新闻的感知易用性越高，其对手机新闻的采纳意愿越高。

H3：受众对手机新闻的感知易用性越高，其感知手机新闻信息有用性越高。

2. 感知娱乐性的相关假设

许多新媒体信息服务采纳方面的研究已经证明感知娱乐性对使用意向有显著影响。廖春雄等（Liao Chun-Hsiung et al.，2007）对台湾地区 3G 使用影响因素的研究表明，感知娱乐性是影响 3G 使用态度及意愿的重要因素。张莹（2009）研究表明感知趣味性对手机电视业务使用意向有影响。冯新民，王建东（2009）对人类信息行为研究与在线消费行为研究的比较分析，认为感知娱乐性是影响在线网络消费行为的重要变量。熊婷婷（2010）研究手机阅读服务的影响因素，证明感知娱乐性对大学生采纳手机阅读服务有正面影响。廖车臣（Liao Chechen et al.，2011）探索受众对门户网站使用意愿的影响因素，发现感知娱乐性的正面影响作用。刘咏和李红秀（Liu Yong & Li Hongxiu，2011）以中国的手机游戏为切入点，发现感知娱乐性对手机娱乐性信息服务有关键影响作用。

综上，本研究提出假设：

H4：受众对手机新闻的感知娱乐性越高，其对手机新闻的采纳意愿越高。

H5：受众对手机新闻的感知娱乐性越高，其感知的手机新闻信息有用性越高。

3. 感知互动性的相关假设

互动性是手机媒体区别于其他新闻媒介设备的显著特性，在手机信息服务相关的采纳研究中，对感知互动性也日益重视。巢乃鹏（2012）在研究手机报的使用及影响因素中，指出互动性是影响受众采纳手机报的一项重要因素，这个互动包含了两个方面：一方面是"手机报供应商能够提供一个平台，使得受众能够对接收到的信息进行反馈或评论，供应商提供的服务越好，受众便越容易使用手机报"；另一方面是"手机报业务的受众和受众之间应该能够进行意见交流，分享使用经验和好的手机报内容，这将极大地促进手机报受众对手机报的正面感受"。

金等（Gil Son Kim et al.，2008）在研究受众使用手机短消息服务的影响因素时，提出"交互便利性因子"，将其定义为受众相信手机短信可以提供简单而有效的受众与系统间的交互程度。并验证了交互便利性与手短消息采纳行为之间的显著相关性。

综上，本研究提出假设：

H6：受众对手机新闻的感知互动性越高，其对手机新闻的采纳意愿越高。

H7：受众对手机新闻的感知互动性越高，其感知的手机新闻有用性越高。

H8：受众对手机新闻的感知互动性越高，其感知的手机新闻易用性越高。

H9：受众对手机新闻的感知互动性越高，其感知的手机新闻娱乐性越高。

4. 感知融合性的相关假设

在媒介融合的时代潮流中，手机作为最普遍、最具代表性的融合媒体，其随时随地自由接收和发送新闻信息的功能在各个媒介之中首屈一指。相对于感知互动性因子重点考察手机新闻界面互动体验的独特性和双向交流的灵活性，感知融合性变量则着重于突出考察手机新闻的即时性、兼容性、集合性、个人性的特色。

刘强（2011）构建融合媒体采纳行为理论模型，在 TAM 模型基础上，增加了感知媒介融合性变量作为前置变量。研究表明，感知融合性对感知易用性、感知有用性和感知娱乐性都有较大的正向影响作用，并间接影响了使用意愿。

综上，本书将媒介融合性单独提炼出来进行探讨验证，假设如下：

H10：受众对手机新闻的感知融合性越高，其对手机新闻的采纳意愿越高。

H11：受众对手机新闻的感知融合性越高，其感知的手机新闻有用性越高。

H12：受众对手机新闻的感知融合性越高，其感知的手机新闻易用性越高。

H13：受众对手机新闻的感知融合性越高，其感知的手机新闻娱乐性越高。

5. 感知新闻信息质量的相关假设

张志烹，陈渝（2011）在《手机报服务继续使用行为影响因素实证研究》一文中指出"信息质量"是影响受众使用手机报服务的重要因素，手机报服务提供高的信息质量，受众将形成高的有用感知；反之手机报服务提供低的信息质量将导致受众形成低的有用感知。信息质量的高低影响受众感知的手机报服务有用性，从而间接影响手机报服务的使用意愿。

综上，本研究提出假设：

H14：受众感知的手机新闻的信息质量越高，其对手机新闻的采纳意愿越高。

H15：受众感知的手机新闻的信息质量越高，其感知的手机新闻有用性越高。

6. 主观规范的相关假设

在新媒体产品与服务的采纳研究中，社会人际压力的影响力也不断被验证。方雪琴（2008）指出："中国人长期以来有'随大流'的思想，周围的流行程度将产生社会压力，影响受众的决策。"研究证明主观规范对IPTV 使用满意度有正向影响力，而对行为意愿没有直接影响。张莹（2009）指出："很多人会在潮流引导者的作用影响下，开始追随创新潮流，当周围的人开始越来越多的使用新业务时，尚未使用的人会感觉到压力，这将促使他们作出使用决定。"研究同时证明主观规范的社会影响作用正向影响手机电视业务采纳行为意愿。刘强（2011）验证了主观规范因子对融合媒体采纳行为意愿与态度都有直接正向影响。李瑶等（2012）验证在 3G 套餐的选择行为影响因素模型中，社群影响因素直接影响了感知有用性与感知易用性，从而间接影响其选择行为。巢乃鹏（2012）研究指出手机报的使用并非是一个完全自我决策的过程，受众对手机报的使用意愿受到一定的来自社会的影响，尤其是来自周围的评价和意见，并验证了社会影响与手机报使用之间的正向关联性。

综上，本研究提出假设：

H16：受众对手机新闻的主观规范认知越强，其对手机新闻的采纳意愿越高。

7. 使用情境的相关假设

菲基（Figge，2004）探索手机上网服务中的情境影响因素，建立了三维度的情境模型，分别验证了受众身份、使用场所和使用时间对手机上网服务有显著影响。

李和金（Lee & Kim，2005）基于一项长期性的手机互联网使用研究，建立了受众使用情境模型，他们将手机使用情境因素分为人文因素和物理环境因素两大类，并在此基础上，提出细化分类。

熊婷婷（2010）指出人们"在家或办公室的时候，更倾向于直接阅读纸质书籍或者使用电脑网上阅读，但是当旅行的时候就没有那么方便了，如果恰巧需要查找某本书上的相关信息，这时，移动设备的优势就体现出来了。同样的，当人们闲暇但手边没有纸质书或电脑，也没有其他感兴趣的事情可干时，也有较大的可能考虑使用手机阅读"。并验证了大学生群体的手机阅读业务采纳行为受时空环境的显著影响。

综上，本研究提出假设：

H17：受众对手机新闻的使用情境感知越强，其对手机新闻的采纳意愿越高。

8. 感知价格的相关假设

谭红成（2008）指出，在消费者选择媒介获取所需新闻时，媒介价格对消费者的选择具有显著负向影响；金等（Gil Son Kim et al.，2008）研究手机短信服务的影响因素，证明感知的短信服务费用对受众采纳短信有影响。谢滨，林轶君，郭迅华（2009）研究手机银行信息服务的采纳行为，发现在众多有关金融服务或无线增值服务的受众采纳研究中，经济成本是重要影响因素。熊婷婷（2010）对大学生群体手机阅读业务的采纳行为的研究证明，感知的货币价值会影响消费者使用手机阅读产品或服务的意向。曾凡斌（2012）专门针对数字电视服务的费用问题进行调查，发现提高付费频道的购买意愿的关键在于提高付费频道的内容特色和降低付费频道的价格。张志烹，陈渝（2011）在研究手机报采纳的影响因素时，将费用感知作为影响变量，研究表明，受众认为手机报服务的质量和价格越符合，其对手机报服务费用的接受程度越高。

综上，本研究提出假设：

H18：受众对手机新闻的费用接受度越高，其对手机新闻的采纳意愿越高。

9. 手机依赖性的相关假设

旷洁（2013）制作了手机依赖量表，通过量化实证研究发现，大学生对于手机已经形成一定程度的依赖，同时验证手机依赖程度与手机短信应用、性别、手机使用时间之间存在显著影响关系。虽然此文并没有考察手机新闻应用与手机依赖之间的关系，但作为与短信功能一样的一项重要手机应用，本研究认为其对手机新闻采纳有一定的借鉴意义。

另外，在实际访谈中，多位被访者提到了对手机本身的使用依赖会影响其采用手机新闻。对部分受众而言，手机新闻"使用"与"依赖"存在一定关联：媒介依赖与使用习惯促使他使用手机媒体获取新闻信息。

由此，本研究将媒介依赖界定为手机依赖，排除新闻内容因素，单独验证手机依赖对于手机新闻采纳的影响。提出假设为：

H19：受众对手机依赖的程度越高，其对手机新闻的采纳意愿越高。

10. 新闻依赖性的相关假设

李喜根（2008）探讨了媒介依赖特性对于手机新闻获取行为的影响。研究以"新闻媒介依赖"作为影响因子，将新闻对日常生活的重要性和日常新闻媒介使用频率作为指标问题。研究显示，新闻媒介依赖性对手机新闻获取的影响并不显著。

但如前述，手机功能的实际发展日新月异，李研究时的技术局限早已突破，其结论有待进一步验证；同时，李对媒介依赖性的研究以报刊、电视、网络新闻媒体的总体使用作为指标依据，这对于逐渐增长的新媒体使用者来说，其衡量指标不够准确。因此，本书采用受众的新闻需求强弱程度作为新闻依赖性的指标，以根本的新闻心理需求动机为出发点，重新验证新闻依赖性对手机新闻采纳意愿的影响作用。

据此，本研究再次提出研究假设：

H20：受众对新闻的依赖程度越高，其对手机新闻的采纳意愿越高。

11. 自我效能感的相关假设

普鲁斯克莱和帕特里克（Pruthikrai & Patrick，2008）在研究使用者态度对手机短信交流的影响时指出，自我效能因子是影响手机短信使用的重要受众心理因素，对手机短信使用有显著正向影响；在手机移动消费应用领域，自我效能感被证实对网上购物及移动消费体验有正向影响作用（Blanca，Julio，Martin M，2011；Min Li；Z. Y. Dong；Xi Chen，2012；李晶，2012）；在手机支付研究中，自我效能亦正向影响手机银行的受众采纳。（谢滨，林轶君，郭迅华，2009）在手机微博研究中，自我效能因素被作为个人特征的一部分，直接影响任务技术特征，从而间接影响手机微博的使用意愿。（王菊，2012）

综述，本书提出研究假设：

H21：受众对手机新闻的自我效能感越强，其对手机新闻的采纳意愿越高。

12. 科技创新性的相关假设

在和手机应用相关的采纳研究中，科技创新性因子一直被认为是影响新的手机信息服务采纳的重要个人特征。

创新性因子对大学生3G手机上网的采纳行为有正向影响作用。董方（2010）和李晶（2012）研究证实个人创新性对手机购物态度具有正向显著性影响。消费者个人性格等因素被认为对消费者使用手机购物产生积极或消极的影响。

在受众使用电子支付的影响因素研究中，个人创新性被印证对受众采用手机支付应用服务有正向显著影响。(Kim；Mirsobit；Lee，2010)

综上，本研究提出以下假设：

H22：受众的科技创新性程度越高，其对手机新闻的采纳意愿越高。

13. 人口特征的相关假设

信息行为论认为人口背景因素会影响受众新闻信息需求。本书以基础人口统计学变量作为人口背景因素的基本构成，验证不同性别、年龄、学历、职业与收入的受众对于手机新闻采纳的意愿是否存在显著差异。具体假设如下：

(1) 针对生理因素（年龄与性别）。

一般而言，年轻人接受新事物的能力强，在信息科技的使用方面，年轻人在总体人群中的比例也最高。艾瑞咨询公布的 2011～2012 年度在中国手机上网受众行为研究报告显示，手机上网人群以 18～34 岁为主，主要受众群体呈低龄化。

中国手机上网受众性别以男性为主，男性占 58.1%，女性占 41.9%。虽然差距不大，但一直以来男性所占比例都略大于女性。而一些研究又表明男性比女性更喜欢使用网络媒体，女性则偏爱纸质媒体（Kirsten Drotner，2000），还有研究则指出男性比女性更偏爱在网上获取新闻（Howard & Jones，2004），因此本研究假设：

H23：受众的性别差异显著影响手机新闻采纳意愿。

H24：受众的年龄差异显著影响手机新闻采纳意愿。

(2) 针对教育程度因素（学历水平）。

2002 年信息产业部电信研究院展开调查研究，结果显示教育程度越高的受众对移动技术和移动业务的依赖程度越高。教育程度高也意味着其对于技术的认知、理解程度越高。艾瑞研究手机上网受众分布后认为，手机上网受众学历的提高，逐渐改变了受众群体的结构和行为特征，受众对移动互联网网络服务的需求将发生一定的变化。

因此本研究假设：

H25：受众的学历差异显著影响手机新闻采纳意愿。

（3）针对社会经济地位（职业与收入）。

2011～2012年手机上网受众中学生群体占比大幅领先，达到35.1％，其次为企业普通员工，占比为22.3％；艾瑞分析认为，学生群体对移动互联网服务的接受程度较高，是手机网民的主力人群。因此本研究假设：

H26：受众的职业差异显著影响手机新闻采纳意愿。

收入水平往往对应媒介产品的消费能力，实际访谈发现许多人不使用手机新闻的原因是没有购买智能手机，而进一步的原因就是购买智能手机的费用较高，媒介硬件的消费实力在一定程度上对手机新闻采纳构成影响，因此本书假设：

H27：受众的收入水平差异显著影响手机新闻采纳意愿。

第二节　调研设计与数据收集

一、研究方法

本研究采用质化研究与量化研究相结合的方式，前期通过焦点小组访谈收集整理影响因素相关信息，后期采用结构化问卷获取量化数据，两种研究方法结合以达到最佳研究效果。调查问卷采用滚雪球的方法，以上海受众为目标，设立种子调查员，主要考察对象包括三种类型：第一类是看过别人使用，对手机新闻有一定了解的受众；第二类是曾经接触过手机新闻的受众；第三类是正在使用手机新闻的受众。问卷收集以网络填答与现场填答相结合的方式进行，最后共回收问卷467份，排除错答漏答的无效问卷，共获得有效问卷359份。

二、问卷设计

根据前一部分的变量定义讨论，本部分进行问卷设计。本问卷主要包含两个部分：手机新闻的使用情况与个人基本情况。量表设计采用李克特五分制量表，"1"代表不赞同，"2"代表不太赞同，"3"代表一般，"4"

代表比较赞同，"5"代表完全赞同。

调查问卷初步研究问题设定说明（见表 5-16）。

表 5-16 各变量考察内容及问题数量

序号	题目代号	变量名称	考 察 内 容	题目数量
1	PU	感知有用性	使用手机新闻的有用程度	5
2	PE	感知易用性	使用或学会使用手机新闻的难易程度	4
3	PENJ	感知娱乐性	使用手机新闻的愉悦程度	3
4	PI	感知互动性	使用手机新闻的互动程度	12
5	PMC	感知融合性	使用手机新闻的自由程度	4
6	PIQ	新闻信息质量	手机新闻的信息质量高低程度	7
7	SN	主观规范	使用手机新闻的人际影响程度	4
8	PMV	感知费用	使用手机新闻所产生费用的接受程度	4
9	UC	感知情境	使用手机新闻的情境	4
10	BI	使用意愿	在未来使用或者继续使用手机新闻的意愿程度	3
11	MD	手机依赖性	日常对新闻信息的依赖程度	6
12	ND	新闻依赖性	日常对手机的依赖程度	6
13	SE	自我效能感	使用手机新闻的自信程度	3
14	TI	科技创新性	主动尝试新技术的积极程度	6

三、问卷前测

在正式调研之前，本研究通过小规模访谈和网络问卷试调来展开问卷前测，以保证问卷质量。

本研究在上海交通大学媒体与设计学院以及软件学院分别组织了学生访谈，文科学生 13 名，理科学生 12 名，讨论其使用手机新闻与不使用或不经常使用的原因，并对手机新闻信息行为结构化问卷进行试填写。同时在专业调查问卷网站问卷星上上传初步问卷，邀请各行业、各年龄段受众填写网络版问卷，共计发放问卷35份，并请参与者提供反馈意见。通过小规模的前测，基本确定理论模型的合理性，进一步修正测量指标的措辞和表达，以便受访者能够准确理解题目含义，删去一些类似的指标问项，明确问题焦点。

四、问卷发放

根据问卷前测修改意见，进一步精化问题选项与问题布局结构，形成最终的正式调查问卷，详见附录一。

1. 样本规模确定

本研究将利用 AMOS 软件，采用结构方程模型方法分析数据。SEM适合做大样本的分析，因为其所处理的变量数量较多，变量与变量之间的关系复杂，为了维持统计假设，必须使用较大的样本数，同时样本规模的大小也牵动着 SEM 分析的稳定性和各种指标的适用性。一般来说，样本数不能低于100，否则 SEM 的分析将会不稳定。（邱皓政，2010）国外学者研究发现，大部分基于 SEM 的研究，样本数介于 200 到 500 之间。（Schumacker & Lomax, 1996）国内学者黄芳铭（2005）提出，SEM的观察变量与样本数比例最好保持在 1∶5 到 1∶10 之间。基于前人研究经验，本研究的观察变量数为 69，因此，本研究的样本数量要达到 345以上。

2. 问卷收集情况

本研究于 2013 年 5 月正式发放问卷，采用自填式问卷的调查形式。根据受众需求，以网络电子版问卷与纸质问卷相结合的方式发放。网络版问卷通过专业问卷调查网站问卷星发布，纸质版问卷以滚雪球的方式获得。共取得网络版问卷 80 份，纸质问卷 387 份，合计回收问卷 467 份，其中有效问卷 359 份。问卷的有效填答率为 76.7％。

第三节 假设检验与数据分析

一、模型描述性分析

随着智能手机应用的普及，手机新闻的方式并不局限于传统的手机短信报纸，而是包含所有通过手机终端向受众提供新闻的信息产品与传播服务，具体指手机报（短信）、手机网站访问、新闻 APP、手机微博/微信等各种方式（见表 5-17）。

表 5-17 手机新闻调查人口统计特征描述性统计表

人口特征	选　项	频数（个）	百分比（%）
性　别	男	156	43.7
	女	201	56.3
年　龄	18 岁以内	79	22.1
	18～24 岁	84	23.5
	25～34 岁	141	39.5
	35～44 岁	39	10.9
	45～54 岁	11	3.1
	55 岁及以上	3	0.8
学　历	高中以下	14	3.9
	高中（专）	84	23.5
	大专	25	7.0
	本科	142	39.8
	硕士及以上	92	25.8
收　入	1500 元以下	153	42.9
	1501～3000 元	26	7.3
	3001～5000 元	59	16.5
	5001～8000 元	57	16.0
	8001～12000 元	32	9.0
	12000 元以上	30	8.4

人口特征	选　项	频数（个）	百分比（%）
职　业	政府公务人员	3	0.8
	国企工作人员	58	16.2
	事业单位工作人员	40	11.2
	外企工作人员	47	13.2
	民营私企工作人员	33	9.2
	合资企业工作人员	4	1.1
	学生	157	44.0
	农民或农民工	1	0.3
	退休	1	0.3
	待业	3	0.8
	自由职业者	10	2.8
合　计		357	100

1. 性别

调查有效总样本 357 个，其中男性 156 个，占总样本人数的 43.7%，女性占 202 个，占总样本人数的 56.3%，男女比例接近 4∶5（见图 5-3）。

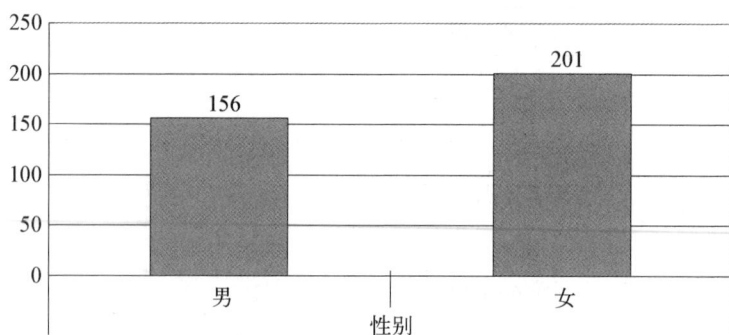

图 5-3　手机新闻调查样本人群性别分布

2. 年龄

从年龄层分布看，18 岁以下的样本数 79 个，占 22.1%；18～24 岁年

龄段样本数 84 个，占 23.5％；25～34 岁年龄段样本数 141 个，占
39.5％；35～44 岁年龄段样本数 39 个，占 10.9％；45～54 岁年龄段样本
数 11 个，占 3.1％；55 岁以上年龄段样本数 3 个，占 0.8％（见图 5－4）。
此年龄段样本分布与中国网络信息中心对于手机上网的年龄层统计数据相
符，年轻群体的使用者为主要人群。

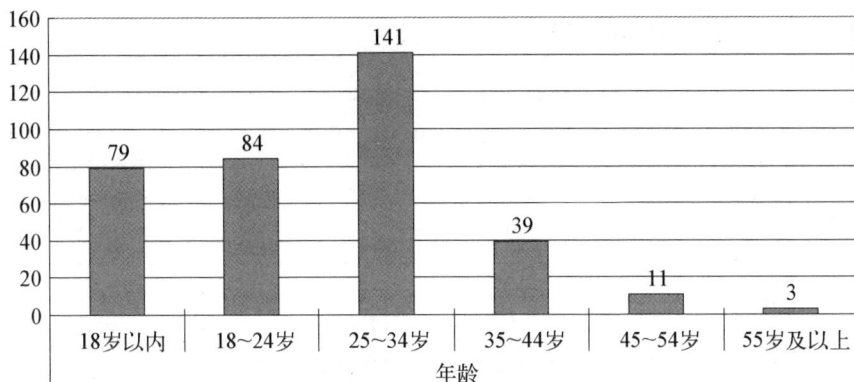

图 5－4　手机新闻调查样本人群年龄分布

3. 学历

学历分布为，高中以下样本 14 个，占 3.9％；高中（专）样本 84 个，
占 23.5％；大专样本 25 个，占 7.0％；本科样本 142 个，占 39.8％；硕士
及以上样本 92 个，占 25.8％（见图 5－5）。

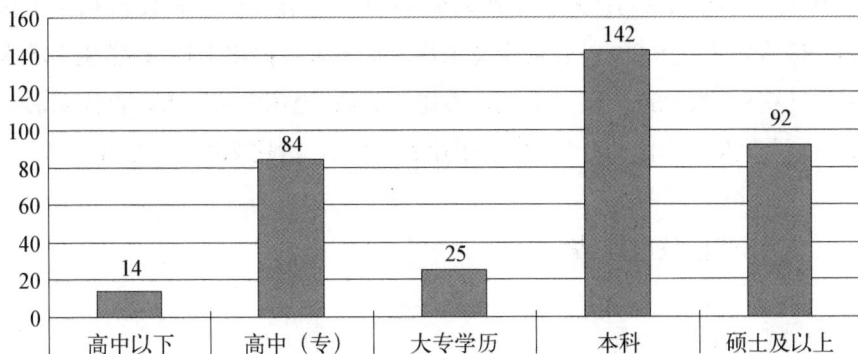

图 5－5　手机新闻调查样本人群学历分布

4. 收入

样本每月可支配经济收入分布情况为，1500元以下样本人数为153个，占比42.9%；1501～3000元的样本人数为26个，占比7.3%；3001～5000元的样本人数为59个，占比16.5%；5001～8000元的样本人数为57个，占比为16.0%；8001～12000元的样本人数为32个，占比9.0%；12000元以上样本人数为30个，占比8.4%。1500元以下收入者占4成，主要与部分样本来自学生有关。

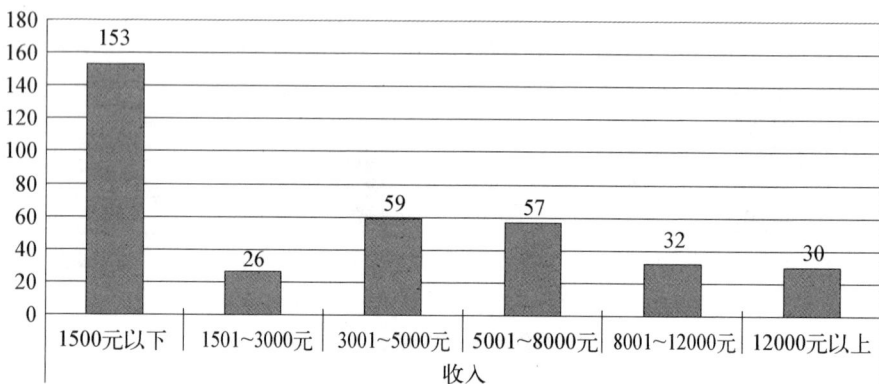

图5-6　手机新闻调查样本人群收入状况

5. 职业

样本的职业性质共12种，囊括了社会中主要的职业选择。政府公务人员3人，占比0.8%；国企工作人员58人，占比16.2%；事业单位工作人员40人，占比11.2%；外企工作人员47人，占比13.2%；民营私企工作人员33人，占比9.2%；合资企业工作人员4人，占比1.1%；学生157人占比44.0%；农民或农民工1人，占比0.3%；退休人员1人，占比0.3%；待业人员3人，占比0.8%；自由职业者10人，占比2.8%（见图5-7）。

二、模型信效度评估

1. 模型的信度评估

所谓信度（reliability），是指量表所测得结果的稳定性和一致性，量

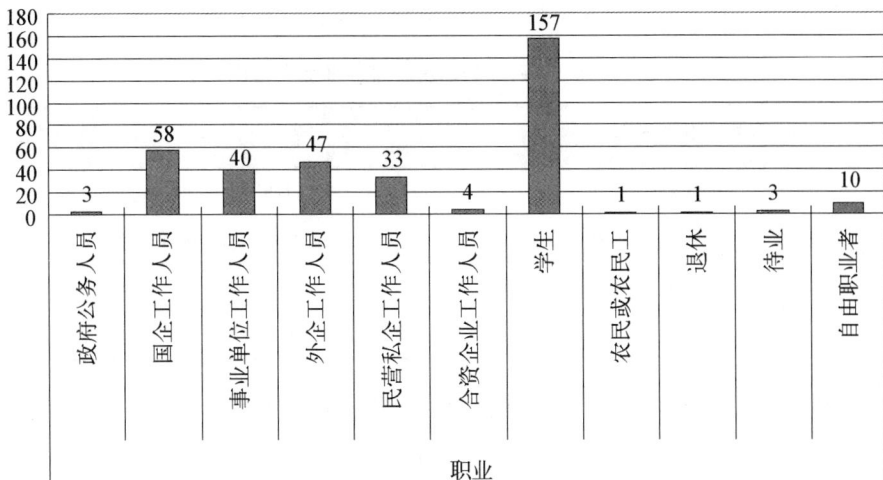

图 5-7　手机新闻调查样本人群职业状况

表的信度越大，则其测量标准误差就越小。Cronbach α 系数是内部一致性的函数，也是指标之间相互关联程度的函数。在李克特量表法中常用的信度检验方法为 Cronbach α 系数和折半信度（Split-half reliability），α 系数是估计信度的最低限度，是所有可能的折半系数的平均数。估计内部一致性系数，用 α 系数优于折半法。在社会科学研究领域，α 系数作为信度测量依据的使用率非常高。本书测量量表基于李克特五点量表，测量使用意愿向度，同时根据同类型参考文献的信度检验方法，采用 Cronbach α 系数来检验量表信度。

　　Cronbach α 系数的公式为：

$$\alpha = \frac{k}{k-1}\left[1 - \frac{\sum Si^2}{S^2}\right]$$

　　其中 k 为量表所包含的总题数，$\sum Si^2$ 为量表题项的方差总和，S^2 为量表题项加总后方差。α 系数的数值介于 0 到 1 之间，α 系数出现 0 或者 1 两个极端数值的概率很低（但也有可能），学者农纳利（Nunnally，1987）认为 α 系数等于 0.70 是较低但可以接受的量表边界值；学者德威利斯（DeVellis，1991）也提出以下观点：α 系数值如果在 0.60～0.65 之间最好不要；α 系数值介于 0.65～0.70 之间是可接受的最小值；α 系数值介于在 0.70～0.80 之间相当好；α 系数值介于 0.80～0.90 之间非常好（吴明隆，2010)。综上所述，α系数的信度考察标准如表 5‑18 所示。

表 5‑18　α 系数的信度考察标准参考范围

Cronbach α 系数取值范围	信 度 参 考
α<0.65	不可信
0.65≤α<0.70	可接受最小值
0.7≤α<0.8	相当好
α≥0.8	非常好

根据以上原则，各因子信度评估分析结果呈现如表 5‑19～表 5‑23 所示。

表 5‑19　问卷总体信度评估

Cronbach's Alpha	标准化 Cronbach α 系数	条目数
0.979	0.980	69

表 5‑20　感知有用性因子的信度评估

测量因子	测量指标	去掉当前项目问卷合计分的均数	去掉当前项目问卷合计分的方差	校正后的总相关系数	去掉当前项目后问卷的Cronbach α系数	Cronbach's Alpha
感知有用性	PU1	16.51	12.491	0.802	0.907	
	PU2	16.64	12.942	0.728	0.922	
	PU3	16.52	12.764	0.836	0.900	0.924
	PU4	16.43	12.788	0.864	0.895	
	PU5	16.52	13.150	0.792	0.909	

表 5‑21　感知易用性因子的信度评估

测量因子	测量指标	去掉当前项目问卷合计分的均数	去掉当前项目问卷合计分的方差	校正后的总相关系数	去掉当前项目后问卷的Cronbach α系数	Cronbach's Alpha
感知易用性	PE1	12.72	6.900	0.792	0.925	
	PE2	12.84	6.707	0.851	0.906	
	PE3	12.96	6.168	0.844	0.910	0.931
	PE4	12.82	6.484	0.872	0.899	

表 5‑22　感知娱乐性因子的信度评估

测量因子	测量指标	去掉当前项目问卷合计分的均数	去掉当前项目问卷合计分的方差	校正后的总相关系数	去掉当前项目后问卷的Cronbach α系数	Cronbach's Alpha
感知娱乐性	PENJ1	7.06	3.507	0.857	0.860	
	PENJ2	7.01	3.621	0.849	0.867	0.917
	PENJ3	6.92	3.664	0.792	0.914	

表 5‑23　感知互动性因子的信度评估

测量因子	测量指标	去掉当前项目问卷合计分的均数	去掉当前项目问卷合计分的方差	校正后的总相关系数	去掉当前项目后问卷的Cronbach α系数	Cronbach's Alpha
感知互动性	PI1	41.41	83.836	0.564	0.937	
	PI2	41.43	82.100	0.640	0.934	
	PI3	40.86	81.348	0.685	0.932	
	PI4	41.04	80.218	0.724	0.931	
	PI5	41.19	79.573	0.773	0.929	
	PI6	41.06	79.598	0.791	0.928	0.937
	PI7	41.16	79.187	0.771	0.929	
	PI8	41.23	79.690	0.698	0.932	
	PI9	40.84	80.780	0.741	0.930	
	PI10	40.97	80.191	0.750	0.930	

表 5‑24　感知融合性因子的信度评估

测量因子	测量指标	去掉当前项目问卷合计分的均数	去掉当前项目问卷合计分的方差	校正后的总相关系数	去掉当前项目后问卷的Cronbach α系数	Cronbach's Alpha
感知融合性	MC1	11.59	7.501	0.702	0.848	
	MC2	11.67	7.006	0.726	0.839	0.873
	MC3	11.87	6.966	0.749	0.830	
	MC4	11.84	7.144	0.737	0.834	

表 5 - 25   科技创新性因子的信度评估

测量因子	测量指标	去掉当前项目问卷合计分的均数	去掉当前项目问卷合计分的方差	校正后的总相关系数	去掉当前项目后问卷的Cronbach α系数	Cronbach's Alpha
科技创新性	TI1	16.94	26.375	0.758	0.923	
	TI2	17.08	25.880	0.805	0.917	
	TI3	16.96	26.433	0.780	0.921	0.931
	TI4	17.56	24.988	0.809	0.917	
	TI5	17.52	24.975	0.811	0.917	
	TI6	17.58	24.925	0.825	0.915	

表 5 - 26   自我效能感因子的信度评估

测量因子	测量指标	去掉当前项目问卷合计分的均数	去掉当前项目问卷合计分的方差	校正后的总相关系数	去掉当前项目后问卷的Cronbach α系数	Cronbach's Alpha
自我效能感	SE1	7.80	3.786	0.749	0.873	
	SE2	7.89	3.666	0.813	0.817	0.889
	SE3	7.75	3.751	0.790	0.837	

表 5 - 27   新闻依赖性因子的信度评估

测量因子	测量指标	去掉当前项目问卷合计分的均数	去掉当前项目问卷合计分的方差	校正后的总相关系数	去掉当前项目后问卷的Cronbach α系数	Cronbach's Alpha
新闻依赖性	ND1	18.99	20.513	0.780	0.920	
	ND2	18.80	20.764	0.843	0.912	
	ND3	18.83	20.635	0.836	0.913	0.931
	ND4	19.10	20.339	0.780	0.920	
	ND5	18.96	21.573	0.742	0.925	
	ND6	18.93	20.705	0.805	0.917	

表5-28　手机依赖性因子的信度评估

测量因子	测量指标	去掉当前项目问卷合计分的均数	去掉当前项目问卷合计分的方差	校正后的总相关系数	去掉当前项目后问卷的Cronbach α系数	Cronbach's Alpha
手机依赖性	MD1	17.55	31.840	0.645	0.901	
	MD2	18.27	28.476	0.753	0.885	
	MD3	18.01	29.276	0.735	0.888	0.905
	MD4	18.41	28.192	0.754	0.885	
	MD5	18.13	28.166	0.799	0.878	
	MD6	18.08	28.932	0.744	0.887	

表5-29　信息质量因子的信度评估

测量因子	测量指标	去掉当前项目问卷合计分的均数	去掉当前项目问卷合计分的方差	校正后的总相关系数	去掉当前项目后问卷的Cronbach α系数	Cronbach's Alpha
信息质量	PIQ1	22.23	30.866	0.794	0.929	
	PIQ2	22.68	30.306	0.738	0.935	
	PIQ3	22.69	29.987	0.792	0.929	
	PIQ4	22.30	30.841	0.808	0.928	0.938
	PIQ5	22.22	30.753	0.814	0.927	
	PIQ6	22.32	30.381	0.825	0.926	
	PIQ7	22.41	30.164	0.825	0.926	

表5-30　社会规范因子的信度评估

测量因子	测量指标	去掉当前项目问卷合计分的均数	去掉当前项目问卷合计分的方差	校正后的总相关系数	去掉当前项目后问卷的Cronbach α系数	Cronbach's Alpha
社会规范	SN1	9.60	10.642	0.658	0.910	
	SN2	9.97	9.273	0.835	0.846	0.899
	SN3	9.95	9.313	0.862	0.837	
	SN4	9.93	9.925	0.749	0.879	

表 5 - 31　感知价格因子的信度评估

测量因子	测量指标	去掉当前项目问卷合计分的均数	去掉当前项目问卷合计分的方差	校正后的总相关系数	去掉当前项目后问卷的Cronbach α系数	Cronbach's Alpha
感知价格	PMV1	6.71	4.923	0.711	0.771	
	PMV2	6.93	4.647	0.728	0.754	0.840
	PMV3	6.58	5.148	0.674	0.806	

表 5 - 32　感知情境因子的信度评估

测量因子	测量指标	去掉当前项目问卷合计分的均数	去掉当前项目问卷合计分的方差	校正后的总相关系数	去掉当前项目后问卷的Cronbach α系数	Cronbach's Alpha
感知情境	UC1	11.70	7.830	0.814	0.852	
	UC2	11.78	7.729	0.787	0.862	0.897
	UC3	12.10	7.864	0.700	0.896	
	UC4	11.66	8.191	0.798	0.860	

表 5 - 33　行为意愿因子的信度评估

测量因子	测量指标	去掉当前项目问卷合计分的均数	去掉当前项目问卷合计分的方差	校正后的总相关系数	去掉当前项目后问卷的Cronbach α系数	Cronbach's Alpha
行为意愿	BI1	8.03	3.227	0.903	0.996	
	BI2	8.03	3.100	0.974	0.946	0.976
	BI3	8.04	3.119	0.967	0.950	

综上，原始问卷量表共 14 个因子，69 个指标问题，总体 Cronbach α 系数为 0.979，量表总体可信度非常高。其中，感知有用性因子的信度为 0.924；感知易用性因子的信度 0.931；感知娱乐性因子的信度 0.917；感知互动性因子的信度为 0.937；感知融合性因子的信度为 0.873；科技创新性因子的信度为 0.931；自我效能感因子的信度为 0.889；新闻依赖性因子的信度为 0.931；手机依赖性因子的信度为 0.905；信息质量因子的信度

为0.938；社会规范因子的信度为0.899；感知价格因子的信度为0.840；感知情境因子的信度为0.897；行为意愿因子的信度为0.976。所有单个因子可信度指标均达到0.8以上，无需删除指标项，量表信度达到公认标准，指标问题内部一致性很高，通过信度检验，可进行进一步的数据分析。

2. 模型的效度评估

效度（validity）是指测量结果的正确性或可靠性。在测验评鉴中，效度是最重要的考虑因素，指的是特定测验结果的推论的适当的、有意义的及有用的情况，测量是否有效，在于累积证据支持上述推论的过程。因此，效度的评判范畴也比较宽泛，一般而言，常用的效度分类包括：内容效度、构建效度和校标关联效度。内容效度指量表内容或题目的切适性与代表性，及测量内容能否反映测量的心理特质，能否达到测量目的或行为构念。建构效度指能够测量出理论特质或概念的程度，及实际的测量分数能解释多少某种心理特质。校标关联效度指测量与外在校标之间关系的程度。校标关联效度又可分为预测效度和同时效度，前者指测验分数与将来的校标之间关系的程度；后者测验分数与目前校标数据之间的关系程度。在本研究中，主要需考察内容效度与建构效度两种。

本研究量表的编制主要根据TAM、TRA、IDT等理论进行编写，同时根据前期深度访谈，总结出手机新闻信息行为不同的影响因素向面，再结合手机信息服务采纳的大量实证文献研究，综合考量后拟定量表问题，具有较高的内容有效性。

在建构效度部分，本书将采用主成分因素分析法对问卷的结构效度进行评估。检验过程为，第一步进行KMO和Bartlett球形检验，以检测该样本是否适合做因子分析；第二步采用主成分分析法（principal component analysis），抽取主成分后的共同性，系统默认的共同性估值为1，提取特征值大于1的因子，再选择最大方差法（varimax solution）作为因子旋转方式，使每个因子上具有最高载荷的变量数最小，简化对因子的解释。

首先，进行KMO和Bartlett球形检验。KMO是Kaiser-Meyer-Olkin的取样适当性量数，其值在0~1之间，当KMO值越大时，表示变量之间的共同因素越多，变量间的净相关系数越低，越适合进行因素分析。根据学者 Kaiser（1974）的观点，如果 KMO 的值小于 0.5，较不适合进行因素分析，进行因素分析的普通准则至少在 0.6 以上。（吴明隆，2010）具体标准如表 5-34 所示：

表 5-34　KMO 统计值范围参考

KMO 统计值	因素分析适切性判别
KMO 值≥0.9	极适合进行因素分析（marvelous）
0.9>KMO 值≥0.8	适合进行因素分析（meritorious）
0.8>KMO 值≥0.7	尚可进行因素分析（middling）
0.7>KMO 值≥0.6	勉强可进行因素分析（mediocre）
0.6>KMO 值≥0.5	不适合进行因素分析（miserable）
KMO 值<0.5	非常不适合进行因素分析（unacceptable）

以下针对手机新闻采纳量表进行 KMO 和 Bartlett 球形检验，结果如表5-35、表 5-36 所示：

表 5-35　KMO 与 Bartlett 检验

Kaiser-Meyer-Olkin Measure of Sampling Adequacy.		0.944
Bartlett's Test of Sphericity	Approx. Chi-Square	22531.957
	df	2346
	Sig.	0.000

通过数据分析，结果显示本书样本的 KMO 值为 0.944，表明该样本非常适合进行因子分析。样本的巴特利特球体检验的卡方值为 22531.957（自由度为 2346），显著性水平为 0.000，小于 0.05，这表明各指标相关矩阵有公因子，并非独立，而是有相互联系，同时也能解释大部分的方差，适合做进一步的因子分析。

表 5-37 为每个变量的初始共同性以及以主成分分析发抽取主成分后的共同性。共同性越低，表示该变量越不适合投入主成分分析之中，共同性越高，则表示该变量与其他变量可测量的共同特质越多，如果有题项的共同性低于 0.2，需考虑将此题项删除。由上可知，所有题项的共同性萃取值都大于 0.5，无须调整量表指标问题，可进一步做因素分析。

表 5 - 36　解释总变异量

因子	初始特征值			平方和负荷量萃取			转轴平方和负荷量		
	总计	方差比率	累计的方差比率	总计	方差比率	累计的方差比率	总计	方差比率	累计的方差比率
1	26.237	38.024	38.024	26.237	38.024	38.024	8.096	11.734	11.734
2	4.413	6.396	44.420	4.413	6.396	44.420	5.444	7.889	19.623
3	3.203	4.642	49.062	3.203	4.642	49.062	5.027	7.285	26.908
4	3.184	4.614	53.676	3.184	4.614	53.676	4.753	6.889	33.797
5	2.262	3.278	56.955	2.262	3.278	56.955	4.447	6.446	40.243
6	2.098	3.041	59.995	2.098	3.041	59.995	3.787	5.488	45.731
7	1.971	2.856	62.851	1.971	2.856	62.851	3.585	5.195	50.926
8	1.668	2.418	65.269	1.668	2.418	65.269	3.379	4.897	55.824
9	1.522	2.205	67.475	1.522	2.205	67.475	3.333	4.830	60.654
10	1.445	2.094	69.569	1.445	2.094	69.569	3.101	4.495	65.148
11	1.306	1.892	71.461	1.306	1.892	71.461	2.834	4.108	69.256
12	1.039	1.505	72.967	1.039	1.505	72.967	2.560	3.711	72.967
13	0.939	1.361	74.327						

续表

因子	初始特征值			平方和负荷量萃取			转轴平方和负荷量		
	总计	方差比率	累计的方差比率	总计	方差比率	累计的方差比率	总计	方差比率	累计的方差比率
14	0.876	1.270	75.597						
15	0.857	1.242	76.840						
16	0.792	1.147	77.987						
17	0.774	1.122	79.109						
18	0.704	1.021	80.130						
19	0.649	0.940	81.070						
20	0.608	0.881	81.951						
21	0.566	0.820	82.771						
22	0.547	0.792	83.563						
23	0.514	0.745	84.308						
24	0.499	0.723	85.031						
25	0.478	0.693	85.724						
26	0.474	0.687	86.411						
27	0.435	0.630	87.041						

续表

因子	初始特征值			平方和负荷量萃取			转轴平方和负荷量		
	总计	方差比率	累计的方差比率	总计	方差比率	累计的方差比率	总计	方差比率	累计的方差比率
28	0.432	0.627	87.668						
29	0.426	0.618	88.285						
30	0.402	0.582	88.868						
31	0.389	0.563	89.431						
32	0.354	0.514	89.945						
33	0.346	0.502	90.446						
34	0.337	0.489	90.935						
35	0.321	0.465	91.399						
36	0.308	0.447	91.846						
37	0.291	0.422	92.268						
38	0.290	0.420	92.688						
39	0.283	0.410	93.098						
40	0.275	0.398	93.496						
41	0.260	0.377	93.873						

续表

因子	初始特征值			平方和负荷量萃取			转轴平方和负荷量		
	总　计	方差比率	累计的方差比率	总　计	方差比率	累计的方差比率	总　计	方差比率	累计的方差比率
42	0.250	0.363	94.236						
43	0.238	0.345	94.581						
44	0.236	0.342	94.923						
45	0.226	0.328	95.251						
46	0.223	0.323	95.574						
47	0.218	0.316	95.890						
48	0.212	0.307	96.197						
49	0.208	0.302	96.499						
50	0.198	0.287	96.786						
51	0.186	0.270	97.056						
52	0.175	0.254	97.310						
53	0.170	0.246	97.557						
54	0.162	0.235	97.791						
55	0.161	0.233	98.024						

续表

因子	初始特征值			平方和负荷量萃取			转轴平方和负荷量		
	总计	方差比率	累计的方差比率	总计	方差比率	累计的方差比率	总计	方差比率	累计的方差比率
56	0.153	0.222	98.246						
57	0.134	0.194	98.441						
58	0.130	0.188	98.629						
59	0.124	0.180	98.809						
60	0.113	0.164	98.973						
61	0.112	0.162	99.134						
62	0.106	0.154	99.288						
63	0.101	0.146	99.435						
64	0.095	0.138	99.573						
65	0.083	0.120	99.693						
66	0.078	0.114	99.806						
67	0.071	0.102	99.909						
68	0.056	0.081	99.990						
69	0.007	0.010	100.000						

表 5 - 37　共同性分析表

N	因子	初始	萃取	N	因子	初始	萃取	N	因子	初始	萃取
1	PU1	1	0.74	24	MC2	1	0.577	47	MD6	1	0.676
2	PU2	1	0.635	25	MC3	1	0.654	48	PIQ1	1	0.72
3	PU3	1	0.801	26	MC4	1	0.679	49	PIQ2	1	0.724
4	PU4	1	0.819	27	TI1	1	0.724	50	PIQ3	1	0.769
5	PU5	1	0.741	28	TI2	1	0.752	51	PIQ4	1	0.752
6	PE1	1	0.759	29	TI3	1	0.756	52	PIQ5	1	0.775
7	PE2	1	0.8	30	TI4	1	0.798	53	PIQ6	1	0.758
8	PE3	1	0.818	31	TI5	1	0.805	54	PIQ7	1	0.769
9	PE4	1	0.827	32	TI6	1	0.833	55	SN1	1	0.601
10	PENJ1	1	0.828	33	SE1	1	0.604	56	SN2	1	0.827
11	PENJ2	1	0.816	34	SE2	1	0.682	57	SN3	1	0.842
12	PENJ3	1	0.739	35	SE3	1	0.681	58	SN4	1	0.74
13	PI1	1	0.586	36	ND1	1	0.736	59	PMV1	1	0.773

续表

N	因子	初始	萃取	N	因子	初始	萃取	N	因子	初始	萃取
14	PI2	1	0.644	37	ND2	1	0.821	60	PMV2	1	0.712
15	PI3	1	0.581	38	ND3	1	0.797	61	PMV3	1	0.655
16	PI4	1	0.583	39	ND4	1	0.722	62	PMV4	1	0.691
17	PI5	1	0.645	40	ND5	1	0.66	63	UC1	1	0.81
18	PI6	1	0.664	41	ND6	1	0.743	64	UC2	1	0.769
19	PI7	1	0.675	42	MD1	1	0.664	65	UC3	1	0.705
20	PI8	1	0.641	43	MD2	1	0.743	66	UC4	1	0.784
21	PI9	1	0.672	44	MD3	1	0.684	67	BI1	1	0.851
22	PI10	1	0.69	45	MD4	1	0.742	68	BI2	1	0.893
23	MC1	1	0.569	46	MD5	1	0.739	69	BI3	1	0.884

上述表格包含三个部分：一是初始特征值（Initial Eigenvalues），表示初步抽取共同因素的结果；二是平方和负荷量萃取（Extraction Sums of Squared Loadings）此部分只保留特征值大于 1 的因素，特征值由大到小排列；三是转轴平方和负荷量（Rotation Sums of Squared Loadings），显示转轴后共同因素可以解释的总变异量。

结果显示，69 个指标题项共萃取出 12 个最后的共同因素，占转轴后的共同因素解释总变异量的 72.967%。这与本研究预设的 14 个主要因子有差异，通过旋转后的因子负荷矩阵，可以直观地看出探索性因子分析后的结果。如表 5-38 所示：

通过 SPSS 软件的因素分析功能，共提取因子主成分因子 12 个。其中，原始量表中的感知互动性因子的指标问题（PI2—PI10）与感知融合性因子所有指标问题（MC1—MC4）落入同一个矩阵空间；科技创新性因子所有指标问题（TI1—TI6）与自我效能感因子的所有指标问题（SE1—SE3）落入同一矩阵空间。说明这两组因素的其共同因素特质很高，被自动归类为一个共同因素。

另外，根据因素分析的标准：首先，因子负荷量（loadings）小于 0.5 时，该因子将被删除；其次，若因子只有一个项目，也将被删除；再次，每一个项目所对应的因子负荷量，必须接近 1，但在其他因素的因子负荷量必须接近 0，即当一个项目在所有因子的因子负荷量小于 0.5，或者这个项目的因子负荷量有两个大于 0.5 的（即横跨二个因子以上），皆删除。（张莹，2009）

由此，需删除的指标问题共三个，分别是感知互动性因子中的 PI1（手机新闻的界面美观）与 PI2（手机新闻能刺激我的新闻阅读）；自我效能感因子中的 SE1（我自信我能够使用手机来获取新闻资源）。

结合理论和实际双重考虑，将感知互动性因子与感知融合性因子进行合并是可以接受的。理由如下：

首先，感知融合性因子是近年来融合媒体概念趋热后，研究者单独将其提取出来进行讨论的概念，其本质是受众对媒体使用的自由度，虽然偏重于媒体使用的兼容性、集合性和随时随地性，但在一定程度上也反映了媒体使用的传授互动。

表 5 – 38 旋转后的因子负荷矩阵

	因子											
	1	2	3	4	5	6	7	8	9	10	11	12
PI10	0.759	0.070	0.114	0.166	0.098	0.132	0.138	0.085	0.105	0.061	−0.013	0.030
MC3	0.725	0.145	0.198	0.104	0.122	−0.012	0.100	0.031	0.057	0.144	0.081	−0.011
MC4	0.703	0.106	0.195	0.148	0.185	0.107	0.100	0.137	0.096	0.151	0.084	0.008
PI8	0.702	0.188	0.121	0.102	0.112	0.162	0.095	0.084	0.053	0.163	−0.043	0.190
PI9	0.695	0.185	0.071	−0.011	0.112	0.131	0.018	0.001	0.091	0.146	−0.042	0.241
PI6	0.675	0.123	0.087	0.089	0.034	0.180	0.214	0.117	0.086	0.069	0.162	0.214
PI5	0.667	0.134	0.048	0.045	0.043	0.274	0.161	0.177	0.045	0.103	0.028	0.174
PI9	0.667	0.117	0.088	0.320	0.138	0.114	0.119	0.115	0.153	0.095	0.068	0.087
PI4	0.581	0.065	0.001	0.147	0.014	0.284	0.246	0.134	0.012	0.058	0.124	0.202
PI3	0.581	0.082	0.001	0.244	0.005	0.176	0.149	0.146	−0.032	0.033	0.263	0.180
MC2	0.579	0.140	0.098	0.265	0.107	0.144	0.178	0.077	0.145	0.098	0.185	−0.081
MC1	0.517	0.130	0.189	0.329	0.055	0.038	0.161	0.027	0.161	0.003	0.289	−0.007
PI2	0.401	0.214	0.211	0.119	0.168	0.043	0.082	0.386	0.184	−0.033	−0.168	0.361
TI6	0.164	0.820	0.135	−0.012	0.177	0.047	−0.013	0.061	0.140	0.203	−0.088	0.098

续表

	因子											
	1	2	3	4	5	6	7	8	9	10	11	12
TI5	0.136	0.797	0.165	0.001	0.189	0.079	−0.070	0.023	0.132	0.200	−0.062	0.118
TI4	0.141	0.793	0.126	−0.011	0.175	0.081	−0.019	0.061	0.110	0.245	−0.085	0.113
TI3	0.097	0.765	0.086	0.199	0.172	0.096	0.134	0.125	0.073	0.028	0.162	0.103
TI2	0.176	0.706	0.165	0.229	0.159	0.145	0.181	0.119	0.033	−0.013	0.215	0.050
TI1	0.190	0.700	0.088	0.225	0.187	0.184	0.080	0.109	0.017	0.005	0.212	0.086
SE2	0.284	0.519	0.173	0.035	0.191	0.128	0.284	0.123	0.067	−0.018	0.381	−0.043
SE3	0.330	0.502	0.207	0.082	0.116	0.121	0.281	0.068	0.119	−0.043	0.373	−0.056
SE1	0.266	0.432	0.198	0.232	0.254	0.096	0.296	0.089	0.110	−0.022	0.263	0.042
ND1	0.144	0.132	0.802	0.141	0.088	0.159	0.108	0.166	0.110	0.020	0.187	0.024
ND3	0.159	0.092	0.798	0.113	0.100	0.155	0.140	0.082	0.152	0.131	0.093	0.071
ND6	0.126	0.109	0.753	0.104	0.118	0.109	0.053	0.036	0.159	0.168	0.141	0.183
ND4	0.161	0.186	0.752	0.034	0.090	0.136	0.023	0.139	0.102	0.158	0.074	0.087
ND1	0.052	0.192	0.729	0.127	0.176	0.142	0.060	0.185	0.158	0.081	0.075	0.152
ND5	0.222	0.175	0.648	0.143	0.147	0.096	0.144	0.086	0.215	0.164	−0.020	0.086

续表

	因　子											
	1	2	3	4	5	6	7	8	9	10	11	12
PU3	0.202	0.097	0.097	0.817	0.084	0.126	0.149	0.029	0.078	0.078	0.086	0.088
PU4	0.263	0.092	0.154	0.791	0.092	0.143	0.198	0.049	0.054	0.071	0.097	0.058
PU1	0.148	0.120	0.058	0.779	0.069	0.148	0.181	0.084	0.083	0.030	0.130	0.045
PU5	0.310	0.116	0.121	0.700	0.095	0.116	0.179	0.093	0.092	0.054	0.131	0.188
PU2	0.156	0.065	0.134	0.666	-0.013	0.125	0.240	0.107	0.132	0.032	-0.008	0.205
MD4	0.150	0.184	0.011	-0.022	0.803	0.091	0.053	0.120	0.061	0.066	0.043	0.079
MD5	0.073	0.204	0.139	0.033	0.782	0.116	0.109	-0.010	0.090	0.137	0.069	0.061
MD2	0.073	0.160	0.135	-0.008	0.781	0.102	0.058	0.164	0.017	0.108	0.017	0.176
MD3	0.148	0.167	0.044	0.135	0.751	0.127	0.042	0.080	0.124	0.026	0.081	0.051
MD6	0.098	0.214	0.189	0.112	0.698	0.164	0.065	0.003	0.110	0.192	0.063	0.017
MD1	0.187	0.114	0.213	0.206	0.610	-0.059	0.252	-0.047	0.180	0.145	0.143	-0.116
PIQ7	0.402	0.112	0.152	0.224	0.163	0.647	0.091	0.196	0.066	0.116	0.085	0.069
PIQ2	0.290	0.175	0.182	0.226	0.146	0.640	0.139	0.195	0.080	0.117	0.175	0.144
PIQ3	0.257	0.255	0.254	0.108	0.147	0.640	0.109	0.103	0.152	0.231	0.008	0.177

续表

	因子											
	1	2	3	4	5	6	7	8	9	10	11	12
PIQ2	0.211	0.209	0.286	0.009	0.182	0.617	0.142	0.179	0.142	0.239	-0.048	0.094
PIQ4	0.391	0.149	0.158	0.209	0.143	0.610	0.161	0.162	0.178	0.067	0.165	-0.015
PIQ5	0.297	0.081	0.156	0.357	0.177	0.592	0.162	0.220	0.206	0.074	0.152	0.044
PIQ1	0.312	0.124	0.265	0.319	0.164	0.565	0.062	0.159	0.180	0.061	0.155	0.010
PE3	0.302	0.105	0.099	0.221	0.099	0.120	0.776	0.051	0.056	0.003	0.074	0.136
PE4	0.302	0.071	0.102	0.237	0.127	0.099	0.776	0.071	0.077	0.062	0.123	0.082
PE2	0.268	0.071	0.098	0.219	0.162	0.144	0.770	0.058	0.104	-0.023	0.046	0.091
PE1	0.182	0.091	0.136	0.304	0.083	0.099	0.755	-0.012	0.112	0.049	0.063	0.041
PMV1	0.127	0.096	0.070	0.143	0.088	0.156	0.100	0.788	0.072	0.168	0.120	0.108
PMV2	0.148	0.069	0.180	0.006	0.091	0.102	-0.018	0.737	0.122	0.233	0.112	0.092
PMV4	0.217	0.152	0.160	0.077	0.051	0.178	0.029	0.686	0.145	0.198	0.117	0.100
PMV3	0.164	0.111	0.181	0.114	0.055	0.206	0.048	0.647	0.087	0.250	0.181	-0.011
UC2	0.028	0.080	0.179	0.158	0.154	0.114	0.112	0.165	0.775	0.078	0.122	0.085
UC4	0.207	0.077	0.241	0.106	0.077	0.119	0.109	0.060	0.759	0.067	0.222	-0.018

续表

	因　子											
	1	2	3	4	5	6	7	8	9	10	11	12
UC1	0.128	0.172	0.195	0.202	0.134	0.119	0.100	0.088	0.751	0.088	0.251	-0.015
UC3	0.193	0.179	0.181	-0.006	0.139	0.133	0.031	0.109	0.727	0.056	0.003	0.147
SN3	0.157	0.159	0.198	0.054	0.175	0.134	0.012	0.209	0.062	0.798	0.048	0.118
SN2	0.233	0.139	0.175	0.051	0.145	0.061	0.003	0.210	0.134	0.792	0.025	0.078
SN4	0.191	0.205	0.157	0.022	0.193	0.164	-0.038	0.244	0.016	0.710	0.051	0.060
SN1	0.192	0.063	0.150	0.191	0.158	0.181	0.145	0.256	0.094	0.570	0.122	0.091
BI2	0.179	0.139	0.227	0.200	0.139	0.141	0.104	0.249	0.303	0.117	0.717	0.137
BI3	0.181	0.146	0.227	0.200	0.138	0.142	0.104	0.251	0.294	0.116	0.710	0.145
BI1	0.185	0.144	0.214	0.235	0.186	0.134	0.135	0.220	0.305	0.097	0.671	0.151
PENJ1	0.252	0.143	0.215	0.251	0.111	0.076	0.207	0.111	0.101	0.177	0.126	0.711
PENJ2	0.324	0.177	0.176	0.181	0.120	0.133	0.147	0.010	0.076	0.250	0.181	0.679
PENJ3	0.287	0.191	0.203	0.279	0.055	0.101	0.072	0.150	0.108	0.114	0.137	0.646
PI1	0.393	0.113	0.173	0.043	0.204	0.092	0.016	0.290	-0.032	-0.084	-0.047	0.493

其次，感知互动性因子的定义本身延展范围较大，在研究最初理论假设时就提到了感知互动因子与感知融合因子两者有交集，两者都体现了人机与人际交流的友好性、顺畅性。从广义上讲，互动性的内涵可以包含受众使用新媒体的自由程度。

最后，本书作者提出两个因子是基于一定的理论假设，但受众提供的实际数据最真实地反映了受众对于这两个因子问题的感受和回应，应当以受众的客观反映为主要依据。因此，本研究将两个因子合并在一起，并启用"感知互动融合性因子"的新命名，使合并一方面不丧失两者原来所包含的微妙差异，也能更好地体现手机新闻的全媒体技术特质。

将科技创新性因子与自我效能感因子的部分问题进行合并也在情理之中。从技术接受的角度而言，这两个因子都是受众对于新技术接受与使用的主观感受，而且都体现了新科技与个人主观认同之间的关联。综上，可以接受将两者合并，且这两个因子的合并可以更加完整地表达使用者对于一项新技术接受时的自我能力认同性。

自我效能感因子源于社会认知理论，可以有比较广义的应用，而本研究主要聚焦于新技术接纳，再加上自我效能感因子的 SE1 指标问题由于未达到 0.5 的负荷标准被删除，自我效能感因子剩余两个指标问题。因此，本书作者认为可以将自我效能感因子问题并置入科技创新性因子，仍任命名为"科技创新性因子"。

经过因子分析后，除人口特征五要素外，原假设的 13 个自变量合并为 11 个自变量，感知互动性因子与感知融合性因子合并，合并后的因子重新命名为"感知互动融合性因子"，自我效能感因子与科技创新性因子合并，合并后仍命名为"科技创新因子"。

经过调整后的手机新闻采纳行为机制如图 5-8 所示。

通过因素分析，本研究的量表设计整体效度较高，通过检验。同时，通过因子分析，原始量表得以进一步微调，删除和合并相关题项，整体效度更高（见表 5-39）。接下来，在此基础上，进一步展开基于结构方程模型的手机新闻采纳影响因素研究。

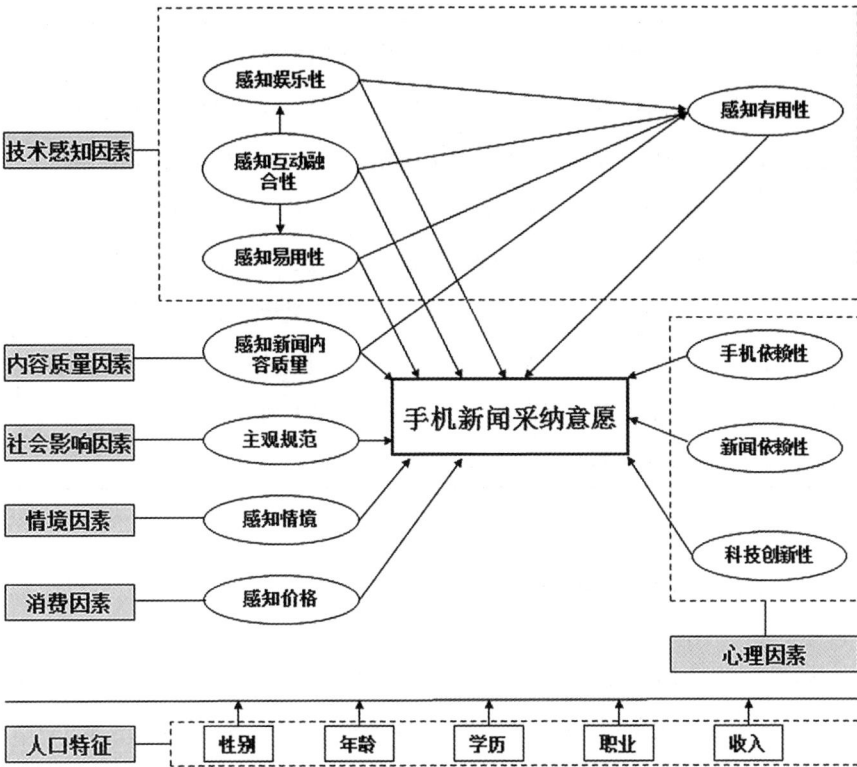

图 5-8 调整后的手机新闻采纳模型图

表 5-39 因素分析后修订的假设列表

序号	修订后的假设
H1	受众对手机新闻的感知有用性越高，其对手机新闻的采纳意愿越高
H2	受众对手机新闻的感知易用性越高，其对手机新闻的采纳意愿越高
H3	受众对手机新闻的感知易用性越高，其感知的手机新闻有用性越高
H4	受众对手机新闻的感知娱乐性越高，其对手机新闻的采纳意愿越高
H5	受众对手机新闻的感知娱乐性越高，其感知的手机新闻有用性越高
H6	受众对手机新闻的感知互动融合性越高，其对手机新闻的采纳意愿越高
H7	受众对手机新闻的感知互动融合性越高，其感知的手机新闻有用性越高
H8	受众对手机新闻的感知互动融合性越高，其感知的手机新闻易用性越高
H9	受众对手机新闻的感知互动融合性越高，其感知的手机新闻娱乐性越高

序号	修订后的假设
H10	受众感知的手机新闻的信息质量越高，其对手机新闻的采纳意愿越高
H11	受众感知的手机新闻的信息质量越高，其感知的手机新闻有用性越高
H12	受众对手机新闻的主观规范认知越强，其对手机新闻的采纳意愿越高
H13	受众对手机新闻的使用情境感知越强，其对手机新闻的采纳意愿越高
H14	受众对手机新闻的费用接受度越高，其对手机新闻的采纳意愿越高
H15	受众对手机依赖的程度越高，其对手机新闻的采纳意愿越高
H16	受众对新闻依赖的程度越高，其对手机新闻的采纳意愿越高
H17	受众的科技创新性程度越高，其对手机新闻的采纳意愿越高

三、模型假设检验研究

本部分将运用 AMOS17.0 软件进行结构方程建模，从而进一步考察手机新闻采纳行为模型各因素之间的影响关系。结构方程模型（Structural Equation Modeling，简称 SEM）技术适用于处理复杂的多变量数据探究与分析，它融合了传统多变量统计分析中的"因素分析"与"线性模型之回归分析"的统计技术，可以对各种因果模型进行模型识别、估计与验证。

1. 手机新闻采纳行为的模型设立与检验

（1）手机新闻采纳行为的 SEM 模型设立。

通过 AMOS 软件绘制 SEM 模型图如图 5-9 所示。

完整的结构方程模型包含测量模型（measurement model）与结构模型（structural model）。测量模型中的观察变量以长方形表示，测量模型中的潜在变量以椭圆形表示。通过上一节中的因素分析，我们得到了 12 个潜在变量，这些变量无法直接观察测量，需要借助观察变量，即指标问题来反映。本研究的 SEM 结构模型如图 5-9 所示，包含 1 个外生潜在变量、11 个内生潜在变量。而测量模型则包含 12 个测量模型，共 59 个观察变量。根据 SEM 模型的建模要求，增设潜在变量与观察变量之间的误差

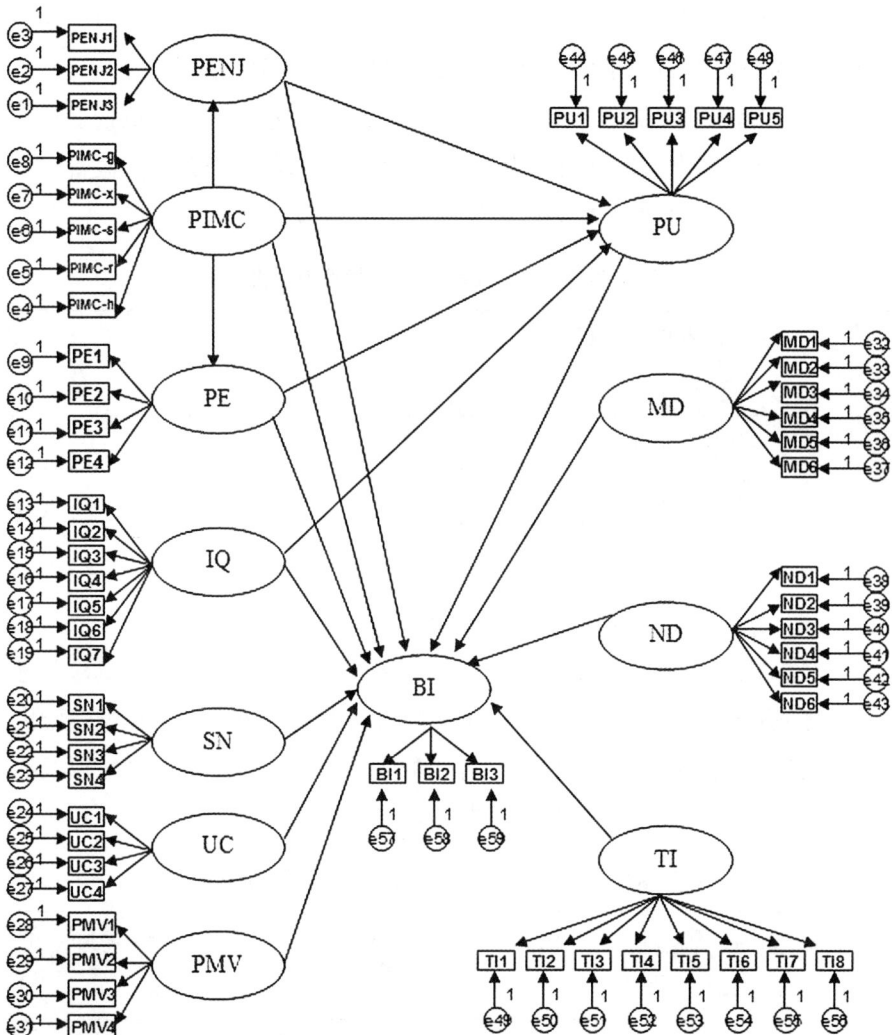

图 5 - 9 手机新闻采纳 SEM 模型图

注：图中字母缩写释义：PENJ 代表感知娱乐性；PIMC 代表感知互动融合性；PU 代表感知有用性；PE 代表感知易用性；PIQ 代表信息质量；SN 代表主观规范；UC 代表感知情境；PMV 代表感知价格；MD 代表手机依赖性；ND 代表新闻依赖性；TI 代表科技创新性。

项及外生变量之间的公变关系。

（2）手机新闻采纳行为的 SEM 模型识别检验。

SEM 模型识别首先计算数据点数目和模型中参数数目（t）。数据点数目的计算公式为：$(p+q)*(p+q+1)/2$，p 为模型外生测量变量数目，q 为模型内生测量变量数目。参数的数目为模型中带估计的回归系数、方差、协方差的总数目。根据 t 法则，当 t 小于数据数目，表示模型自由度大于 0，数据点数目多于估计参数总数，满足模型识别的要求。

根据实际数据结果，模型的外生测量变量数目为 40，内生测量变量数目为 18，计算得出数据点数目为 1711，t 值为 136，小于数据点数目，自由度大于 0，满足模型分析必要条件（见表 5 - 40）。

表 5 - 40　手机新闻采纳 SEM 模型识别检验

外生测量变量数目（p）	40
内生测量变量数目（q）	18
数据点数目	1711
参数数目（t）	136
自由度	1575

（3）手机新闻采纳行为的 SEM 模型参数预估。

通过 AMOS 软件数据分析，模型通过识别检验。为了进一步检验理论模型的适配度是否良好，需对各个参数进行判别，下图列出模型适配度评估的各个参数指标，主要包括绝对适配度系数、比较适配度系数以及简约适配度系数。具体数值和判别标准见表 5 - 41。

表 5 - 41　手机新闻采纳行为的 SEM 模型参数预估

拟合指标	建议接受值	CFA 模型值	模型匹配判断
绝对适配度系数			
c^2	>0.05	3695.265（p=0.00<0.05）	否
c^2/df	<5	2.632	是
RMSEA	<0.08	0.068	是
GFI	>0.9	0.904	是
CN	>200	359	是
比较适配度系数			
NFI	>0.9	0.809	否
IFI	>0.9	0.913	是

续表

拟合指标	建议接受值	CFA 模型值	模型匹配判断
CFI	＞0.9	0.903	是
TLI	＞0.9	0.864	否
简约适配度系数			
PGFI	＞0.5	0.641	是
PNFI	＞0.5	0.765	是
PCFI	＞0.5	0.824	是

从表 5-41 中适配度数据可知，在绝对适配度参数系列中，除卡方值 c^2 显著性假设不成立外，其他参数都达标；在比较适配度系数指标中，NFI 与 TLI 都大于 0.8，而未达到 0.9 的适配标准；在简约适配度系数中，所有指标达到适配标准。

本研究模型的卡方值 $c^2=3695.265$，显著性 p＝0.00＜0.05，达到显著性水平。多数统计学研究表明，卡方值统计量不显著表示观察协方差矩阵与被估计协方差矩阵之间没有差异，因而显著性 p 值大于 0.05 时，表示假设模型与观察数据间的适配度良好。但在模型较为复杂和多样本的情况下，很容易得出显著的卡方值，造成无法有效辨别良好或不佳的模型。（吴明隆，2013）

本研究的模型相对而言是比较复杂的，而且样本数在 250 人以上，c^2 的统计意义不大，要辨别模型是否适配良好，还需要进一步参考其他参数。Martens（2005）认为，卡方自由度比值、GFI 值、NFI 值三个指标实际上会受到样本大小、每个因子中指标问题数量的影响，此外跨样本的类推也不佳，因此他将 CFI 及 RMSEA 作为模型适配度检验的最主要指标。本研究中 CFI 值为 0.903，CFI＞0.9，RMSEA 值为 0.068，RMSEA＜0.08。关键指标达到适配度检验要求。

综上，适配度检验的结论是：本研究模型较为复杂，潜在变量数目较多，样本规模属于中等，鉴于这些因素的影响，本研究模型拟合度没有达到很高的水平，但本模型适配度评估中的几个关键指标都显示合格，综合考虑，仍是可以接受的模型。

2. 手机新闻采纳行为的模型解释与讨论

（1）影响力显著性检验。

通过适配度参数评估以后，验证本研究模型的拟合程度一般，与数据可以适配。接下来，通过 AMOS 软件对非标准化及标准化的路径系数和显著性进行计算，从而对本研究的假设进行一一检验。表 5-42 中 P 值表示显著性，当 p＜0.05 时，表示数据达到显著性关联，假设成立。其中若 p＜0.001，则用"＊＊＊"表示；若 p＞0.001，则用数字直接显示。Estimate 为未标准化系数，此值可以比较相对影响力；SE 是标准化误差（Standard Error）；C. R. 是临界比率值（Critical Ration），相当于 t值。如果 t＞1.95，则 p＜0.05；如果 t＞2.58，则 p＜0.01。

表 5-42 非标准化的路径系数及显著性检验

			Estimate	S. E.	C. R.	P
PENJ	<---	PIMC	0.533	0.040	13.413	＊＊＊
PE	<---	PIMC	0.469	0.036	12.955	＊＊＊
PU	<---	PENJ	0.176	0.054	3.274	0.001
PU	<---	PIMC	0.046	0.048	0.966	0.334
PU	<---	PE	0.313	0.055	5.708	＊＊＊
PU	<---	PIQ	0.269	0.041	6.602	＊＊＊
BI	<---	SN	−0.062	0.049	−1.262	0.207
BI	<---	UC	0.372	0.058	6.476	＊＊＊
BI	<---	PMV	0.264	0.057	4.610	＊＊＊
BI	<---	PIQ	0.004	0.063	0.069	0.945
BI	<---	MD	0.043	0.034	1.250	0.211
BI	<---	ND	0.115	0.038	3.011	0.003
BI	<---	TI	0.104	0.031	2.109	0.003
BI	<---	PE	0.059	0.052	1.139	0.255
BI	<---	PENJ	0.060	0.047	1.284	0.199
BI	<---	PU	0.157	0.068	2.307	0.021
BI	<---	PIMC	0.048	0.038	1.058	0.325

　　结果显示，在 17 个假设中，10 个假设成立，7 个假设不成立。其中，感知互动融合性对感知娱乐性影响显著，感知互动融合性对感知易用性影响显著，感知娱乐性对感知有用性影响显著，感知易用性对感知有用性影响显著，信息质量对感知有用性影响显著，感知情境对使用意愿影响显著，感知货币价格对使用意愿影响显著，新闻依赖性对使用意愿影响显著，科技创新性对使用意愿影响显著，感知有用性对使用意愿影响显著。

　　手机新闻采纳模型路径系数图如图 5-10 所示。

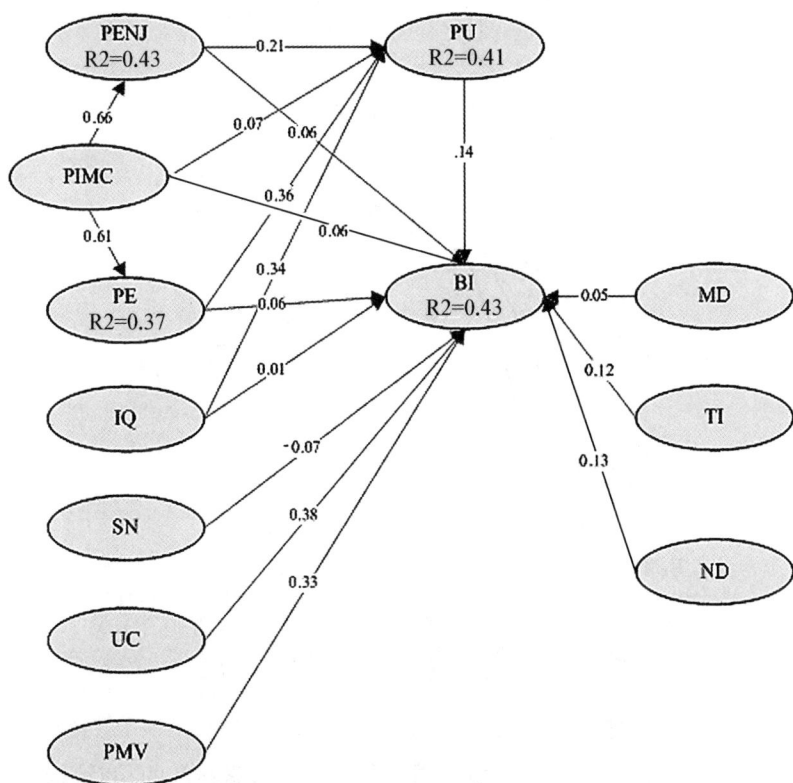

图 5-10　手机新闻采纳模型的路径系数

　　注：图中字母缩写释义：PENJ 代表感知娱乐性；PIMC 代表感知互动融合性；PU 代表感知有用性；PE 代表感知易用性；PIQ 代表感知新闻质量；SN 代表主观规范；UC 代表感知情境；PMV 代表感知价格；MD 代表手机依赖性；ND 代表新闻依赖性；TI 代表科技创新性。

　　根据各个影响因子对手机新闻采纳意愿变量的显著性检验，得到经过验证的手机新闻采纳模型图（见图 5-11）。

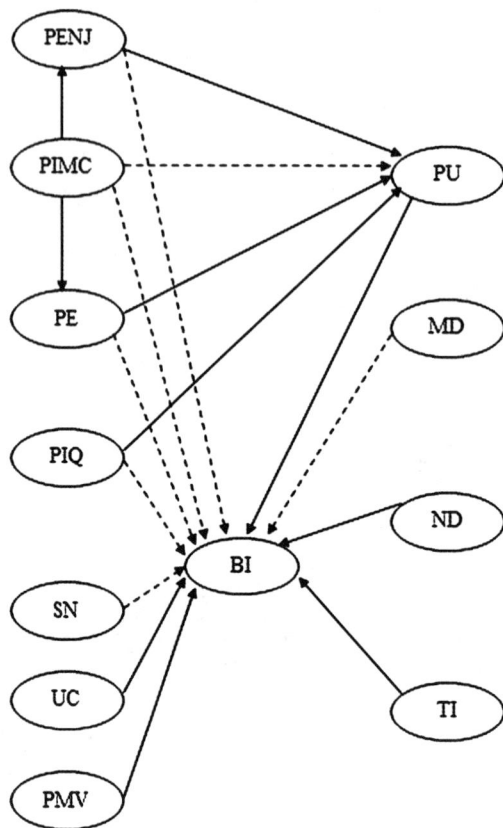

图 5‑11　假设验证后的模型路径图

注：图中字母缩写释义：PENJ 代表感知娱乐性；PIMC 代表感知互动
融合性；PU 代表感知有用性；PE 代表感知易用性；PIQ 代表感知新闻
质量；SN 代表主观规范；UC 代表感知情境；PMV 代表感知价格；MD
代表手机依赖性；ND 代表新闻依赖性；TI 代表科技创新性。

（2）各因素相对影响力比较。

表 5‑43 中标准化路径系数显示出各个影响因素之间的相对影响力。

影响手机新闻采纳意愿的十个影响因素中，对其影响力最大的前五位
因子由大到小排列分别是：感知情境因子、感知价格因子、感知有用性因
子、新闻依赖性因子、科技创新性因子。其中，主观规范因子的影响呈负
向关系，即社会影响对手机新闻采纳有负向影响作用。影响感知有用性有
四个因素，影响力大小排名分别是，感知易用性因子、感知新闻质量因
子、感知娱乐性因子、感知互动融合性因子。

表 5-43　标准化的路径系数及显著性检验

			估　值
PENJ	<---	PIMC	0.658
PE	<---	PIMC	0.606
PU	<---	PENJ	0.214
PU	<---	PIMC	0.069
PU	<---	PE	0.364
PU	<---	PIQ	0.338
BI	<---	SN	−0.075
BI	<---	UC	0.379
BI	<---	PMV	0.334
BI	<---	PIQ	0.005
BI	<---	MD	0.054
BI	<---	ND	0.130
BI	<---	TI	0.121
BI	<---	PE	0.061
BI	<---	PENJ	0.064
BI	<---	PU	0.137
BI	<---	PIMC	0.058

3. 受众特征对手机新闻采纳的影响分析

性别、年龄、职业、教育程度以及经济收入作为受众个人人口属性特征，属于外部因素。本部分将对这五个人口统计学变量对于手机新闻采纳的影响做平均数差异检验，以验证不同的人口统计学因素对采纳意愿是否存在统计学意义上的显著差异。

常用的平均数差异检验方法为独立样本 t 检验及单因素方差分析（one-way analysis of variance；简称为 one-way ANOVA）。t 检验统计方法适用于两个平均数的差异检验，当自变量为二分类别变量，因变量为连续变量；单因素方差分析法则适用于三个以上群体间平均数的差异检验。

本研究中，BI（采纳意愿因子）为连续性变量，根据统计学法则，性别变量为二分别变量，适用于 t 检验方法；年龄、职业、教育程度及经济收入变量都属于三个群体以上平均数差异检验，适用于单因素方差分析法。具体分析结果如下：

（1）性别在 BI 上的 t 检验。

性别自变量是二分类别变量，采纳意愿是连续变量，要检验不同性别之间的采纳意愿是否具有显著差别，需利用独立样本 t 检验方法。Levene 检验用于检验两组方差是否同质，检验结果表明，F＝0.799，p＝0.372＞0.05，未达到 0.05 的显著水平，表示应视两组方差假设相等（见表 5‐44）。男性在 BI 上的均值减去女性在 BI 上的均值，结果为正，说明男性取值大于女性，但 p＝0.428＞0.05，这个结果不显著。也就是说，就手机信息服务采纳的意愿而言，男性的平均数值要高于女性，但 t 检验结果的统计量未达到显著性水平。

表 5‐44 性别因素在 BI 上的 t 检验

独立样本检验		方差方程的 Levene 检验		均值方程的 t 检验		
		F	Sig.	t	df	Sig.（双侧）
BI	假设方差相等	0.799	0.372	0.794	352	0.428

结论是：性别差异对手机新闻采纳意愿没有显著影响。

（2）年龄在 BI 上的方差分析。

年龄自变量的方差同质性检验结果表明，F＝1.324，p＝0.261＞0.05，同质性检验未达到显著性水平，未违反方差同质性假定（见表 5‐45）。

表 5‐45 年龄因素在 BI 上的方同质性检验

方同质性检验			
BI			
Levene 统计量	df1	df2	显著性
1.324	4	349	0.261

单因素方差分析结果显示，整体检验的 F 值＝0.772，显著性 p＝0.544＞0.05（见表 5－46）。

表 5－46　年龄因素在 BI 上的单因素方差分析

单因素方差分析					
BI					
	平方和	df	均方	F	显著性
组间	2.559	4	0.640	0.772	0.544
组内	289.436	349	0.829		
总数	291.995	353			

结论显示：不同年龄的受众在"手机新闻采纳意愿"上的差异是不显著的。

（3）学历在 BI 上的方差分析。

学历自变量的方差同质性检验结果表明，F＝0.729，p＝0.572＞0.05，同质性检验未达到显著性水平，未违反方差同质性假定（见表 5－47）。

表 5－47　学历在 BI 上的方同质性检验

方同质性检验			
BI			
Levene 统计量	df1	df2	显著性
0.729	4	349	0.572

单因素方差分析结果显示，整体检验的 F 值＝1.681，显著性 p＝0.154＞0.05（见表 5－48）。

表 5－48　学历在 BI 上的单因素方差分析

单因素方差分析					
BI					
	平方和	df	均方	F	显著性
组间	5.520	4	1.380	1.681	0.154
组内	286.475	349	0.821		
总数	291.995	353			

结论显示：不同学历受众在"手机新闻采纳意愿"上的差异不显著。

（4）职业在 BI 上的方差分析。

职业自变量的方差同质性检验结果表明，F＝0.341，p＝0.888＞0.05，同质性检验未达到显著性水平，未违反方差同质性假定（见表5-49）。

表5-49　职业因素在 BI 上的方同质性检验

方同质性检验			
BI			
Levene 统计量	df1	df2	显著性
0.341	5	336	0.888

单因素方差分析结果显示，整体检验的 F 值＝0.654，显著性 p＝0.659＞0.05（见表5-50）。

表5-50　职业因素在 BI 上的单因素方差分析

单因素方差分析					
BI					
	平方和	df	均方	F	显著性
组间	2.775	5	0.555	0.654	0.659
组内	285.219	336	0.849		
总数	287.995	341			

结论显示：不同职业的受众在"手机新闻采纳意愿"上的差异是不显著的。

（5）收入在 BI 上的方差分析。

收入自变量的方差同质性检验结果表明，F＝0.769，p＝0.573＞0.05，同质性检验未达到显著性水平，未违反方差同质性假定（见表5-51）。

表5-51　收入因素在 BI 上的方同质性检验

方同质性检验			
BI			
Levene 统计量	df1	df2	显著性
0.769	5	348	0.573

单因素方差分析结果显示，整体检验的 F 值＝0.630，显著性 p＝0.677＞0.05，表示不同收入水平的受众在"手机新闻采纳意愿"上的差异是不显著的（见表 5－52）。

表 5－52　收入因素在 BI 上的单因素方差分析

单因素方差分析					
BI					
	平方和	df	均方	F	显著性
组间	2.618	5	0.524	0.630	0.677
组内	289.377	348	0.832		
总数	291.995	353			

综上检验，受众人口统计学特征对于手机新闻采纳的差异分析结论为：

受众的性别差异不影响手机新闻采纳意愿；（见表 5－44）

受众的年龄段差异不影响手机新闻采纳意愿；（见表 5－45、5－46）

受众的学历差异不影响手机新闻采纳意愿；（见表 5－47、5－48）

受众的职业差异不影响手机新闻采纳意愿；（见表 5－49、5－50）

受众的收入水平差异不影响手机新闻采纳意愿。（见表 5－51、5－52）

第四节　实　证　结　论

表 5－53　手机新闻采纳模型假设验证结果汇总表

序号	修订后的假设	检验结果
H1	受众对手机新闻的感知有用性越高，其对手机新闻的采纳意愿越高	成立
H2	受众对手机新闻的感知易用性越高，其对手机新闻的采纳意愿越高	不成立
H3	受众对手机新闻的感知易用性越高，其感知的手机新闻有用性越高	成立
H4	受众对手机新闻的感知娱乐性越高，其对手机新闻的采纳意愿越高	不成立

序号	修 订 后 的 假 设	检验结果
H5	受众对手机新闻的感知娱乐性越高，其感知的手机新闻有用性越高	成立
H6	受众对手机新闻的感知互动融合性越高，其对手机新闻的采纳意愿越高	不成立
H7	受众对手机新闻的感知互动融合性越高，其感知的手机新闻有用性越高	不成立
H8	受众对手机新闻的感知互动融合性越高，其感知的手机新闻易用性越高	成立
H9	受众对手机新闻的感知互动融合性越高，其感知的手机新闻娱乐性越高	成立
H10	受众感知的手机新闻的信息质量越高，其对手机新闻的采纳意愿越高	不成立
H11	受众感知的手机新闻的信息质量越高，其感知的手机新闻有用性越高	成立
H12	受众对手机新闻的主观规范认知越强，其对手机新闻的采纳意愿越高	不成立
H13	受众对手机新闻的使用情境感知越强，其对手机新闻的采纳意愿越高	成立
H14	受众对手机新闻的费用接受度越高，其对手机新闻的采纳意愿越高	成立
H15	受众对手机依赖的程度越高，其对手机新闻的采纳意愿越高	不成立
H16	受众对新闻依赖的程度越高，其对手机新闻的采纳意愿越高	成立
H17	受众的科技创新性程度越高，其对手机新闻的采纳意愿越高	成立
H18	受众的性别差异显著影响手机新闻采纳意愿	不成立
H19	受众的年龄差异显著影响手机新闻采纳意愿	不成立
H20	受众的学历差异显著影响手机新闻采纳意愿	不成立
H21	受众的职业差异显著影响手机新闻采纳意愿	不成立
H22	受众的收入水平差异显著影响手机新闻采纳意愿	不成立

综上研究，本书对手机新闻采纳影响因素的验证结论如下：

（1）直接显著影响手机新闻采纳的五要素是：感知有用性、感知情境、感知价格、新闻依赖性和科技创新性。

（2）感知娱乐性、感知易用性、感知新闻质量三个因素通过影响感知有用性间接影响手机新闻采纳意愿。

（3）人口特征五要素、主观规范、手机依赖性不影响手机新闻采纳意愿。

（4）感知互动融合性显著影响感知娱乐和感知易用性。

（5）影响手机新闻采纳意愿的十个影响因素中，对其影响力最大的前五位因子由大到小排列分别是：感知情境因子、感知价格因子、感知有用性因子、新闻依赖性因子、科技创新性因子。其中，主观规范因子的影响呈负向关系，即社会影响对手机新闻采纳有负向影响作用。影响感知有用性有四个因素，影响力大小排名分别是，感知易用性因子、感知新闻质量因子、感知娱乐性因子、感知互动融合性因子。

经验证的手机新闻采纳模型如图5-12所示：

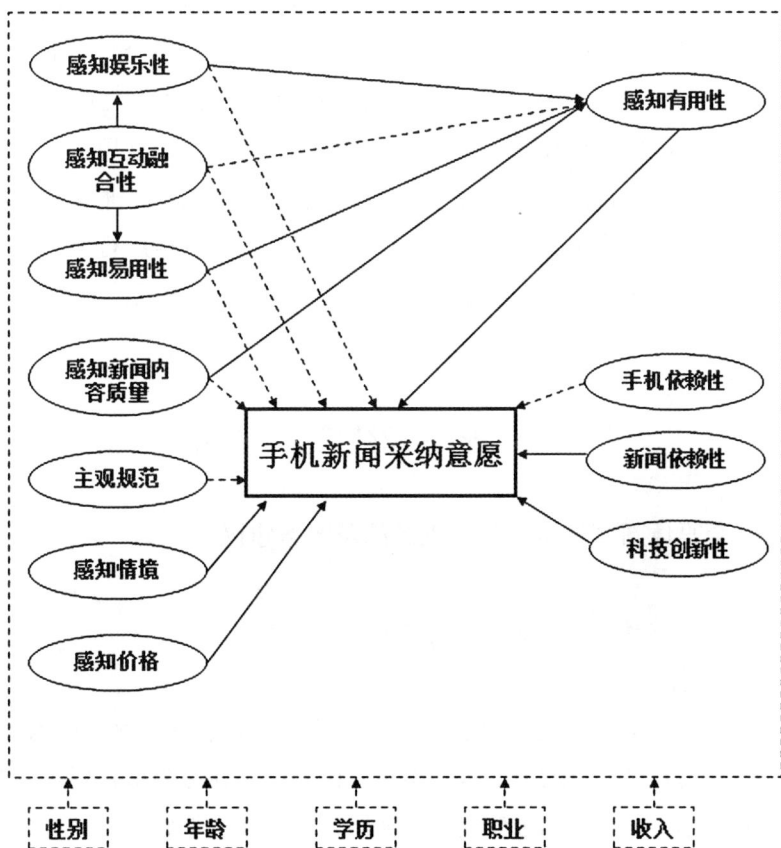

图5-12　经验证的手机新闻采纳模型

注：虚线文字框代表该影响因素不成立，虚线箭头代表该影响作用机制不成立。

第六章

研究总结与未来展望

本章对现阶段受众全媒体新闻信息行为的特点进行了总结，包括新闻信息需求、新闻获取偏好、新闻媒介使用评价等方面，描绘了当下受众新闻信息行为的主要轮廓；同时，本研究将新闻受众划分为三种主要的类型，分别是：新媒体型用户、传统媒体型用户、过渡媒体型用户。新媒体型用户根据其移动特性再细分为三种：移动新媒体型用户、非移动新媒体型用户和混合新媒体型用户。分别比较了不同类型受众信息行为的共性与差异，从而有的放矢地提供全媒介信息服务的发展方向与具体建议。

第一节　研究总结与实务建议

一、全媒体新闻信息行为特点总结及实务建议

1. 全媒体环境中受众新闻信息行为特点总结

（1）新闻信息需求。

全媒体环境下受众新闻信息需求动机排序为：信息获取、休闲娱乐、社会归属、增长见识、增加话题、参与评论。受众新闻需求强弱程度与年龄、职业、学历、收入四个变量呈显著相关，而与性别无关。

（2）新闻信息获取偏好。

受众使用多种媒介获取新闻已成常态，使用超过三种媒介设备获取新

闻信息的比例为81.6%，而使用单一媒介设备的受众仅占3.5%。近6成受众日常获取新闻信息的频率是每日1～2次。晚间19:00～22:00是获取新闻的最高峰时间段，其次是傍晚17:00～19:00，第三个高峰是在早晨6:00～9:00。本次调查中新闻信息获取的场所排序为家、交通工具、工作场所、学习场所、户外。交通工具成为超过工作场所的第二大新闻获取地点。受众最青睐的新闻信息内容是国内新闻与社会事件类新闻。受众最青睐的新闻信息形式是：电视新闻→图文类新闻→网络视频新闻→纯文字的新闻报道摘要＋详细图文链接。

（3）新闻媒介使用评价。

受众对新闻媒介的整体评价比较满意。在信息内容、技术功能、费用价格和外观界面四个选项中，其中对技术功能的满意评价比例相对最高。

（4）网络新闻入口。

综合门户网站、搜索引擎作为传统的新闻入口仍然领先。受众选择综合门户网站作为网络新闻入口的比例最高，占62.3%，其次为搜索引擎（56.3%）。

手机新闻已经成为受众获取新闻的主要方式。同一媒体不同媒介终端的新闻信息服务比较中，手机端的选择概率往往高于电脑端。比如手机微博新闻（44.6%）要高于电脑端微博新闻（31.5%）。手机新闻入口选择排序为，手机微博、手机浏览器、即时通信、新闻APP、手机报。

社交信息行为与新闻信息行为的融合是目前最突出的新闻信息行为融合方式之一。以手机端为例，受众通过手机社交软件获取新闻的比例要高于专门的手机新闻APP，而电脑端的网站类新闻获取方式中，社交网站新闻入口的选择比例要高于专业新闻类网站的选择率。

（5）获取方式偏好。

虽然全媒体环境提供了丰富多元的新闻信息渠道，但受众会有比较固定的媒体信息源，已形成属于自己的新闻获取习惯方式。从受众日常获取新闻的媒体数量上看，超6成的受众选择2～3家媒体来获取。在网络新闻浏览方式中，有7成受众选择浏览新闻标题，5成的受众读完整的新闻图文，3成受众会收看新闻视频。

（6）新闻双向参与。

从受众参与新闻互动的形式上看，转发新闻信息为受众最频繁的网络新闻互动行为，参与新闻投票排名第二，发表新闻评论排名第三，发布新闻信息排名最末。

从获取新闻的主动性来看，"积极新闻获取者"与"惰性新闻获取者"的比例为 4∶3。可见人群中存在较高比例的"惰性新闻获取者"，他们更愿意被动地获取新闻信息。

从参与新闻评论的积极性来看，受众参与评论的积极性一般。64.0%的受众选择新闻评论积极性一般，9.4%的受众会常常参与新闻评论，而 26.6%的受众较少参与新闻评论。

从发布新闻的积极性来看，受众发布新闻的积极性一般。61.8%的受众发布新闻的积极性一般，13.5%的受众会常常在网上发布所见所闻，而 26.6%的受众较少在网上发布信息。

比较网站类与社会化媒体的新闻互动行为发现：在新闻网站上评论新闻和在社会化媒体评论新闻的选择概率基本相同，但受众明显更喜欢在社会化媒体上发布新闻信息。受众的网络新闻参与具有比较强的人际相关性。

（7）新闻付费意愿。

数字化新闻的付费主要存在三种形式：一是网络流量费用；二是专门的新闻订阅费用；三是一次性购买新闻客户端软件的费用。有近半数的网络新闻使用者存在流量顾虑，手机使用者的流量费用顾虑（47.7%）要稍高于平板使用者（44%）。受众手机新闻 APP 的下载数量基本在 1~2 个，近 6 成的受众表示不免费不使用，33.9%的受众表示接受 1~6 元的手机新闻 APP 下载收费。86.5%的受众未曾为数字化新闻付费，仅有 13.5%的受众曾经付费。未来 27.5%的受众表示对于自己喜欢的网络新闻资源会愿意付费。付费意愿呈增长趋势。

2. 全媒体环境中不同新闻受众类型的新闻信息行为比较

（1）新闻受众类型划分及人口特征分析。

本研究将新闻受众划分为三种主要的类型，分别是：新媒体型用户、传统媒体型用户、过渡媒体型用户。根据新媒体型用户的移动特性将其再细分为三种：移动新媒体型用户、非移动新媒体型用户和混合新媒体型用户。

研究发现：就新闻受众的综合分类而言，年龄、学历、职业与收入四个变量与其存在显著相关性，性别变量相关性不显著。而在新媒体型用户细分类型中，年龄、学历、职业与其有显著相关性，性别与收入变量与其没有显著相关性。具体而言：

1）年龄是影响受众新闻媒介选择的重要因素。其基本影响规律是：年龄越小，新媒体型用户越多，传统媒体型用户越少，年龄越大，传统媒体型用户越多，新媒体型用户越少。这与年轻受众更易于接受新科技、新事物的年龄特性有关。但18岁以下的人群由于其媒介使用一定程度上受家庭人际环境和物质条件影响，所以在35岁以下年轻人群体中，18岁以下年轻人相对而言传统媒体型用户比例较高。

其次，35～45岁是一个显示出媒介使用习惯的转折、过渡的年龄层，新媒体型用户的比例骤降，而传统媒体型用户比例快速上升，过渡媒体型用户比例最高。随着年龄的进一步增大，45岁以上受众群的媒介选择显示出两大特点：一是传统媒体使用者比例增高；二是使用多种媒介获取新闻者的比例开始降低，新闻媒介选择走向固定化、单一化。

另外，单独观察新媒体使用，除55岁以上年龄层外，所有年龄层中混合新媒体型用户比例都明显高于单一类别的新媒体选择，这充分体现了受众在新媒介技术环境下使用媒介方式的多元化、复合化倾向。

2）性别并不影响受众的新闻媒介使用习惯。全媒体环境下，受众新闻获取的性别差异正在消融。

3）职业与教育程度在一定程度上与受众新闻媒介选择相关。政府公务人员的传统媒体型用户比例要比国企和事业单位人员高出许多。自由职业者、学生、民营私企工作人员及国企工作人员的新媒体型用户比例最高，农民及农民工、待业人员以及退休人员三类职业的新媒体型用户比例比其他职业明显要低，而传统媒体型用户的比例明显更高。而新媒体使用中，农民、农民工及退休人员的混合新媒体型用户比例最低，更多使用单一媒介。

4）从经济能力上看，收入会影响受众在传统媒体与新媒体之间的偏好选择，但在新媒体型用户内部，收入的影响已经消弭。除去没有经济收入的学生人群，1500 元以上收入层次人群的收入水平与用户类型显示相关，即收入越高，新媒体用户类型的比例越高，而传统媒体型用户的比例则越低。而在新媒体型用户内部，不同收入人群的新媒体型用户比例都在半数以上，收入不再是使用新媒体的门槛。

（2）不同类型受众的新闻信息行为共性与差异。

1）新闻信息需求动机比较。所有新闻受众类型都以"获取信息、以利生活"作为首要的新闻需求。新闻获取的需求越强，使用媒介种类越多元化，参与新闻的动机越强烈。过渡媒体型用户和混合新媒体型用户的新闻需求最强，参与新闻的动机也最强烈。传统媒体型用户的总体新闻需求最弱，新闻参与动机也最弱。新媒体型用户获取新闻的娱乐需求、社会归属动机要强于其他受众类型。

2）新闻获取需求强度比较。各类型新闻受众类型中，中度与轻度新闻需求占绝大多数。重度新闻需求者虽然总体比例很低，但相比较而言，移动新媒体型用户中的重度新闻需求者最多，其次是传统媒体型用户。中度新闻需求者比例最高的是过渡媒体型用户与混合新媒体型用户。移动新媒体型用户的新闻需求强度呈两极分化，其重度新闻需求者与轻度新闻需求者的比例都比其他型用户要高。

3）新闻获取频率比较。各类型新闻受众中，新闻获取频率以每天 1 次或者每天 2 次以上者最普遍。平均每天 2 次以上的高频获取新闻行为在新媒体型用户中最多，其中又以混合新媒体型用户的比例（38.2%）为最高。少于每周 1 次的低频新闻获取者比例，传统媒体型用户（10.5%）较其他型用户（3.5%）高出许多。

4）新闻获取时段比较。新媒体型用户、传统媒体型用户和过渡媒体型用户的三大高峰时段相同，均为早晨（6:00～9:00）、傍晚（17:00～19:00）和晚间（19:00～22:00）。在新媒体型用户细分中，非移动型新媒体型用户与其他型用户不同，上午（9:00～12:00）时段取代早晨时段成为其白天阅读新闻的最高峰时段。新媒体混合型用户阅读新闻也有高峰时段，但与其他型用户相比，这个类型的新闻获取在全时段都有较高比例。

5）新闻获取场所比较。家、工作场所和交通工具是新媒体型用户、传统媒体型用户和过渡媒体型用户获取新闻信息最频繁的场所，但是，新媒体型用户获取新闻的场所排序与其他两型用户不同，在交通工具上获取新闻的比例超过了工作场所。

传统媒体型用户（90.7%）与过渡媒体型用户（90.1%）在家获取新闻的比例最高，新媒体型用户相对低（79.4%），其中又以移动新媒体型用户为最低（75.0%）。混合新媒体型用户在所有场合的新闻媒介使用比例都大于新媒体型用户细分中的其他两型用户。

6）新闻获取内容比较。所有不同类型新闻受众对于最重要的新闻内容的选择排序完全一致。国内新闻、社会事件类新闻是首要关注焦点。

7）新闻获取形式比较。在新闻信息形式选择中，受众普遍偏好带图像性质的新闻信息形式，纯文字类与广播类新闻信息不受青睐。传统的电视新闻依旧是人们最喜爱的新闻信息形式之一，传统媒体型用户对于电视新闻尤为青睐。新媒体型用户最偏好图主文辅的新闻信息。过渡媒体型用户青睐的新闻信息形式相较其他型用户更为多元。

在新媒体型用户细分中，移动媒体型用户对图像性新闻需求最突出，对图主文辅的新闻信息形式最青睐。非移动新媒体型用户的信息形式偏好与移动新媒体型用户略有差异：前者的电视新闻选择率高，而后者的网络视频新闻选择率高。两者对于图文结合类新闻的图文搭配形式需要不同，移动新媒体型用户的"图主文辅"类新闻选择比例高，而非移动新媒体型用户的"文主图辅"类新闻选择比例高。混合新媒体型用户对纯文字的"新闻报道摘要＋详文链接"这种形式的选择比例相比其他类型更高。

3. 全媒体新闻信息行为特点研究实务建议

（1）正视不同类型受众的个性化媒介使用习惯。

1）在媒介机构纷纷加入全媒体大潮的当下，求全求大的发展策略并不适合所有媒介机构。本书所证实的不同新闻用户类型的存在就反映出受众对新闻媒介的选择性。而这也反过来促使传播机构思考，什么样的媒介发展策略适合自身。正如彭兰（2009）指出："全媒体并不等于所有媒体，针对自身特点，针对特定市场，组织起一个合理的产品链，实现现有产品的合理延伸与适度丰富，才是切合实际的。"

2）同一媒介机构在不同媒介端的新闻传播策略应形成差异化，重视不同界面下用户的新闻阅读体验，以达到全媒体传播的最佳效果。这种差异化的依据应当来自对受众在不同新闻终端信息行为特点的观察和总结。如本研究所证实的，同样作为新媒体新闻使用者，移动新媒体型用户与非移动新媒体型用户对新闻的图文搭配偏好就略有不同。这就要求新闻传播者避免对不同终端的内容移植，根据新闻内容本身的传播目标来制定不同终端的内容组合和发布形式，合理配置图、文、视频比例。

（2）全媒体受众数据库，探索影响新闻媒介选择的关键因素。

受众新闻媒介选择背后的原因值得探索，它们是影响全媒体新闻生态系统的发展的关键因子。因研究精力有限，本书仅仅探讨了受众的五项人口学要素与新闻媒介选择之间的关系。以年龄因素为例，我们发现35～44岁是新闻信息空间跳转的一个关键年龄段，这个年龄段的新闻媒介选择显示出一种转折性、混合性特质，新媒体型用户的比例骤降，而传统媒体型用户的比例跃升，过渡媒体型用户的比例最高。在35岁之前的年轻人群使用新媒体的比例远高于传统媒体，而45岁以后的人群对新闻媒体的使用则呈现单一化固定化的倾向。而随着时间的推移，10年以后，不同年龄段的新闻媒介选择又会呈现新的面貌。因此，对这些影响因素的持续跟踪，能够帮助掌握新闻媒介生态发展的趋势，为全媒体新闻平台建设的长期战略发展提供客观指导。

事实上，影响新闻媒介选择的关键因素决不仅局限于人口学要素，新闻受众类型可以根据生活方式、兴趣爱好、社会化网络交互等进行划分。找到这些用户类型聚集背后的影响因素和影响机制可以为全媒体新闻传播策略、媒介广告、营销策略等，提供有针对性的创意与操作依据。因此，全媒体用户数据库的建立以及数据分析团队的工作非常重要。数据收集使得每一个用户的信息行为简化成数据来记录和跟踪，数据分析帮助传播者找到背后的传播机制。

（3）内容固然为王，但形式同样重要。新媒体时代尤应重视图像类新闻。

从新闻内容层面看，"信息获取，以利生活"为各类型受众的首要新闻需求。可见，无论媒介技术如何发展，新闻内容本身的价值仍是传播的核心要素。

从新闻形式层面看，有三个较突出的重点：

首先，不同类型新闻受众的新闻内容偏好排序完全一致，但对信息形式的需求各有侧重。这对全媒体技术背景下的新闻编辑提出了更高要求，即新闻报道的水准不仅仅取决于内容编辑，还取决于其是否选择了最恰当的新闻呈现方式。

其次，传统电视新闻在各类受众中的选择比例依然名列前茅。图像的清晰度、丰富度和电视新闻的权威性，是电视新闻在传统媒体整体势弱时仍受青睐的主要原因。当下电视新闻应当走出精品化、特色化、深度化的发展路线。

最后，图像类新闻因其真实性与丰富性，受到普遍认可。无论是静态的图文新闻，还是动态的视频新闻在各类型受众中选择比例都很高。一方面，信息鱼龙混杂的网络时代，新闻的真实性需求使得"有图有真相"的新闻更受欢迎。另一方面，新媒介技术为新闻编辑提供了更多的视觉素材，甚至通过 3D 建模、动画模拟等技术，还可以直观还原和模拟新闻事件。因此，在多屏共存时代，新闻图像技术在不同屏幕上的应用与呈现、新闻图像元素的择取、图文比例的搭配等，是非常值得新闻工作者认真思考的课题。

（4）新闻阅读高峰时间段普遍存在，全媒体新闻传播需尊重受众使用习惯。

全媒体环境为受众提供了随时随地获取新闻信息的可能性，但从研究结果看，新闻阅读的高峰时间段普遍存在，且新媒体型用户、传统媒体型用户和过渡媒体型用户的获取新闻的高峰时段完全一致。新闻信息获取碎片化趋势最明显的是混合新媒体型用户，整个白天的每个时段都有相当数量的该型受众在使用各种新媒体阅读新闻信息，且其高阅读频率人数比例远高于其他类型的受众。而传统媒体型用户的低新闻阅读频率者比例却很高，获取时段也相对固定。由此可见，全媒体环境下的碎片化信息获取是因人群而异的，大部分受众获取新闻仍有习惯性、集中性的时间段，传统型用户尤为明显。

虽然技术改变生活，但生活方式、阅读习惯的力量仍发生着显著作用。新闻传播策略不可片面迎合"碎片化"概念，而应尊重不同类型受众的客观信息行为规律，制定符合不同媒介终端使用特点的新闻传播策略。

（5）融合性新闻信息行为成为新趋势，应注重各信息功能的有机融合与新闻情境要素。

本书研究证实融合性新闻信息行为成为受众普遍的新闻获取方式。"网络新闻入口"调查结果显示微博、微信等社交性应用已经成为受众获取和参与新闻的重要平台，这些非新闻专业类的信息服务平台的受众新闻接触率已经超过专业类新闻网站。随着全媒体发展的深入，媒介融合将从简单的多渠道嫁接发展到各种信息功能之间的有机渗透。未来全媒体新闻应重视各种信息功能之间的有机融合。

融合性新闻信息行为发生的根本原因在于：受众在获取和使用新闻信息时，注意力并非单一集中，而是分散多元。一直以来，专业的新闻渠道只是致力于提供一种集中式的新闻阅读情境，而多功能的信息服务平台却为受众提供了一种新闻获取的自由情境。

社交与新闻信息行为的成功融合正是这种自由情境的体现，同理推究未来，新闻信息行为与其他类型的信息行为——知识、商务、娱乐等信息行为之间，将有更多的创新性应用诞生。Google眼镜、IWatch手表、智能汽车等，正是基于新的应用情境而诞生的新媒介硬件终端。各种新颖的新闻应用情境也将层出不穷，因此，新闻情境探索将成为未来融合新闻平台产生的重要前提。新闻服务提供者应当从不同类型用户的新闻使用情境中，敏锐地发现链接点，创造真正意义上的全媒体新闻信息服务。

二、全媒体新闻信息行为影响因素研究总结

1. 人口特征因素的影响

实证研究表明，除性别因素以外，受众年龄、职业、学历、收入对整体受众的新闻获取信息行为都会产生显著影响。在全媒体环境下，受众新闻获取行为有两个重要趋势：① 性别界限在全媒体快速发展时代渐渐消

弭；② 对于新媒体受众群体而言，经济收入并不影响其媒介选择。

2. 心理因素的影响

（1）受众新闻需求的动机与渴望程度影响新闻信息获取行为。

对新闻欲求的程度越低，就越容易满足于现状，不会倾向于使用其他新技术获取新闻信息，这是传统媒体新闻使用者不愿意再学习新媒体技术获取新闻的原因之一。传统媒体新闻使用者的整体新闻欲求动机弱于其他媒介受众类型，阅读新闻成为一种休闲，因此也会有长时间阅读新闻的受众。新媒体新闻使用者形成两极分化，重度新闻需求者一天中频繁使用新媒体获取新闻，轻度新闻需求者通过新媒体快速获取新闻信息。

（2）媒介依赖性影响受众新闻媒介选择与使用。

受众的新闻媒介选择与使用受到媒介使用习惯的影响。对传统媒体而言，尤其老年人群体对传统媒体的依赖度很高，形成固定的日常新闻获取时间和新闻源；对新媒体使用者而言，调查中各年龄段人群都出现新媒体依赖，人们越依赖新媒体，越喜欢用新媒体获取新闻。

（3）受众自我效能感低阻碍受众主动接受新的新闻获取方式。

造成许多传统媒体使用者不采纳新媒体新闻服务的原因是对掌握使用新技术没有自信。

（4）科技创新性高的受众群体引领新闻信息获取方式的改变。

新闻获取方式通过受众逐步接受新媒介技术而改变，由于不同受众对于新科技的接受度存在差异，形成了新闻信息服务使用的三种人群：革新者们最早地接触和尝试新型新闻服务，追随者们经过等待和适应逐步采纳并使用，而迟钝者们固守原有的新闻获取习惯。

3. 新闻可获得性

不同媒介的新闻获取方便程度影响受众新闻信息服务选择。从媒介技术的先进性来看，新媒体新闻获取的自由度、无限性、免费性使得获取新闻的时间、精力和金钱减少了，新闻可获得性高是受众选择新媒体新闻方式的重要原因。然而，对于传统媒体使用者而言，学习新媒体技术、购买新媒体设备的花费成本却要远大于传统新闻获取方式，因此，"新闻可获得性"影响受众新闻信息行为，但还具有一定主观差异性。

4. 内容质量

真实性、丰富性、时新性、权威性和兴趣性是受众获取新闻信息时对新闻内容质量的五大衡量要素。

（1）对于真实性而言，不同新闻获取方式的受众对于传统媒体新闻与网络媒体新闻的真实性认知是有差异的，但总体的趋势是：为了获得更加真实的信息，受众更愿意综合使用不同新闻信息平台。

（2）对于丰富性而言，不同媒介端新闻的丰富性各有特点，受众普遍认为网络媒体的新闻信息丰富度高于传统媒体；传统电视中专业新闻频道的丰富性也颇受认可；社交媒体的新闻被认为缺乏深度，但信息发送"短、频、快"亦是丰富性的表现；若对同样是网络媒体的手机端与电脑端新闻信息服务进行比较，受众普遍认为要获取同一新闻更深入详实的信息时，需要通过电脑端获得。

（3）对于时新性而言，媒介技术决定了网络新闻的时新性客观上优于传统媒体新闻，其中移动社交应用新闻服务的时新性尤为突出。

（4）对于权威性而言，传统媒体的权威性虽降犹存，电视新闻在重大新闻播送方面仍有优势，受众对于官方的声音仍然关注，并认为草根媒体的发声对于官方媒体做出更好的新闻起推动作用。

（5）对于兴趣性而言，新媒体技术实现新闻个性化订阅，受众新闻信息行为走向个性化发展趋势。

5. 界面互动

（1）"互动参与性"是受众选择、使用和评价新闻信息获取方式的重要参考依据。无论受众本身是否积极参与新闻互动，受众普遍希望新闻平台具有互动性：这种互动性包括：① 更丰富的信息；② 更多元的新闻视角；③ 通过参与新闻互动和观察新闻互动满足娱乐心理。

（2）新闻界面"获取效率"影响受众选择，但获取效率高低受到受众感知、习惯和使用经验等个体差异的影响。

（3）"操作简易"是重要的受众界面体验要素，搜索、下载、点击、输入、翻页等界面操作功能简易程度的影响新媒体新闻媒介选择和使用。

（4）"视觉舒适度"影响受众对新闻信息服务的选择、使用与评价。纸质媒体与电子媒体的不同屏幕特质、屏幕大小是造成视觉舒适度差异的关键要素。

6. 人际影响

现实生活中的人际关系影响受众获取新闻信息的方式，主要原因是：一是跟风赶潮流；二是受家庭成员新闻媒介使用习惯有意或无意的影响；三是新闻获取、分享与使用促进现实人际交往。

7. 使用情境

受众会根据不同的情境选择不同新闻信息获取方式。本研究整理归纳了不同媒介终端新闻获取的情境特征：

报刊新闻的情境关键词是：家、单位、翻阅、休闲；电视新闻的情境关键词是：家庭、周末、吃饭、伴随；电脑新闻的情境关键词是：家、单位、开机浏览、弹窗、搜索；移动端新闻的情境关键词是：随时随地、Wi-Fi、零碎时间、标题浏览、分享。

总体而言，传统媒体新闻获取的情境氛围更加放松休闲，平板端次之，而手机和电脑端的新闻阅读相对集中紧张。

时空情境方面，传统媒体的新闻获取时间地点相对固定；电视的家庭相关性很高，电视新闻与吃饭、周末、客厅等作为家庭社交最频繁的时空紧密相关；电脑的个人性使得电脑端在家庭时空中的新闻获取减少了他人的干扰性，与此同时，电脑端与工作情境的高关联性，使得受众形成了在工作时间段获取新闻的习惯；手机新闻的时空情境最为自由，是否有Wi-Fi提供、上下班交通与受众手机新闻使用时空情境有高相关度。

任务情境方面，新媒体任务情境要比传统媒体丰富的多，比如检索、导航以及各种反馈。社交媒体新闻趋热，其根本原因在于虚拟人际网络与现实人际网络的高融合性。

8. 新闻消费

新闻消费涉及的主要费用可概括为三个方面：媒介购买费用、流量费用和新闻费用。而在受众新闻消费背后的主要影响因素是对性价比的考虑以及新闻支付意愿。设备购买、流量消耗、可替代性和信息利用率是影响受众新闻消费性价比的主要因素；在线新闻支付意愿影响受众未来新闻获取方式选择。

综上八大影响因素，得到新闻信息行为总模型如图 6-1 所示。

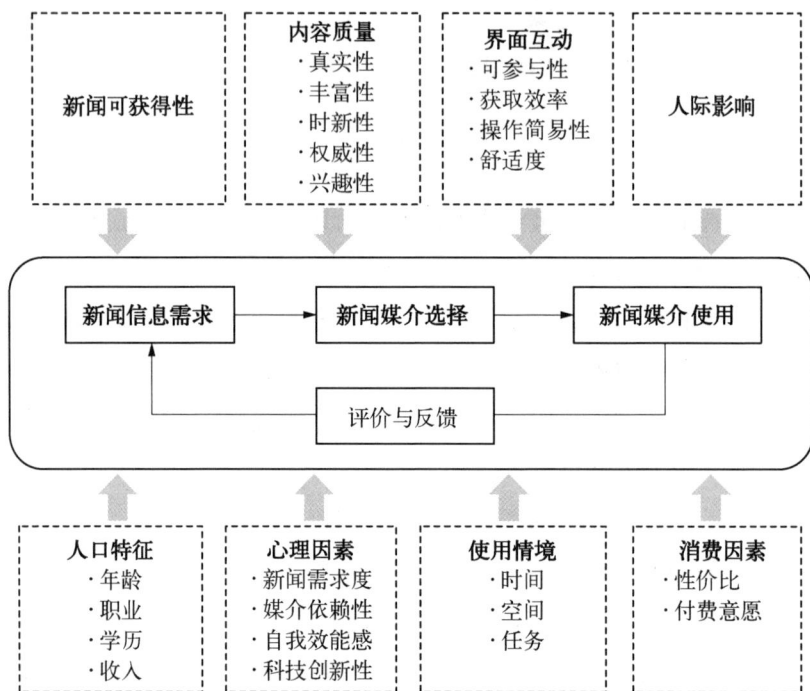

图 6-1　受众新闻信息行为模型

三、手机新闻采纳行为研究总结及实务建议

1. 手机新闻采纳行为模型建立

手机新闻采纳行为研究是在新闻信息行为影响因素研究基础上，综合参考科技接受理论、信息行为论、媒介依赖理论、创新扩散论等，结合深度访谈的一手资料和手机新闻的特点，提出手机新闻采纳行为模型。创建

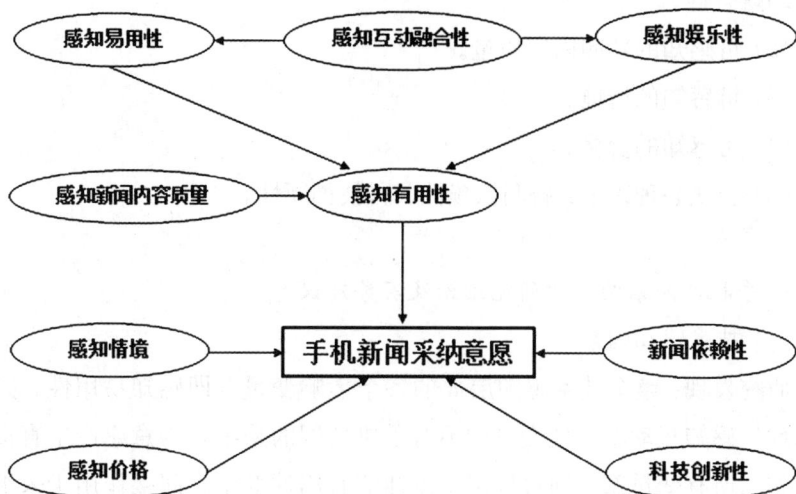

图 6-2　手机新闻采纳行为最终修订模型

模型的目的在于验证哪些因素会影响手机新闻的采纳意愿。该模型涉及了 13 个预测变量（感知有用性、感知易用性、感知娱乐性、感知融合性、感知互动性、感知新闻质量、感知情境、感知价格、新闻依赖性、手机依赖性、自我效能感、科技创新性）以及个人特征因素（性别、年龄、职业、学历与经济收入）。1 个结果变量（使用意愿）、5 个干扰变量（人口特征因素）（见图 6-2）。

经过 AMOS 结构方程建模、模型评估与验证，证明模型的拟合性良好。在本研究的 SEM 模型信效度检验中，所有因子的信度指标达到 0.9 以上，而在效度分析时，经由因子分析，合并修改因子指标问题，其中"感知互动性"因子与"感知融合性"因子合并为"感知互动融合"因子，"自我效能感"因子合并入"科技创新性"因子。修订后共得到自变量 11个，初始模型中 22 个模型假设也相应修订为 17 个假设。

结果显示，10 个假设成立，7 个假设不成立。同时，通过平均数差异检验，验证人口特征变量、手机媒体依赖、人际影响对于手机新闻采纳均无显著差异。直接或间接影响手机新闻采纳的是涉及技术、内容、情境、价格、心理五大方面的 9 个影响因子（见图 6-2）：

（1）可感知的技术因素：感知有用性、感知易用性、感知娱乐性、感知互动融合性。

（2）可感知的新闻内容质量。

（3）可感知的情境。

（4）可感知的价格。

（5）受众心理因素：新闻依赖性、科技创新性。

2. 手机新闻采纳行为研究结论及实务建议

（1）技术感知因素。

研究发现：整个技术感知层面的各个影响变量，即感知易用性、感知娱乐性、感知互动融合性变量均不对手机新闻的采纳行为意愿产生直接显著影响。所有变量都是通过作用于感知的有用性变量来间接作用于采纳行为意愿。

结论说明：信息获取仍是新闻类信息产品的本质需求，未来融合性新闻服务平台的研发应当以最大限度满足人们获取新闻信息的效率作为重中之重。易用性、趣味性和互动性要为新闻信息平台的有用性服务，切莫过分追求炫目的技术效果及感官娱乐度，为了新颖而新颖，为了个性而个性。

（2）内容质量因素。

研究发现：感知新闻质量并不直接影响采纳行为意愿，而是通过直接正向影响感知有用性来影响采纳行为意愿。

尽管新闻信息的完整性、丰富性、需求相关性、趣味性等信息质量指标在智能手机时代都得到明显提升，但这些质量因素的改进仍然不能直接促使受众采纳手机新闻。通过受众访谈，我们发现原因在于不同媒介端所提供新闻内容的同质化。尤其是当下媒体机构越来越提倡"全媒体业务模式"的口号，这很容易造成相同内容不同平台的转发现象。受众对于手机端的同质内容并不买账，内容"移植"需要得以反思。

本研究认为，对于未来融合性的智能信息终端，为受众打造个性化的"独家新闻"才是高质量手机新闻的追求目标。独家不一定是指独家的内容主题，也可以是指独家内容组合、独家内容推送和独家表达方式等。

独家内容组合要求专业新闻人学会做一个有创意的信息采集者和组合者，能根据不同渠道特性，优化重组新闻信息资源，以满足受众对不同媒介平台差异化的信息需求；

独家内容推送可以利用受众动态数据库、卫星信息定位系统等，根据不同受众新闻获取习惯、兴趣甚至当时当地的需要，为其量身推送适合的独家新闻；

独家表达方式是对新闻内容的创意演绎，图表新闻、漫画新闻、一句话新闻、地方话新闻等，尤其在全媒体时代，图形、文字、声音、视频的制作软件可以提供全面的信息整合途径，只要通过独树一帜的表达方式吸引受众阅读，就是优秀的独家新闻。

以上思考只是抛砖引玉，不同媒介内容差异化策略是非常丰富的，需求无限，创意无限，有待未来新闻传播者开放头脑、集思广益。

3. 社会影响因素

研究发现：主观规范因子并没有对手机新闻采纳行为意愿起到正向显著的影响作用。

通过实际访谈总结，社会影响因素不显著影响手机新闻信息采纳的主要原因可能与受众实际的新闻需求程度有关。那些对新闻并不感兴趣的人群，不会因为他人的手机新闻阅读行为和推介行为而决定采用手机新闻。

通过文献整理发现，在已有的手机信息服务采纳研究的文献中，证实主观规范因子对其采纳有直接显著影响的研究有两篇，都涉及手机游戏采纳。（李乐乐，2010；王晨，2010）究其原因，作为游戏类应用而言，人气因素是吸引受众参与的重要原因，因此人际和社团影响就成为比较重要的影响因子。而对于新闻信息服务而言，无论技术上的进步如何，仍脱离不了其信息获取的本质，信息获取则与个人主观喜好和需求的相关性更为密切。这在一定程度上说明，不同的类型的信息服务采纳行为与人际影响之间的关系是不同的，需根据不同产品的特性，有针对性地设定传播策略及营销计划。

4. 情境因素

研究发现：受众感知情境对于手机新闻采纳意愿有直接显著的影响。

情境实际上是现实需求的展现。电脑虽然信息丰富，技术强大，但无法轻易移动，而手机满足了在户外以及移动情况下的使用情境；报刊虽然便携，却因为无法随时随地购买，而手机实现了整合零碎时间进行新闻阅读的使用情境。目前市场上的任何一种单一媒介或信息服务都不能完全满足人们的新闻信息需求，总有一些特定的情境需要特定的媒介或信息服务才能与之匹配。随着人们信息需求的精细化、个性化，新媒介信息服务创新仍有广阔空间。

现实中的"谷歌智能眼镜"为我们提供了极好的参考案例。"一边走路一边就能无阻碍地获取信息"就是谷歌眼镜在其宣传片里展现的主要情境体验。尽管手机已经非常轻便，但我们仍然有屏幕的限制，必须用双手进行操作以获取和使用信息。谷歌眼镜解放双手，摆脱了传统屏幕的束缚，创造了获取信息的新情境。在未来融合性新闻信息服务或产品的研发过程中，新情境意味着新的市场空白，也是进行全媒体技术创新的契机。

5. 消费因素

研究发现：感知价格因素对于手机新闻采纳行为意愿具正向显著影响作用。

受众感知的价格对于手机新闻采纳有非常直接、敏感的影响力。但这并不意味着，手机新闻必须越低廉，才越有市场空间。感知价格是受众愿意接受的价格，更强调的是性价比的概念。性价比高的新闻信息服务才能获得消费者的青睐，促使其采用。

受众已经习惯免费的网络新闻，但新闻免费并不利于新闻产业发展。对于未来新兴融合新闻信息服务来说，要达到新闻信息消费者和制造者之间的需求平衡，需要加强三个方面的要素：一是建立合理的盈利模式；二是打造独特的内容品质；三是加强新闻信息的知识产权保护。

6. 心理因素

研究发现：新闻内容依赖性对于手机新闻采纳意愿有直接显著的正向

影响作用；而手机媒介依赖性则没有直接显著作用；科技创新性因子对于手机新闻采纳有直接正向影响作用。

"内容为王"依旧成立，虽然人们现在对手机媒介终端非常依赖，但这并不是促使其采纳手机新闻的因素。受众对新闻内容层面的需求强度才是影响采纳的直接显著因素。这一结论与前文中"主观规范因子"以及"感知新闻质量因子"的假设验证形成呼应。综合结果表明，无论他人影响如何，媒介使用依赖度如何，受众在采用一种新的新闻信息服务时，其个人自身的新闻需求强烈程度，对新闻内容的日常依赖程度对采纳起决定作用，而对内容质量的要求则以"有用"作为首要标准，间接影响采纳行为意愿。

受众对于新技术的使用积极程度以及使用的自信程度显著影响手机新闻采纳。由此可见，要促进未来融合媒介新闻信息服务的采纳，不仅仅要着力于新技术开发与升级，更要考虑不同受众对于新技术的心理感知。一方面，加强受众媒介素养的培养；另一方面，通过良好的交互设计，创造友好易用的受众体验，从而使受众乐于使用新技术获取新闻。

7. 人口特征因素

研究发现：性别、年龄、学历、职业、收入这五个基本人口属性并不显著影响手机新闻采纳行为意愿。

在第三章的量化研究证实：性别和收入因素已经不再是影响新媒体型用户获取新闻的主要影响因素，而本章研究同样验证了这个结论，并且研究进一步表明，在手机新闻方面，与传统人口特征相关的生理因素、教育程度、社会经济地位三大个人背景因素已不再成为影响受众选择新型新闻服务的因素。这意味着，融合性新闻媒介选择的人口学差异正在消弭。

这个结论亦让我们开始反思未来融合性新闻媒介的个性化发展策略问题。个性化与人口特征的关联性越来越少，未来再以性别、年龄、学历、职业和收入去考量新闻受众市场的策略方式已经落伍，我们需要挖掘"个性化"背后更深层次的影响因素。受众正经由生活形态、阅读兴趣、消费偏好、媒介使用习惯等新的方式形成个性化的聚合，未来融合性新闻服务平台创新需善于捕捉这些个性化集群要素。

第二节　研究不足与未来展望

一、更加精确客观的研究方法

本书由于精力、财力有限，采用了深度访谈与滚雪球问卷调查相结合的方式，在研究方式上实现质量并举，希望更加客观呈现研究主题。但与随机抽样方法比，本书的立意式抽样法在代表性上仍有欠缺。未来对于全媒体环境下受众信息行为的研究需要更加大规模的人群样本、更加精确的抽样方法，才能更加客观地呈现一个时期的受众信息行为特点。

二、分时期跟踪式的延续性调查

受众信息行为是一个和媒介环境不断互动的过程，媒介环境与受众信息行为相互塑造，因此，对受众信息行为特点与机制的研究不是一劳永逸的。未来的研究可以在本研究的基础上，做进一步的跟踪和对比，从而发现在一定时期内，受众信息行为的变化规律。

三、更深入的新闻受众分类研究

本研究的受众分类方式虽然对传统的受众分类方法有一定程度上的打破，但仍然是比较粗略的。尤其在媒介不断融合的全媒体环境下，新与旧的边界正在模糊，受众正在形成自己的新闻媒介菜单，这些混搭式的菜单或可成为未来融合新闻受众研究新的出发点。

更进一步而言，本研究已经证实：在未来融合性新闻信息服务采纳机制中，传统人口学五要素已经不再是影响受众对于新型新闻媒介采纳的显著要素。对于传播学研究而言，这意味着未来受众研究可以通过更直观、深入地去观察受众的日常行为习惯、消费习惯、媒介使用习惯等，总结出具有共性的关键群体特征，基于这些个性化群体特征的融合新闻媒介研究将成为新的研究趋势。

四、更细化的新闻信息行为影响因素探索

本书对于受众新闻信息行为影响因素的研究是基于一种全面性的考虑，通过信息行为理论参考和受众访谈内容提炼，概括出了受众获取新闻时的主要影响维度，并通过深度访谈详细解释了背后的真实原因，但本研究并没有进一步细化到探索每一种不同类型新闻受众形成各自使用习惯背后的深层次原因。

本研究在"全媒体新闻信息行为特征分析"部分已经证实了不同类型的受众对于新闻信息获取的偏好是有差异的，那么未来针对不同受众群体新闻信息行为影响因素研究也将很有意义。

五、更完整的新闻信息行为各环节研究

本书的新闻信息行为研究主要专注的是对"新闻获取行为"环节的研究，对于新闻互动参与行为、新闻生产行为、新闻评价机制的研究还没有深入进行。未来，可以专门开辟"新闻互动性信息行为研究""新闻生产行为研究""新闻信息服务受众体验评价机制研究"等新的主题，这些主题同样也是未来新闻信息行为的热点研究领域。

六、更广泛的信息行为研究

前文叙述了本书在新闻信息行为研究方面的不足与未来提升之处，事实上，新闻信息行为研究只是传播学信息行为研究在实用性信息行为探究中的一个落脚点。未来信息行为研究的领域还可以扩展到全媒体社交信息行为、商务信息行为、娱乐信息行为的各个层次中去。本书的研究方法、理论创新可为更广泛的信息行为研究提供参考。

七、更多元化的理论链接

传播学信息行为研究的重中之重是跨学科的理论链接。我们面对的是一个全新的信息环境，它与过去媒介数量少，不同媒介各自为政的传统媒体环境不同，也与全媒体发展初期各个新媒体融合度相对不高的传播环境不同，这是一个多元、融合的全媒体信息环境，新的媒体应用层出不穷，对受众信息行为机制研究的重要性日益凸显。过去的受众研究理论已经不适应新的媒介发展环境，跨学科的理论链接是必由之路。

本书主要是从信息科学的信息行为理论中汲取营养，创造新闻信息行为模式，但这并不意味着一个结论，它是一个跨学科研究的开始。传播学信息行为研究本身是一个跨学科的领域，未来的研究将从信息科学、行为科学、心理学、管理学等各个学科的最新理论成果中发现链接点，为探索受众行为规律提供更多与时俱进的理论支持。

附录一

新闻信息行为调查问卷

尊敬的女士/先生，您好！

感谢您百忙之中接受我们的问卷调查！

本次调查的目的，是为考察当前上海受众的新闻信息行为特征，研究结果只作《全媒体视角下的受众新闻信息行为研究》之用。您所提供的信息对本次研究非常有价值，请根据您平时接触新闻的实际情况，如实填写问卷，答案没有对错之分。

注：新闻信息指包括时政新闻、民生新闻、娱乐新闻、财经新闻在内的各类新闻信息。

人口统计基础问题（请在□内打√）

性 别	教育程度	职业状态	职业性质	平均每月经济收入
□男	□高中以下	□中小学生	□政府公务人员	□1500 元以下
□女	□高中（专）	□大学生	□国企工作人员	□1501～3000 元
	□大专	□工作稳定规律	□事业单位人员	□3001～5000 元
年 龄	□本科	□经常忙碌加班	□外企工作人员	□5001～8000 元
□18 岁以内	□硕士及以上	□工作时间自由	□民营私企工作人员	□8001～12000 元
□18～24 岁		□赋闲在家	□自由职业者	□12000 元以上
□25～34 岁			□学生	
□35～44 岁			□农民或农民工	
□45～55 岁			□退休	
□55 岁以上			□待业	

第一部分：新闻信息行为综合调查

一、新闻获取的渠道与来源

1. 您平时获取新闻属于以下哪种类型？

   1) 偏新媒体型用户：我主要使用电脑、手机或平板电脑中的一种或几种来获取新闻

   2) 偏传统媒体型用户：我主要使用纸质报刊、广播、电视中的一种或几种来获取新闻

   3) 过渡媒体型用户：获取新闻时，我使用新媒体渠道和传统媒体渠道的比例差不多

2. 如果您在上题中选择了"偏新媒体型用户"，请继续回答以下问题；

   如果您没有选择这个选项，请直接跳到第 3 题：

   1) 移动新媒体型用户：我基本只使用手机（或平板电脑）来获取新闻

   2) 非移动新媒体型用户：我基本只使用电脑来获取新闻

   3) 混合新媒体型用户：我既使用电脑，也使用手机（或平板电脑）来获取新闻

3. 在过去的一周中，您使用过以下 6 种媒介中的多少种来获取新闻信息？

   纸质报刊、电视、广播、手机、电脑、平板电脑

   1) 1 种　　2) 2 种　　3) 3 种　　4) 4 种　　5) 5 种　　6) 6 种

4. 您获取新闻信息的主要动机是什么？（可多选）

   1) 获取信息，以利生活

   2) 增长见识，提升品位

   3) 关注社会，有归属感

   4) 参与时事，发表评论

   5) 增加话题，扩展人际

   6) 消磨时间，休闲娱乐

二、获取新闻的时间和地点

5. 您平时获取新闻的频率是?

　　1) 少于每周 1 次

　　2) 平均每周 2～3 次

　　3) 平均每周 4～6 次

　　4) 平均每天 1 次

　　5) 平均每天 2 次以上

6. 累计通过各种渠道,您平均每天花多长时间来获取新闻?

　　1) 少于 30 分钟

　　2) 30 分钟～3 小时

　　3) 超过 3 小时

7. 您通常在什么时间段看新闻?(可多选)

　　1) 早晨 6:00～9:00

　　2) 上午 9:00～12:00

　　3) 中午 12:00～13:00

　　4) 下午 13:00～17:00

　　5) 傍晚 17:00～19:00

　　6) 晚间 19:00～22:00

　　7) 深夜 22:00～24:00

　　8) 凌晨 24:00～6:00

8. 您每天会使用以下媒介看/听 30 分钟以上的新闻吗?

　　1) 纸质报刊 (是否)

　　2) 广播 (是否)

　　3) 电视 (是否)

　　4) 电脑 (是否)

　　5) 手机 (是否)

　　6) 平板 (是否)

9. 一般情况下,您看新闻的主要场所是?(可多选)

1）家　2）工作场所　3）交通工具上　4）户外　5）学习的地方

三、对不同类型新闻的兴趣

10. 您认为以下哪些类型的新闻对您最重要？（选 3 种最关注的类型）
　　1）国内新闻
　　2）国际新闻
　　3）当地新闻
　　4）社会事件类新闻
　　5）商业财经类新闻
　　6）时事政治类新闻
　　7）体娱文教类新闻

11. 您平时最青睐的是哪一类或几类信息形式的新闻？（可多选）
　　1）纯文字的新闻报道摘要
　　2）纯文字的新闻报道摘要＋详细图文链接
　　3）纯文字的详细新闻报道
　　4）图文结合的新闻，最好图片为主，文字为辅
　　5）图文结合的新闻，最好文字为主，图片为辅
　　6）电视新闻
　　7）网络视频新闻
　　8）广播音频类新闻
　　9）不一定，根据新闻内容而定

四、新闻信息服务满意度

12. 您对目前使用的新闻信息服务的信息内容满意吗？
　　1）不满意　　2）不太满意　　3）一般　　　4）比较满意　　5）满意
13. 您对目前使用的新闻信息服务的技术功能满意吗？
　　1）不满意　　2）不太满意　　3）一般　　　4）比较满意　　5）满意
14. 您对目前使用的新闻信息服务的费用价格满意吗？

1）不满意　　2）不太满意　　3）一般　　4）比较满意　　5）满意

15. 您对目前使用的新闻信息服务的界面外观满意吗？

（界面外观指新闻信息呈现的排版布局、色彩、字体等）

1）不满意　　2）不太满意　　3）一般　　4）比较满意　　5）满意

第二部分：网络新闻信息行为调查

如果您几乎不使用电脑、手机、平板等新媒体来获取新闻，此部分问题不需要回答，请直接跳转到问卷 33 题。

一、网络新闻的渠道与入口

16. 您使用以下哪种媒介上网获取新闻？（可多选）

1）电脑（台式机及笔记本）　　　　2）手机　　　　3）平板电脑

17. 您使用手机获取新闻的具体途径是？（可多选）

1）订阅手机报（短信/彩信新闻）

2）使用客户端软件（如蜜蜂新闻、163 新闻、凤凰新闻等）

3）通过手机浏览器登录网站

4）通过即时通信软件（微信、QQ、飞信等）

5）通过手机微博

6）通过手机的其他方式_____

7）如果您平时没有使用过手机获取新闻，请勾选此项

18. 通常您获取网络（包括移动互联网）新闻的入口是？（可多选）

1）通过搜索引擎（百度、谷歌）

2）通过综合门户网站（搜狐、新浪、网易、腾讯、凤凰网等）

3）通过专门的媒体新闻网站（新华网、人民网、CCTV 官网、解放牛网、新民网等）

4）通过一般性行业网站

5）通过新闻弹出框（迅雷、暴风影音、腾讯等软件自带弹出框）

6）通过视频网站或网络电视（土豆网、优酷网、PPS 等）

7）通过个性化的 RSS 阅读器（蜜蜂新闻、鲜果、有道阅读、豆瓣 9 点等）

8）通过邮箱订阅

9）通过社交网站（如人人网、开心网等）

10）通过 BBS 论坛

11）通过博客或个人网站

12）通过微博

13）通过即时通信软件（如微信、QQ、米聊、网易泡泡、移动飞信等）

14）其他

二、网络新闻的浏览方式

19. 上一周，您通过电脑、手机或平板上网看新闻时，采取过以下哪些方式？（可多选）

1）浏览下新闻标题

2）读完整的新闻图文

3）在网上收看实时网络电视台

4）在网上收听实时广播新闻频道

5）收看新闻视频

6）收听新闻播客

7）关注某个持续更新的新闻页面

8）读新闻博客

9）其他

20. 通常您使用多少家不同的新闻媒体来获取网络新闻信息？

1）1 家　　　　2）2~3 家　　　　3）4~5 家　　　　4）超过 5 家

三、网络新闻的双向参与

21. 通常您会用采用以下哪种方式来参与新闻？（可多选）

1）参与网络新闻投票

  2）在新闻网站上评论新闻

  3）在新闻网站内张贴新闻文字、新闻照片或者视频

  4）写关于新闻事件的博客

  5）在社交媒体上评论新闻

  6）在社交媒体中张贴新闻文字、照片或者视频

  7）通过社交媒体或者即时通信软件来和某人谈论新闻

  8）通过社交媒体分享新闻链接

  9）从不参与、不知道

22.您是否更愿意点击朋友们推荐的新闻链接?

  1）是   2）否

23.您平常获取新闻的主动性如何?

  1）我常常主动地去获取新闻

  2）我较少主动地去获取新闻

  3）我获取新闻的主动性一般，介于前两者之间

24.您平常参与新闻评论的情况如何?

  1）我常常会参与新闻评论

  2）我较少会参与新闻评论

  3）我参与新闻评论的积极性一般，介于前两者之间

25.您平常参与新闻转发的情况如何?

  1）我常常会参与新闻转发

  2）我较少会参与新闻转发

  3）我参与新闻转发的积极性一般，介于前两者之间

26.您平常会在网上或通过手机发布新闻信息吗?（新闻指新近发生的事实）

  1）我常常会在网上发表所见所闻

  2）我较少会在网上发布所见所闻

  3）我发布新闻的积极性一般，介于前两者之间

四、网络新闻付费与 APP 经济

27.您有对数字化新闻付费吗?（付费指订阅新闻或下载新闻 APP 时产生

的费用，不包括流量费用）

1）有　　　　　　2）没有

28. 流量费用是您使用手机新闻时主要顾虑的因素之一吗？

1）是　　　　　　2）否

29. 您在未来会对自己喜欢的网络新闻资源付费吗？

1）会　　　　　　2）不会

30. 您目前所使用的新闻 APP 数量是？

1）0 个　　　　　2）1～2 个　　　　3）3～4 个　　　　4）5 个及以上

31. 您能接受的新闻 APP 付费软件的最高价格是？

1）不免费不用　　2）1～6 元　　　3）7～12 元　　　4）13～18 元

5）18 元以上

32. 您目前每个月的手机消费额度是：

1）50 元以内　　2）50～100 元　　3）100～150 元　　4）150～200 元

5）200 元以上

33. 请填写您的手机新闻接触情况：

1）完全没有接触过，对手机新闻没概念

2）看见别人使用过，有一定了解

3）曾经使用过

4）现在正在使用

如果您选择了 1）完全没有接触过，对手机新闻没概念，则无需填答问卷（二）。

如果您选择了 2）3）4）选项，请继续填答以下手机新闻采纳影响因素问卷。

附录二

手机新闻信息服务采纳
影响因素研究问卷

尊敬的女士/先生，您好！

感谢您百忙之中接受我们的问卷调查。

本次调查的目的，是为考察当前上海受众采纳手机新闻信息服务的影响因素，研究结果只作为博士论文研究之用。您所提供的信息对本次研究非常有价值，希望您按照对手机新闻的具体感受和理解如实填写问卷，答案没有对错之分。

问　　题	不赞同	不太赞同	说不准	比较赞同	赞同
1. 您认为使用手机新闻信息服务的有用程度 PU					
使用手机新闻能让我更快地获取新闻	1	2	3	4	5
使用手机新闻能增加我的新闻阅读量	1	2	3	4	5
使用手机新闻能够增加我获取新闻的效率	1	2	3	4	5
使用手机新闻让我获取新闻更加方便简单	1	2	3	4	5
总体而言，使用手机新闻很有用	1	2	3	4	5
2. 您认为使用或学会使用手机新闻信息服务的难易程度 PE					
学习操作手机新闻是容易的	1	2	3	4	5
手机新闻的操作是明确的，易理解的	1	2	3	4	5
使用手机新闻时，我发现要实现我想做的操作是容易的	1	2	3	4	5

问　　题	不赞同	不太赞同	说不准	比较赞同	赞同
总体而言，使用手机新闻是简单的	1	2	3	4	5
3. 您认为使用手机新闻信息服务的愉悦程度 PENJ					
使用手机新闻是一种享受	1	2	3	4	5
使用手机新闻的过程让人感到愉悦	1	2	3	4	5
我对使用手机新闻感到有趣	1	2	3	4	5
4. 您认为使用手机新闻信息服务的互动程度 PI					
手机新闻的界面美观	1	2	3	4	5
手机新闻更能刺激我的新闻阅读	1	2	3	4	5
通过手机获取新闻时，我可以控制自己的访问路线	1	2	3	4	5
通过手机获取新闻时，我可以自由选择想要看的新闻内容	1	2	3	4	5
手机新闻的实时更新很快	1	2	3	4	5
通过手机获取新闻时，我可以快速找到我想要看的新闻	1	2	3	4	5
手机新闻提供了双向交流的技术平台	1	2	3	4	5
手机新闻使我很快获得新闻事件的反馈信息	1	2	3	4	5
手机新闻能让我更好地参与新闻的评论、共享	1	2	3	4	5
手机新闻促进了人与人之间的互动交流	1	2	3	4	5
通过手机新闻，我更容易获得社会关注度高的新闻	1	2	3	4	5
通过手机新闻，我和朋友可以方便地相互分享新闻	1	2	3	4	5
5. 您认为使用手机新闻信息服务的自由程度 PMC					
手机新闻可以实现我随时随地阅读新闻的需要	1	2	3	4	5
使用手机新闻时，我可以兼顾处理其他信息任务	1	2	3	4	5
手机新闻可以根据我的兴趣定制个人喜欢的新闻媒体菜单	1	2	3	4	5
手机新闻方便我获得相关主题新闻链接或内容推送	1	2	3	4	5

续表

问　　题	不赞同	不太赞同	说不准	比较赞同	赞同
6. 您认为自己主动尝试新技术的积极程度 TI					
我喜欢追求新科技产品和服务	1	2	3	4	5
我喜欢尝试新颖的科技产品与服务	1	2	3	4	5
使用新的技术产品与服务让我觉得很兴奋	1	2	3	4	5
当一种新的技术产品与服务出来时，朋友们都喜欢向我打听	1	2	3	4	5
我比别人更早关注新的技术与服务	1	2	3	4	5
我很可能是朋友中率先使用某种新的技术产品与服务的	1	2	3	4	5
7. 您认为自己使用手机新闻的自信程度 SE					
我自信我能够使用手机来获取新闻资源	1	2	3	4	5
如果使用手机新闻时遇到困难，我自信能解决	1	2	3	4	5
即便是第一次使用某种手机新闻服务，我也有自信能够很快学会使用	1	2	3	4	5
8. 您认为您日常对新闻信息的依赖程度 NR					
新闻在我日常工作生活中是不可或缺的	1	2	3	4	5
新闻让我和这个世界保持联系	1	2	3	4	5
新闻是我非常重要的知识、信息来源	1	2	3	4	5
阅读新闻使我有社会归属感	1	2	3	4	5
阅读新闻可以帮助我与他人更好地交流	1	2	3	4	5
新闻对我而言很重要	1	2	3	4	5
9. 您认为您日常对手机的依赖程度 MR					
我的工作、生活离不开手机	1	2	3	4	5
全天没有电话和短信会感觉无聊	1	2	3	4	5
有空就会拿出手机摆弄	1	2	3	4	5
手机信号不好时会烦躁不安	1	2	3	4	5
没有带手机时会想方设法拿回手机	1	2	3	4	5
因为手机不在身边而担心丧失重要信息	1	2	3	4	5

问　　　题	不赞同	不太赞同	说不准	比较赞同	赞同
10. 您认为手机新闻的信息质量高低程度 IQ					
手机可以给我提供丰富的新闻信息	1	2	3	4	5
手机可以给我提供真实的新闻信息	1	2	3	4	5
手机可以给我提供全面完整的新闻信息	1	2	3	4	5
手机可以给我提供有趣味的新闻信息	1	2	3	4	5
手机可以给我提供简单明了的新闻信息	1	2	3	4	5
手机可以给我提供易于理解新闻信息	1	2	3	4	5
手机可以给我提供与我的需求相关度高的新闻信息	1	2	3	4	5
11. 您认为他人对您使用手机新闻信息服务的影响程度 SN					
我会尝试或继续使用手机新闻，如果： 我周围的朋友都在使用手机新闻	1	2	3	4	5
对我有影响力的人（老师、上司）认为我应该使用手机新闻	1	2	3	4	5
对我很重要的人（家人、男女朋友）认为我应该使用手机新闻	1	2	3	4	5
媒体上经常提到或推广手机新闻	1	2	3	4	5
12. 您对使用手机新闻信息服务所产生费用的接受程度 PMV					
通过手机获取新闻很划算	1	2	3	4	5
手机新闻的订阅价格是可以接受的	1	2	3	4	5
使用手机新闻服务所花费的流量费用是可以接受的	1	2	3	4	5
从目前的费用来看，手机新闻具有较高的使用价值	1	2	3	4	5
13. 以下描述符合您使用手机新闻信息服务的情境吗？UC					
当我等待时（等人、等车、排队等），我会考虑使用手机新闻	1	2	3	4	5
当我在乘坐交通工具时，我会考虑使用手机新闻	1	2	3	4	5
当我在户外时，我会考虑使用手机新闻	1	2	3	4	5

续表

问　　题	不赞同	不太赞同	说不准	比较赞同	赞同
当我闲暇且手边没有纸质报刊和电脑时，我会使用手机新闻	1	2	3	4	5
14. 您认为您在未来使用或者继续使用手机新闻的意愿程度 BI					
我乐意使用手机新闻信息服务	1	2	3	4	5
我将尝试使用手机新闻信息服务	1	2	3	4	5
我将推荐亲友使用手机新闻信息服务	1	2	3	4	5

问卷到此结束，谢谢您的认真填答，祝您工作愉快，生活幸福！

上海交通大学媒体与设计学院

新闻信息行为研究小组编制

2013 年 5 月

附录三

新闻信息行为深度
访谈大纲及编码表

女士/先生，您好！

谢谢您接受我们的新闻信息行为访谈！访谈主要内容是关于您平时的新闻媒介使用，大约占用您20～30分钟左右的时间，我们根据实际新闻使用情况进行交流即可，访谈录音和笔录只作为《全媒体环境下的受众新闻信息行为研究》之用。

一、人口统计基础问题（请在□内打√）

性　别	教育程度	职业状态	职业性质	平均每月经济收入
□男	□高中以下	□中小学生	□政府公务人员	□1500元以下
□女	□高中（专）	□大学生	□国企工作人员	□1501～3000元
	□大专	□工作稳定规律	□事业单位人员	□3001～5000元
年　龄	□本科	□经常忙碌加班	□外企工作人员	□5001～8000元
□18岁以内	□硕士及以上	□工作时间自由	□民营私企工作人员	□8001～12000元
□18～24岁		□赋闲在家	□自由职业者	□12000元以上
□25～34岁			□学生	
□35～44岁			□农民或农民工	
□45～55岁			□退休	
□55岁以上			□待业	

二、新闻信息行为基本情况访谈

1. 请问您平时获取新闻的主要方式有哪些?

2. 请您详细谈谈您每一种新闻获取方式的详细情况。

　　1) 您在什么情况下使用?

　　2) 您使用中的感受如何?

3. 您使用/不使用某种媒介渠道的原因是什么?

4. 请您分别对报纸、电视、电脑、手机和平板电脑的新闻获取方便程度打分。(5 分制,最低 1 分,最高 5 分)

5. 请您谈谈对不同媒介端新闻内容的看法。

6. 您如何看待新媒介技术? 您对新媒介技术热衷吗?

7. 您对新闻付费怎么看?

三、手机新闻相关访谈

8. 请问您有使用过手机新闻吗?(如果没有,请详谈原因。)

9. 请谈谈您平时使用手机新闻的详细情况。

　　1) 您在什么情况下会使用手机新闻?

　　2) 您通过哪几种方式在手机上获取新闻?

　　3) 您的手机新闻需求怎么样?

10. 您觉得手机新闻和其他渠道新闻有差异吗?

11. 请您谈谈您对手机新闻的优缺点。

12. 请问您对手机新闻付费怎么看?

深度访谈对象编码列表

代号	性别	年龄	学历	职　业	获取新闻的方式	媒体受众类型
18 岁以下 5 人						
S	女	16	高中	学生	手机、电脑	新媒体型用户(混合型)

代号	性别	年龄	学历	职 业	获取新闻的方式	媒体受众类型
W	男	17	高中	学生	手机、电视、电脑	过渡媒体型用户
Y	女	16	高中	学生	报纸、电视、手机、电脑、	过渡媒体型用户
G	男	16	高中	学生	手机、电脑	新媒体型用户（混合型）
Z	男	18	高中	学生	手机	新媒体型用户（移动型）
18～24岁10人						
C	女	19	本科	艺术专业学生	电脑、手机	新媒体型用户（混合型）
L	男	20	本科	工商管理/学生	电脑、手机	新媒体型用户（混合型）
S	男	20	本科	软件技术/学生	报纸、电脑、手机	过渡媒体型用户
L	男	21	本科	工商管理/学生	电脑	新媒体型用户（非移动型）
J	男	20	本科	传播学/学生	报纸、电脑、手机	过渡媒体型用户
F	女	21	本科	软件技术/学生	电脑、手机	新媒体型用户（混合型）
X	女	20	本科	传播学/学生	电脑	新媒体型用户（非移动型）
R	男	19	本科	传播学/学生	电脑、手机	新媒体型用户（混合型）
Z	男	23	高中	建筑承包/民企	电视、手机	过渡媒体型用户
C	女	24	本科	传播学/学生	报纸、电视、电脑、手机、iPad	过渡媒体型用户
25～34岁10人						
C	男	25	硕士	电视台记者	报纸、电脑、手机	过渡媒体型用户
C	男	27岁	硕士	国企员工	电脑、手机	新媒体型用户（混合型）

代号	性别	年龄	学历	职　业	获取新闻的方式	媒体受众类型
C	女	29	本科	财务出纳/民企	报纸、电视、电脑	过渡媒体型用户
W	女	28	博士	生物统计/外企	电视、电脑、手机	过渡媒体型用户
H	女	28	本科	IT 行业/国企	报纸、电视、电脑	过渡媒体型用户
P	女	30	本科	外贸销售/民企	电脑、电视、报纸	过渡媒体型用户
G	男	29	本科	民企	手机、电脑	新媒体型用户（混合型）
J	男	31	硕士	大学教师	手机	新媒体型用户（移动型）
Z	女	31	硕士	外企员工	电视、广播、电脑、手机、iPad	过渡媒体型用户
L	女	32	博士	教师	报纸、电脑	过渡媒体型用户
35～44 岁 5 人						
Z	女	38	本科	财务管理/民企	报纸、电视、电脑	过渡媒体型用户
T	女	36	硕士	图书馆老师	报纸、电脑、手机	过渡媒体型用户
W	男	35	本科	国企	报纸、电脑、手机	过渡媒体型用户
M	女	42	本科	企业公关	报纸、电视、电脑、手机、iPad	过渡媒体型用户
G	女	38	本科	家庭主妇	电视、手机、iPad	过渡媒体型用户
45～54 岁 5 人						
W	女	49	初中	学校后勤	报纸、电视	传统媒体型用户
W	男	47	高中	民企	报纸、电视、电脑、手机	过渡媒体型用户
S	男	47	中专	民企	电脑、手机	
Z	女	51	高中	事业单位	报纸、电视	传统媒体型用户

代号	性别	年龄	学历	职　业	获取新闻的方式	媒体受众类型
Z	女	52	硕士	大学教师	报纸、电视、电脑、手机、iPad	过渡媒体型用户
55 岁以上 5 人						
C	女	55	高中	退休	报纸、电视	传统媒体型用户
C	男	56	高中	高中教师	报纸、电视、电脑、手机	过渡媒体型用户
C1	男	56	本科	技术工程师/国企	报纸、电视、电脑、手机、广播	过渡媒体型用户
W	女	54	高中	质量管理/外企	报纸、电脑、电视	传统媒体型用户
Z	女	63	初中	退休	报纸、电视、广播	传统媒体型用户
Z	女	62	高中	退休	报纸、电视、电脑、手机、iPad	过渡媒体型用户

上海交通大学媒体与设计学院

2013 年 5 月

参 考 文 献
References

［1］德弗勒，鲍尔-基洛奇. 大众传播学绪论［M］. 杜力平，译. 北京：新华出版社，1990.

［2］郭庆光. 传播学教程［M］. 北京：中国人民大学出版社，2011.

［3］罗杰斯 E. M.. 传播学史［M］. 殷晓蓉，译. 上海：上海译文出版社，2012.

［4］邱皓政. 结构方程模式［M］. 台北：双叶书廊有限公司，2005.

［5］荣泰生. AMOS 与研究方法［M］. 重庆：重庆大学出版社，2010.

［6］三上俊治. 信息环境与新媒介［M］. 东京：学文社，1991.

［7］吴明隆. 结构方程模型：AMOS 实务进阶［M］. 重庆：重庆大学出版社，2013.

［8］吴明隆. 问卷统计分析实务——SPSS 操作与应用［M］. 重庆：重庆大学出版社，2010.

［9］谢文. 为什么中国没出 FACE BOOK［M］. 南京：凤凰出版社，2011.

［10］约瑟夫·R·多米尼克. 大众传播动力学：数字时代的媒介（第七版）［M］. 蔡骐，译. 北京：中国人民大学出版社，2004.

［11］张国良.20 世纪传播学经典文本［M］. 上海：复旦大学出版社，2006.

［12］卜卫，邱林川. 关于四川省不同群体媒介使用的定性研究报告［J］. 结核病健康教育，2003(1).

［13］曹梅. 略论受众信息行为研究的演进［J］. 图书情报工作，2010，54(2).

［14］巢乃鹏. 手机报使用及其影响因素研究［J］. 编辑学刊，2012(1).

［15］巢乃鹏，孙洁. 手机电视使用影响因素研究［J］. 中国广播电视学刊，2012(1).

［16］陈长军. 报网互动视域下受众参与新闻生产的实践思考［J］. 新闻世界，2014(11).

［17］陈旭鑫. 媒介融合语境下大学生的新媒介依赖状况局域调查［J］. 电视研究，2013(11).

［18］陈燕华. "使用与满足"理论与科学的受众研究取向［J］. 东南传播，2006(10).

［19］仇加勉. 超越保护主义：文化反哺视角的媒介素养教育［J］. 现代教育传播，2007(4).

［20］楚亚杰. 社会交往与手机使用：上海受众手机使用的实证研究［J］. 新闻大学，2010(2).

[21] 崔保国. 信息行为论——受众研究的一种新思维 [J]. 当代传播，2000(1).

[22] 邓建国. 媒介融合：受众注意力分化的解决之道——兼与"反媒介融合论"商榷 [J]. 新闻记者，2010(9).

[23] 邓胜利，李倩. 信息行为研究的现状与趋势：ISIC2012 会议研究论文综述 [J]. 情报资料工作，2014(2).

[24] 邓小咏，李晓红. 网络环境下的受众信息行为探析 [J]. 情报科学，2008，26(12).

[25] 杜骏飞. "新媒体与沿海发达城市市民的媒介选择"研究简介 [J]. 新闻大学，2011(1).

[26] 樊华. 媒介融合背景下的受众分类与媒介选择策略 [J]. 新闻界，2011(9).

[27] 冯新民，王建冬. 人类信息行为研究与在线消费行为研究的比较分析 [J]. 情报杂志，2009，28(11).

[28] 宫承波，王欢，栾天天. 新闻客户端受众媒介使用习惯探究——基于以北京地区大学生为目标群体的调查 [J]. 青年记者，2014(3).

[29] 顾洁. "受众参与"：一种超越"受众生产"的新闻实践——从 BBC 的实践看一种发展中的新闻样态和类型 [J]. 新闻与写作，2013(9).

[30] 顾洁，田维钢. 移动新闻的新闻形态特征：情境、平台与生产方式 [J]. 现代传播（中国传媒大学学报），2013(10).

[31] 顾洁，朱宏展. 受众参与对新闻传播的影响——以 BBC 的实践为例 [J]. 青年记者，2014(22).

[32] 郭之恩. 多平台时代美国受众的新闻消费方式 [J]. 新闻与写作，2013(4).

[33] 韩强. 民族特征与新闻选择偏好——乌鲁木齐地区第二次多民族受众调查 [J]. 当代传播，2000(1).

[34] 韩秋明. 国内外信息行为主题领域的比较研究 [J]. 情报杂志，2013(8).

[35] 郝蕊. 网络论坛信息行为研究——以圣元奶粉致使"婴儿性早熟"事件为例 [J]. 新闻世界，2010(10).

[36] 何凌南，钟智锦，可唯中. 新媒体环境下的媒介使用行为特征——2013 年城市受众新媒体使用行为调查报告 [J]. 新闻记者，2014(6).

[37] 何晓阳，邓小昭. 国外信息查寻行为模型补遗 [J]. 图书情报工作，2010(12).

[38] 何晓阳，吴治蓉. 三种较少关注的信息查寻行为模型评析 [J]. 情报杂志，2010(11).

[39] 侯迎忠. 今天，人们怎么听广播？——数字化背景下受众广播媒介接触行为调查 [J]. 视听界，2008(4).

[40] 胡雅萍，汪传雷. 国外信息行为模型比较分析 [J]. 情报杂志，2011(1).

[41] 胡毓智. 报纸新闻口语化标题对受众选择行为的影响 [J]. 宜春师专学报，1998(2).

[42] 黄可，柯惠新. 本源、动力与核心：媒介消费的影响因素及其作用机制研究 [J]. 新闻与传播研究，2014(4).

[43] 黄升民，刘珊. "大数据"背景下营销体系的解构与重构 [J]. 现代传播（中国传媒大学学报），2012(11).

[44] 姬浩，苏兵，吕美. 网络谣言信息情绪化传播行为的意愿研究——基于社会热点事

件视角 [J]. 情报杂志, 2014(11).

[45] 纪诗奇. 受众信息传播行为的影响因素: 模型的构建与实证研究 [J]. 情报杂志, 2013(3).

[46] 蒋昀洁. "忠诚"从何而来? ——媒介融合时代电视节目受众黏性影响机制研究 [J]. 南京财经大学学报, 2014(11).

[47] 焦钰. 网络媒介中"使用与满足"理论的发展——从《江南 style》走红说起 [J]. 新闻世界, 2013(1).

[48] 金鑫. 行为图谱与认知图谱: 数字化环境下的旅行信息获取行为 [J]. 新闻传播, 2012(4).

[49] 柯惠新, 黄可. 从平面化 (2D) 到立体化 (3D) ——对新媒体时代受众测量的思考 [J]. 现代传播 (中国传媒大学学报), 2011(10).

[50] 赖胜强. 网络谣言对受众再传播行为的影响机理研究 [J]. 情报杂志, 2014(5).

[51] 黎娜. 从受众视角看融合新闻的特点及发展——以南方日报、奥一网、南都手机报的两会报道为例 [J]. 青年记者, 2009(17).

[52] 李桂华, 余伟萍. 信息受众研究的理论进化 [J]. 情报理论与实践, 2009(12).

[53] 李函擎. 网络传播中的"沉默螺旋"现象 [J]. 记者摇篮, 2014(2).

[54] 李浩. 网络自媒体的使用与满足——基于高校大学生微信使用的实证研究 [J]. 浙江学刊, 2014(5).

[55] 李晶. 移动网络购物采纳的影响因素与实证研究—基于手机网民的视角 [J]. 中国信息界, 2012(2).

[56] 李静. 媒介融合视角下的新闻传播效果与受众分析 [J]. 新闻研究导刊, 2013(10).

[57] 李腾, 刘晶. 基于情境的受众信息行为模型比较分析 [J]. 图书馆学研究, 2012(11).

[58] 李武. 在校大学生手机阅读使用与满足分析——以上海地区为例 [J]. 图书情报工作, 2011(14).

[59] 李笑欣. 媒介融合下的国内外跨屏受众测量图景 [J]. 视听, 2014(9).

[60] 李鑫. 扩散视角下的 IPTV 受众使用行为 [J]. 新闻传播, 2014(3).

[61] 李雪松, 司有和, 谭红成. 新闻信息媒介选择行为的经济学分析 [J]. 新闻记者, 2010(7).

[62] 李杨. "沉默螺旋"现象在网络传播中的功效转变 [J]. 中国传媒科技, 2012(8).

[63] 李瑶, 杜慧英, 费臣明. 中国 3G 业务套餐消费者选择影响因素研究 [J]. 科技创业, 2012(3).

[64] 刘畅, 屈鹏, 李璐. 人类信息行为研究的几个主要问题 [J]. 图书情报工作, 2009(2).

[65] 刘德寰, 崔忱. 网络在时间维度上对传统媒介提出的挑战——基于网络媒介使用时间超越传统媒介使用时间的可能性研究 [J]. 广告大观 (理论版), 2010(6).

[66] 刘建明. 受众行为的反沉默螺旋模式 [J]. 现代传播, 2002(2).

[67] 刘桔, 赵玉芳. 媒介融合过程中的受众参与变化——以武汉电视问政栏目为例 [J]. 西部广播, 2014(9).

[68] 刘强. 融合媒体的受众采纳行为研究 [J]. 上海交通大学, 2011(6).

[69] 刘瑞英，张健康. 论受众新闻参与状况的转变——从传统媒体到网络媒体 [J]. 新闻世界，2010(2).

[70] 刘心. 受众心理的性别差异对新闻报道的影响 [J]. 中国新技术新产品，2010(2).

[71] 刘行军，王伟军. 微博受众类型及行为特征的实证分析——基于信息传播行为视角 [J]. 情报科学，2014(9).

[72] 陆亨. 使用与满足：一个标签化的理论 [J]. 国际新闻界，2011(2).

[73] 罗鑫. 什么是"全媒体" [J]. 中国记者，2010(3).

[74] 马骏. 数据、互动与体验——媒介融合时代电视媒体的受众策略转型 [J]. 当代电视 [J].2014(12).

[75] 潘忠党，於红梅. 互联网使用对传统媒体的冲击：从使用与评价切入 [J]. 新闻大学，2010(2).

[76] 彭兰. 如何从全媒体化走向媒介融合——对全媒体化业务四个关键问题的思考 [J]. 新闻与写作，2009(7).

[77] 彭文梅. "信息行为"与"信息实践"——国外信息探求理论的核心概念述评 [J]. 情报资料工作，2008(5).

[78] 彭月萍. 江西城乡受众网络行为及影响因子考量 [J]. 东华理工大学学报（社会科学版），2014(1).

[79] 荣荣，张晓艺. 大学生对融合新闻媒介的"使用与满足"——以天津市两所高校为例 [J]. 新闻界，2012(10).

[80] 邵云华. 受众信息行为研究的现状、进展和发展趋势 [J].2010(3).

[81] 史波，吉晓军. 社会化媒体环境下公共危机信息网民再传播行为——基于扎根理论的一个探索性研究 [J]. 情报杂志，2014(8).

[82] 孙少晶. 新技术环境中的传播陷阱分析 [J]. 新闻大学，2010(1).

[83] 谭天，王俊. 新闻不死，新闻业会死去 [J]. 新闻爱好，2014(12).

[84] 汤凌. 飞全媒体时代受众分化现象解析 [J]. 安康学院学报，2013(4).

[85] 汤欣，刘令，杨渊，等. 复合媒介语境下英语学习媒体选择研究 [J]. 价值工程，2013(11).

[86] 田玉晶. 受众信息需求研究综述 [J]. 情报探索，2008(12).

[87] 汪传雷，胡雅萍. 信息行为研究进展 [J]. 图书情报工作，2011 增刊 (1).

[88] 王超群. 手机新闻客户端使用情况调查 [J]. 中国出版，2014(9).

[89] 王呈，马玲，吕辰晶. 网络社交与网络新闻受众行为研究——基于大学生群体的量化分析 [J]. 新闻世界，2012(6).

[90] 王浩. 分级城市受众跨媒体消费透视 [J]. 市场观察，2011(4).

[91] 王玲宁. 采纳、接触和依赖：大学生微信使用行为及其影响因素研究 [J]. 新闻大学，2014(11).

[92] 王小新. 当前我国受众网络新闻的阅读习惯与阅读倾向——以百度热搜词为例 [J]. 今传媒，2013(9).

[93] 王艳，邓小昭. 网络受众信息行为基本问题探讨 [J]. 图书情报工作，2009(8).

[94] 王艳玲，何颖芳. 个体性因素对网络舆论的影响——基于一项对我国网络受众信息行为的调查 [J]. 新闻大学，2013(3).

[95] 王月. 公交移动电视受众的缺失型信息接受行为探析 [J]. 东南传播, 2010(1).

[96] 文卫华. 从"媒介接触"到"受众参与"——新媒体时代受众测量的新趋向 [J]. 电视研究, 2012(12).

[97] 吴凯, 季新生, 刘彩霞. 基于行为预测的微博网络信息传播建模 [J]. 计算机应用研究, 2013(6).

[98] 吴文汐, 刘航. 媒介使用行为的时间替代效果研究——以电视和互联网为例 [J]. 当代传播, 2014(2).

[99] 肖飞. 受众对新闻类 APP 的使用与满足分析 [J]. 传播与版权, 2013(8).

[100] 肖仙桃, 王丹丹. 受众信息环境、信息行为及信息需求发展趋势 [J]. 信息管理与信息学, 2010(1).

[101] 谢滨, 林轶君, 郭迅华. 手机银行受众采纳的影响因素研究 [J]. 南开管理评论, 2009(3).

[102] 谢天勇, 张国良. 中国大陆中部地区民众的媒介行为实证分析——以安徽省淮北市为例 [J]. 现代传播 (中国传媒大学学报), 2013(6).

[103] 徐超. 浅析受众行为对大众传播的影响 [J]. 新闻研究导刊, 2014(17).

[104] 徐剑, 刘康, 韩瑞霞, 等. 媒介接触下的国家形象构建——基于美国人对华态度的实证调研分析 [J]. 新闻与传播研究, 2011(6).

[105] 薛中军. 当代美国新闻传媒受众"体验"式传播微探 [J]. 湖南大众传媒职业技术学院学报, 2013(4).

[106] 闫学杉. 从新闻学到社会信息学——日本新闻与传播教育的变迁 [J]. 国际新闻界, 1997(4).

[107] 杨慧婧. 复合媒介语境下的大学生媒体选择——武汉市大学生媒介接触状况调查 [J]. 知识经济, 2010(5).

[108] 杨若文. 新闻情感信息接受的影响因素——新闻情感信息传播探讨之六 [J]. 今传媒, 2008(5).

[109] 杨晓白.2010 年美国受众新闻消费特征报告——第二部分：报告细节 [J]. 青年记者, 2010(10).

[110] 杨晓白.2010 年美国受众新闻消费特征报告——第一部分：报告概述 [J]. 青年记者, 2010(13).

[111] 杨雪睿. 移动的受众, 移动的媒体——城市受众媒体接触新变化 [J]. 中国广告, 2007(2).

[112] 杨玉琼. 中外社交网站受众行为模式对比 [J]. 科技传播, 2011(21).

[113] 姚海燕, 邓小昭. 网络受众信息行为研究概述 [J]. 情报探索, 2010(2).

[114] 姚君喜, 刘春娟. 全媒体概念辨析 [J]. 新闻与传播研究, 2010(6).

[115] 叶凤云. 数字媒体阅读受众行为模式研究 [J]. 图书馆工作与研究, 2012(8).

[116] 叶继元. 图书馆学、情报学与信息科学、信息管理学等学科的关系问题 [J]. 中国图书馆学报, 2004(3).

[117] 叶平浩, 张李义.2002—2011 年国内外信息行为研究对比分析 [J]. 情报科学, 2013(4).

[118] 易丽平. 新媒体环境下受众媒介依赖的原因探析 [J]. 今传媒, 2011(2).

[119] 尹培培，周文槃. 大数据时代的电视收视调查与跨屏收视研究［J］. 广播电视信息，2014(3).

[120] 喻国明，许子豪，赵晓泉. 上网时间对传统媒介使用时间的影响［J］. 现代传播，2013(4).

[121] 张丹丹，郑明春. 虚拟社会网络特征与公共危害信息的网络传播行为研究［J］. 计算机安全，2010(12).

[122] 张鼎昆. 自我效能感的理论及研究现状［J］. 心理学动态，1999(1).

[123] 张国良，陈青文，姚君喜. 媒介接触与文化认同——以外籍汉语学习者为对象的实证研究［J］. 西南民族大学学报（人文社会科学版），2011(5).

[124] 张红梅，陈平. 全媒体时代大学生媒体使用现状调查研究——以北京9所高校的调查研究为例［J］. 思想教育研究，2014(3).

[125] 张洪忠，李楷. 受众对新媒体与传统媒体不同内容的依赖比较——以成都地区居民调查为例［J］. 当代传播，2009(1).

[126] 张鹏. 国内手机APP受众数出现"井喷"［J］. 传播世界周刊，2011(7).

[127] 张思斯. 谈BBC世界新闻频道的受众互动模式［J］. 新闻传播，2013(12).

[128] 张一涵，袁勤俭. 我国受众信息行为研究进展［J］. 国家图书馆学刊，2014(6).

[129] 张照云. 当前我国信息受众的主要信息行为及其发展趋势［J］. 图书馆学刊，2009(10).

[130] 张志安. 上海市民使用网络媒体的特征、动机及评价［J］. 新闻大学，2010(2).

[131] 张志烹，陈渝. 手机报服务继续使用行为影响因素实证研究［J］. 情报杂志，2011(8).

[132] 赵云龙. "全媒体时代"受众需求特点及其传播对策探析［J］. 赤峰学院学报（自然科学版），2011(5).

[133] 赵云龙. 我国手机受众网上信息行为影响因素研究［J］. 经济师，2010(10).

[134] 钟剑茜. 媒介融合时代新闻生产中的受众参与媒介融合时代新闻生产中的受众参与［J］. 当代传播，2012(1).

[135] 周葆华. 新技术环境下上海市民媒介使用现状与特征［J］. 新闻记者，2010(9).

[136] 周晨. 高校教师信息行为分析［J］. 社科纵横（新理论版），2009(1).

[137] 周楚莉，李金芳. 大学生使用与依赖手机互联网状况调查分析——以三峡大学为例［J］. 东南传播，2011(7).

[138] 周海花，华薇娜，皇甫青红. 近十年国际网络受众信息行为研究的共词分析［J］. 现代情报，2014(6).

[139] 周文. "报网互动"语境下的受众参与新闻生产研究［J］. 今传媒，2014(8).

[140] 朱婕，靖雯. 国外信息行为模型分析与评价［J］. 图书情报工作，2005(4).

[141] 庄亚明，余海林. 群体性突发事件信息传播网络特性研究——以抢蜡烛事件为例［J］. 情报杂志，2013(7).

[142] 曹朦. 手机社交软件新闻研究——以微信《腾讯新闻》与Line《ETtoday新闻云》为例［D］. 湖南师范大学，2014.

[143] 董丹萍. 透过受众行为对微电影广告的研究［D］. 河北大学，2013.

[144] 董方. 基于创新扩散理论的大学生3G手机上网采纳和使用研究——以西南大学

为例 [D]. 西南大学，2010.

[145] 何栋. 基于体验的手机电视受众接受影响因素研究 [D]. 北京邮电大学，2010.

[146] 黄炯. 中国博客撰写者的博客使用行为影响因素实证研究 [D]. 浙江大学，2007.

[147] 蒋杉杉. 手机 APP 广告点击意愿的影响因素研究 [D]. 电子科技大学，2013.

[148] 李东明. 从社会学习理论看大众媒介对受众行为的影响 [D]. 吉林大学，2006.

[149] 李乐乐. 手机游戏消费意愿影响因素分析 [D]. 东北财经大学，2010.

[150] 李迎雪. 基于 UTAUT 的受众信息行为研究——以网络视频会议系统为例 [D]. 安徽大学，2011.

[151] 林燕德. 论受众行为对 SNS 网站盈利的制约与促进 [D]. 暨南大学，2010.

[152] 刘猛. 弱势群体的形塑及受众行为：媒体对弱势群体的影响研究 [D]. 中南大学，2011.

[153] 刘娜. 基于技术接受模型的手机银行使用意向影响因素实证研究 [D]. 内蒙古大学，2013.

[154] 刘怡杏. 大学生 3G 手机购买决策影响因素实证研究 [D]. 西南交通大学，2008.

[155] 陆奇. 移动社交网络对青年受众态度和行为的影响研究 [D]. 电子科技大学，2011.

[156] 吕绍晨. 基于受众行为的微博信息传播模型研究 [D]. 华中科技大学，2013.

[157] 马芝丹. 媒介情境论视野下微博传播行为的研究 [D]. 东北师范大学，2012.

[158] 沈勇. 手机使用行为及其影响因素 [D]. 浙江大学，2009.

[159] 舒华英. 基于受众体验的智能手机应用程序界面设计研究 [D]. 江南大学，2011.

[160] 孙望艳. 手机新闻客户端"使用与满足"研究 [D]. 天津师范大学，2014.

[161] 谭红成. 媒介选择行为的经济分析——以获取新闻信息为例 [D]. 重庆大学，2008.

[162] 王晨. 手机游戏使用意向的影响因素研究 [D]. 北京邮电大学，2010.

[163] 王菊. 基于可用性视角的手机微博采纳研究 [D]. 大连理工大学，2012.

[164] 谢爱珍. 基于 UTAUT 大学生手机移动学习使用意愿影响因素研究 [D]. 浙江师范大学，2012.

[165] 熊婷婷. 大学生群体手机阅读业务的采纳行为研究 [D]. 华中科技大学，2010.

[166] 张凌霄. 基于 UTAUT 的受众接受手机微博的影响因素研究 [D]. 华中科技大学，2013.

[167] 张路菡. 消费者选择移动互联网手机终端的影响因素研究 [D]. 北京邮电大学，2011.

[168] 张莹. 手机电视业务使用意向影响因素研究 [D]. 北京邮电大学，2009.

[169] 郑蕾. 面向社会网络的信息传播模型研究 [D]. 上海交通大学，2011.

[170] 李喜根. 技术与新闻信息有关的因素对运用手机获取新闻的影响作用 [C]. 第六届亚太地区媒体与科技和社会发展研讨会论文集，2008.

[171] 邵云华. 全国高校社科信息资料研究会第六次会员代表大会暨第 13 次学术研讨会论文集 [C]. 内蒙古呼和浩特，2010.

[172] 王晓华.2006 中国传播学论坛论文集（Ⅱ）[C]. 复旦大学出版社，2006.

[173] 詹新惠. 新媒体四大发展趋势对新闻传播的影响 [EB/OL]. http：//media.

people. com. cn/n/2012/0726/c192370 - 18605337. html. [2012 -07 - 26].

[174] Anderson B, Tracey K. Impactof the Internet oneveryday British life. In B. Wellman & C. A. Haythornthwaite (Eds.), The Internet in Everyday Life [M]. Malden, MA: Blackwell Pub, 2002.

[175] Avner C, Paul G. Instructional media choice: Factors affecting the preferences of distance education coordinators [J]. Eductional Multimedia and Hypermedia, 2005, 14(2).

[176] Bates M J. The design of browsing and berry picking techniques for the online search [J]. Interface Online Review, 1989, 13(5).

[177] Boneva B, Kraut R. Email, gender and personal relationships. In B. Wellman & C. A. Haythornthwaite (Eds.), The Internet in Everyday Life [M]. Malden, MA: Blackwell Pub, 2002.

[178] Buente W, Robbin A. Trends in Internet information behavior, 2000 - 2004 [J]. Journal of the American Society for Information Science and Technology, 2008, 59(11).

[179] Chang Shu-chih Ernest, PAN Ying-Hui Vera. Exploring factors influencing mobile users' intention to adopt multimedia messaging service [J]. Behaviour & Information Technology, 2011, 30(5).

[180] De OR, Cherubini M, Oliven. Influence of personality on satisfaction with mobile phone services [J]. ACM Transactions on Computer-Human Interction, 2013, 20(2).

[181] Eastman J K, Iyer R. The Elderly's uses and attitudes towards the Internet [J]. Journal of Consumer Marketing, 2004, 21(3).

[182] Gil Son Kim, Se-Bum Park, Jungsuk Oh. An examination of factors influencing consumer adoption of short message service (SMS) [J]. Psychology & Marketing, 2008, 25(8).

[183] Hargittai E. Second-level digital divide: Differences in people's online skills [J]. First Monday, 2002, 7(4).

[184] Hernandez B, Jimenez J, Jose MM. Age, gender and income: do they really moderate online shopping behaviour? [J]. Online Information Review, 2011, 35(1).

[185] Hill SR, Troshani I. Factors influencing the adoption of personalisation mobile services: Empirical evidence from young Australians [J]. International Journal of Mobile Communications, 2010, 8(2).

[186] Hong S-J, Tam KY. Understanding the adoption of multipurpoese information appliance: The case of online data services [J]. Information Systems Research, 2006, 17(2).

[187] Howard P E N, Rainie L, Jones S. Days and nights on the Internet — the impact of a diffusing technology [J]. American Behavioral Scientist, 2001, 45 (3).

[188] Icjin S, Wac K, Fiedler M. Factors influencing quality of experience of commonly used mobile applications [J]. IEEE Communications Magazine, 2012(4).

[189] Jensen K B. Interactivity in the wild. An empirical study of interactivity' as understood in organizational practices [J]. Nordicom Review, 2005, 26(1).

[190] Kang S. Factors influencing intention of mobile application use [J]. International Journal of Mobile Communications, 2014, 12(4).

[191] Kirsten D. Difference and diversity: trends in young Danes' media uses [J]. Media Culture Society, 2000(22).

[192] Lee C S, Goh D H L, Chua A Y K. Choosing communication portfolios to accomplish tasks: The effects of individual differences [J]. Computers & Education, 2009, 53 (4).

[193] Lee Sun-Hee, Chang Byeng-Hee. Factors influencing the use of portals on mobile internet devices [J]. International Journal of Mobile Communications, 2013, 11(3).

[194] Leiner D J, Uiring O. What interactivity means to the user essential insights into and a scale for perceived interactivity [J]. Journal of Computer-Mediated Communication, 2008, 14 (1).

[195] Liao Che-chen, To Pui-Lai, Liu Chuang-Chun. Factors influencing the intended use of web portals [J]. Online Information Review, 2011, 35(2).

[196] Liao Chun-hsiung, Tsou Chun-wang, Feng Huan-Ming. Factors influencing the usage of 3G mobile services in Taiwan [J]. Online Information Review, 2007, 31(6).

[197] Liu Yong, Li Hong-xiu. Exploring the impact of use context on mobile hedonic services adoption: An empirical study on mobile gaming in China [J]. Computers in Human Behavior, 2011, 27(2).

[198] Mahatanankon P, O'sullivan P. Attitude toward mobile text messaging: An expectancy-based perspective [J]. Journal of Computer-Mediated Communication, 2008, 13(4).

[199] Maria S. It could be useful, but not for me at the moment: older people, internetaccess and e-public service provision [J]. New Media Society, 2009 (11).

[200] Mcmillan S J, Hwang J S. Measures of perceived interactivity: An exploration of the role of direction of communication, user control, and time in shaping perceptions of interactivity [J]. Journal of Advertising, 2002, 31(3).

[201] Park E, Ohm J. Factors influencing users' employment of mobile map services [J]. Telematics and Informatics, 2014, 31(2).

[202] Raban Y, Brynin M. Older people and new technologies. Computers, Phones, and the Internet: Domesticating Information Technology [M]. NewYork: Oxford University Press, 2006.

[203] Rahman S, Haque A, Ahmad M I S. Exploring influencing factors for the selection of mobile phone service providers: A structural equational modeling (SEM) approach on Malaysian consumers [J]. African Journal of Business

Management，2010，4(13).

[204] Rainie L，Bell P. The numbers that count [J]. New Media & Society，2004，6(1).

[205] Reuters Institute Digital News Report 2012 [EB/OL]. http：//www. digitalnewsreport. org/ [2012 - 06 - 25].

[206] Savolainen R. Everyday life information seeking：approaching information seeding in the context of way of life [J]. Library & Information Science Research，1995，17(3).

[207] Shim Hong-jin，You Kyung-Han，Lee Jeong-Kyu. Why do people access news with mobile devices? Exploring the role of suitability perception and motives on mobile news use [J]. Telematics and Informatics，2015，32(1).

[208] Shin Young-Mee，Lee Seung-Chang，Shin Bongsik. Examining influencing factors of post-adoption usage of mobile internet：Focus on the user perception of supplier-side attributes [J]. Information Systems Frontiers，2010，12(5).

[209] Streator J L，Lee. Communicator Style and Technology Preference. In 43rd Hawaii International Conference on Systems Sciences Vols 1 - 5.

[210] Sundar S S. Multimedia effects on processing and perception of online news：A study of picture，audio，and video downloads [J]. Journalism & Mass Communication Quarterly，2000，77(3).

[211] Wang Wei-Tsong，Li Hui-Min. Factors influencing mobile services adoption：a brand-equity perspective [J]. Internet Research，2012，22(2).

[212] Wang Yi-da. The Influence Factors of Users' Attitude to Adopt Mobile Business，International Conference on Information，Business and Education Technology [C]. Beijing，2013.

[213] Watson-manheim MB，Belanger F. Communication media repertoires：Dealing with the multiplicity of media choices [J]. Mis Quarterly，2007，31(2).

[214] Wilson T D. Exploring models of information behaviour：'theuncer-tainty' project [J]. Information Processing and Management，1999，35(4).

[215] Wilson TD. Information behaviour：An interdisciplinary perspective [J]. Information Processing & Management，1997，33 (4).

索 引
Index